"十二五"国家重点图书出版规划项目
中国森林生态网络体系建设出版工程

国家出版基金项目
NATIONAL PUBLICATION FOUNDATION

上海现代林业发展战略

Modern Forestry Development Strategy for Shanghai

彭镇华　等著

Peng Zhenhua etc.

中国林业出版社

China Forestry Publishing House

图书在版编目（CIP）数据

上海现代林业发展战略/彭镇华等著．—北京：
中国林业出版社，2014.6
"十二五"国家重点图书出版规划项目
中国森林生态网络体系建设出版工程
ISBN 978-7-5038-7545-8

Ⅰ.①上…　Ⅱ.①彭…　Ⅲ.①林业经济-经济发展
战略-研究-上海市　Ⅳ.①F326.275.1

中国版本图书馆 CIP 数据核字（2014）第 130357 号

出版人：金旻
中国森林生态网络体系建设出版工程
选题策划　刘先银　策划编辑　徐小英　李伟

上海现代林业发展战略

统　　筹　刘国华　邱尔发
责任编辑　刘先银　杨长峰

出版发行　中国林业出版社
地　　址　北京西城区刘海胡同 7 号
邮　　编　100009
E - mail　896049158@qq.com
电　　话　（010）83225108
制　　作　北京大汉方圆文化发展中心
印　　刷　北京中科印刷有限公司
版　　次　2014 年 6 月第 1 版
印　　次　2014 年 6 月第 1 次
开　　本　889mm×1194mm　1/16
字　　数　330 千字
印　　张　13.75
彩　　插　8
定　　价　119.00 元

前　言
PREFACE

新世纪我国确定了以生态建设为主的林业可持续发展道路、以森林植被为主体的国土生态安全体系、建设山川秀美的生态文明社会的中国可持续发展林业战略，城市森林建设是我国林业发展"三生态"战略思想的具体体现，并已作为中国可持续发展林业战略的重要内容。城市森林在保护人体健康、调节生态平衡、改善环境质量、美化城市景观等方面具有其他城市基础设施不可替代的作用，"让森林走进城市、让城市融入森林"已成为时代的呼唤，世界各国都把城市森林建设作为提升城市形象和综合竞争力，推动区域经济持续发展的重要措施。

人类利用自然和改造自然取得了骄人的成就，城市的物质文明得到了显著提高，同时也付出了一定的代价。今天人们在严峻的事实面前逐步觉醒，城市的大气污染、水体污染、土壤污染、噪音污染、光污染、热岛效应等环境问题已严重威胁人类的健康和生存。正如恩格斯所说人类每次征服自然之后都将受到自然界的报复。人们越来越意识到生态环境建设的重要性，良好的城市生态环境是人类生存繁衍和社会经济发展的基础，是社会文明发达的标志，是实现城市可持续发展的根本保证。

20世纪80年代以来，在林业部倡导下，长春、合肥等一些城市开展了城市森林的研究；"九五"期间，中国森林生态网络工程体系建设在上海、东营、厦门、哈尔滨、昆明等多个城市进行了城镇点森林生态网络的建设，有力地推动了我国城市森林的发展。改革开放以来，我国城市化和城镇化进程加快，目前约有5万个市镇，数量增加了1.5倍，约43%的人生活在城市之中，城市森林建设已成为城市发展中不容忽视的重要课题。以林木为主体的城市森林已经作为评价城市精神文明建设和物质文明建设的重要指标。

由中国林业科学研究院江泽慧院长和上海市人民政府冯国勤副市长牵头协调的国家科技部课题"上海现代城市森林发展研究"，顺应这一时代的迫切需要，在国家科技部和上海市科委的大力支持下，在国家林业局科技司、上海市农委、农林局的协调下，成立了由中国林科院首席科学家彭镇华教授为课题组长和华东师范大学宋永昌教授为课题副组长，中国林业科学研究院林业研究所、木材工业研究所、资源信息研究所、华东师范大学、上海师范大学、复旦大学、上海交通大学等10余个单位100余位研究人员参加的课题研究组。经课题组全体成员通力合作，协同攻关，在已有研究的基础上，以城市森林规划为核心，对上海市现代城市森林发展进行了深入和系统的研究，取得了很大的进展，形成了一个比较完整、系统的研究成果，这也是自 1998 年国家科技部批准立项开展"中国森林生态网络体系建设"项目以来，上海作为中国森林生态网络体系建设最具代表性的城市"点"进行重点研究的继承和延续。本课题对现代城市森林发展理论进一步进行了探索性研究，构建了定性与定量结合的现代城市森林综合评价指标体系。并结合上海实际情况，提出了"林网化、水网化，建设城市森林"的核心理念，将"林网化"建设与"水网化"建设有机结合起来，充分发挥森林净化水体作用的同时，较好地利用城市水体改善森林生长环境；提出了"三网、一区、多核"的上海城市森林发展布局，将建成区、近郊区、远郊区有机结合，并将重点林业工程与城市森林建设有机结合起来，共同构建上海市国土生态安全体系。针对城市森林的功能目标，开展了上海城市森林树种选择和典型模式设计等技术研究，为落实上海城市森林建设规划提供了合适的人工群落类型以及相关技术的支撑，并对上海现代城市森林建设的管理与保障机制进行了深入研究。上海发展现代城市森林对把上海建设成为世界级城市，树立良好的国际大都市形象，迎接 2010 年世博会的召开具有重要作用。"上海城市森林发展研究"课题为上海市建立以人为本、人与自然和谐相处，林木为主体、森林与其他植被有机结合的绿色生态圈，形成城区绿地、河流道路农田林网、近郊远郊森林及自然保护区协调配置的城市森林生态网络体系提供了科学依据和具体的实施方案。该研究的完全实施，必将使上海的空气更加新鲜，水源逐渐得到改善，环境污染得到明显缓解，生物多样性得以合理保护，"林荫气爽，鸟语花香；清水长流，鱼跃草茂，人类美好"的生态景观最终成为上海城市靓丽的风景。

　　在项目实施过程中，国家科技部、上海市人民政府高度重视并给予了大力支持，保证了项目的顺利进行。特别是在 2002 年召开的"城市森林与生态城市"国际学术研讨会中，英国、美国、德国、意大利、日本等一些发达国家专家以及国内江苏、浙江、江西等省的专家、领导对本项目研究成果给予了很高评价，认为这与目前国际上提出的 Open City 等城市森林建设思路不谋而合，有些方面已走到世界的前列。2003 年元月 5 日，中国林业科学研究院与上海市政府在北京共同组织中国科学院院士、工程院院士、资深专家，国家计委、财政部、科技部、国家林业局等有关部委领导共 40 余人参加本项目评审会，与会专家和领导给予了高度评价，认为项目成果在理论与实践方面达到国际领先水平；成果评审鉴定后，许多单位、个人多次索取项目研究成果，并希望成果能够公开发表。基于上述考虑，在已有研究成果的基础上，完成了本书编写。

　　希望本书的出版，有利于促进和推动我国现代城市森林的发展研究，加快我国城市森林发展。值此出版之际，谨向支持和关注本项目的单位和个人表示衷心感谢。由于时间仓促，书中难免有所疏漏，甚至错误，请予以指正。

著 者
2003 年 3 月

目　录
CONTENTS

第一章　概　　论

第一节　城市森林的概念

从 20 世纪 60 年代中期开始，一些发达国家把林业的研究重点转向城市，城市生态环境建设正向森林化方向发展，实现从绿化层面向生态层面的提升，逐步形成了现代林业的一个重要的专门分支——城市森林。城市森林的出现受到了世界各国的普遍重视，并在城市生态环境建设及城市可持续发展中发挥着越来越重要的作用。城市森林的发展是传统林业的提高和升华，是城市实现可持续发展和林业向以生态效益为主战略转型的重要体现。面对城市化进程加快，城市环境问题恶化，城市居民开始选择自然环境相对较好的市郊甚至远郊的地方居住，人们对以城市为主忽视城市生态环境建设的传统城市发展模式开始反思，城市该建成什么样子？如何解决现有城市的环境问题？怎样才能创造出理想的城市人居环境？城市森林正是在这种背景下产生与发展起来的，并成为新世纪城市生态环境建设的主要趋势。

一、城市森林的研究历程

随着工业的发展和城市化进程的加快，城市环境问题日益引起人们的广泛重视，促使人们致力于把森林引入城市，使城市坐落于森林之中。在 20 世纪 60 年代中叶，北美洲发达国家出现了城市森林（urban forest）、城市林业（urban forestry）的概念（Grey 等，1978）。虽然这两个概念在国内都有使用，但当时它们包含的研究内容是基本一致的。城市森林的出现基于两个原因：首先，城市化已使大多数的地域处于人为影响之下；其次，由于城市居住环境的恶化，人们寄希望于森林来改善这个局面。世界各国都非常重视森林在城市生态环境建设中的重要作用，尤其是荷兰、意大利、英国、法国、德国、美国、日本等国，开展了比较广泛的城市森林建设理论与实践研究，如 1970 年，美国成立了平肖（Pinchot）环境林业研究所，专门研究城市森林，改变美国人口密集区的居住环境；1971 年，美国国会通过了城市环境林业计划 8817 号议案；1972 年，美国国会通过了《城市森林法》。美国纽约州的城市森林包括公园、街道、公路、公共建筑、治外法权地、河岸、住宅、商业、工业等城内的树木及其他植物，市内及其城市周围的林带、片林以及从纽约到近郊区宽阔的绿带，到卡次基尔·阿迪朗克和阿勒格尼结合部的森林,同时规定行道树也是城市森林的重要组成部分。英国密而顿、凯恩斯的城市森林由 3 个自然公园、带状公园和 22 个小灌木林及其他类型的小片林组成。日本横滨的城市森林由 209 个公园、450 公顷郊区森林和行道树组成。比利时的城市森林包括城市绿色空间、公园和城市周围的森林。墨西哥城市森林包括郊外和市内古老的公园以及市内新区的树木。各国对绿化植物的选择和配置进行了多侧面的研究,十分注重用丰富多彩的植物材料来进行环境建设。

城市森林除了营造满足不同需要的各种类型人工森林绿地以外,还十分注意保护城市内部和周围的自然森林景观。德国早在 1975 年就通过了《联邦自然保护法案》,该法案的实施有效地防止了城市周围绿带和森林被开发和破坏。现在许多大城市像法兰克福、斯图加特、慕尼黑、纽伦堡等,城市周围都保留有大面积的绿地和森林(Schabel,1980)。

迈入 21 世纪,世界各国在城市发展上提出了新的思路和目标。许多现代化城市紧紧围绕建设城市生态环境、增强城市可持续发展能力这一主题,把建设城市森林作为实现这一目标的重要途径。波兰的华沙城市近郊建设有 6.67 万公顷的城市森林,人均绿地面积 80 平方米。澳大利亚首都堪培拉,是在一片不毛之地建立的现代化城市,森林绿地占城市面积的 68%。阿根廷的首都布宜诺斯艾利斯,建有长 150 千米、宽 115 米的环城森林绿带。中国香港建成的 21 个自然公园和森林公园,绿地率超过 40%。在美国的洛杉矶、纽约、亚特兰大,日本的东京,韩国的首尔、釜山,印度的新德里等城市,也都在把建设城市森林作为新世纪城市发展的重要内容。最近,欧洲国家,尤其是以欧盟国家为先锋,以德国莱比锡大学为首,组织德国、英国、意大利、芬兰、荷兰等国的研究力量,在这 5 个国家联合 8 个城市,共同研究 21 世纪现代都市城市绿地空间发展对策。1978 年,在我国台湾大学森林系开设了城市森林课程,1984 年该校高清教授的著作《都市森林学》正式出版。

我国对于城市森林的概念接受较晚,但其在全国范围内的发展与建设非常迅速。1989 年中国林业科学研究院开始研究国外城市林业发展状况;1992 年中国林学会召开首届城市林业学术研讨会;1994 年成立中国林学会城市林业研究会,中国林业科学研究院设立城市林业研究室;1995 年全国林业厅局长会议确定城市林业为“九五”期间林业工作的两个重点之一,原林业部部长徐有芳指出大力发展城市林业势在必行;2002 年城市森林建设已经被国家林业局纳入中国可持续发展林业发展规划当中,成为生态优先、生态建设和生态文明三生态战略的重要内容。

从我国对城市森林的研究情况来看,在 20 世纪 90 年代初期有一些文章发表(吴泽民,1989;彭镇华等,1993;王义文,1992;王木林,1995;桂来庭,1995a,1995b;王永安,1995;刘殿芳等,1999),但大多是理论上的探讨,或者是本底特征分析、宏观规划与树种抗性方面的调查(孙冰等,1997;丛日春,1998;曹洪麟等,1999),对具体城市的城市森林组成与结构特点的研究则很少。1996 年林业部和北京市林业局共同下达“北京市城市林业研究”项目,由北京林业大学、北京市林业局共同承担,研究北京市城市林业可持续发展战略,主要包括北京市城市林业概念与范畴的界定、北京市城市林业的结构与功能、北京市城市林业的发展模式、21 世纪北京城市林业发展规划设想等。1998 年,中国林业科学研究院主持了由国家科技部、财政部和国家林业局支持立项的"中国森林生态网络体系建设研究"项目，率先在哈尔滨、大连、上海、合肥、厦门等地，针对城市森林布局、树种选择与配置、树种生态效益等城市森林建设问题开展了比较系统的研究。2002 年该项目已经被国家科技部纳入国家"十五"科技攻关重大专项"生态农业技术体系研究与示范"项目，在全国选择了 16 个典型城市系统地开展城市森林建设的研究。

城市森林研究的兴起体现了森林在改善城市生态环境中的作用受到了人们的重视，特别是促进了森林走进城市和城市周围一些大面积人工林的营造及天然林的保护，促进了林业与园林部门的结合，园林工作者在进行各种城市绿地建设的植物材料选择和搭配的设计过程中，更多地运用乔木树种和乔灌草结合的模式，提出了注重绿地生态效益的生态园林建设理念，这种发展趋势将极大地促进我国城市生态环境建设的健康快速发展。

以人为本的城市森林建设，营造了一种城镇的亲和力，启发了人们追求绿色的生态意识，也促进了工商业和房地产业的迅速发展。据调查，天津市园林绿地降温效果每年可节约 7524 万元，一所坐落在城市森林中的住宅售价比一般住宅高 2 倍，有树木的房屋价值增加 5%~15%，在公园或公共绿地附近的住宅价格会因此提高 15%~20%，地租随距公园的距离而异，距公园或绿地 12 米时，地租率为 33%，762 米时为 1.2%（丛日春，1998）。哈尔滨市马家沟沿线过去污水横流，臭气熏天，蚊蝇乱飞，垃圾遍地，虽然许多地段位于市内的黄金位置，但这一带的房地产开发一直没有很大的起色，在实施了以治理污水、建设宽 50~100 米不等林木绿化带的综合治理以后，这一带的工商业和房地产业迅速发展起来，楼价也明显高出附近的地段，成为哈尔滨市内的一条绿色生态经济带。对于许多居民小区，尤其是新开发的住宅小区，居住环境园林化已经不是梦想。住户开窗有绿树繁花，出门有散步的小树林，休闲有精心建设的绿色景观。

城市发展到今天，城市与森林已经不是一对矛盾的东西，而是互相需要，甚至是说城市更需要森林，城市森林是城市与森林相互融合的统一体。

二、城市森林与城市林业的内涵

随着人们对以树木为主体的城市绿地建设模式的逐渐认同和广泛推广，城市森林已经成为改善城市生态环境的主体。在相关的研究中，就出现了城市林业和城市森林这两个近似而又不完全相同的概念，这种概念上的差异对森林走入城市的过程没有太大的影响，但随着这种建设理念的发展和实践，既要对城市森林的概念有一个科学的界定，也要明确两个概念之间的差异，这对于促进该项事业的研究与发展十分必要。

城市森林和城市林业的提法最早源于美国和加拿大。1962 年，美国肯尼迪政府在户外娱乐资源调查中，首先使用"城市森林"这一名词。1965 年加拿大多伦多大学 Erik Jorgensen 首先提出城市林业的概念。自从 1965 年产生城市林业以来，各国学者对城市林业的概念及内涵从不同侧面、不同角度进行了分析和探讨。

Erik Jorgensen 指出："城市林业并非仅指城市树木的管理，而是指对受城市居民影响和利用的整个地区所有树木的管理，这个地区包括服务于城市居民的水域和供游憩的地区，也包括行政上划为城市范围的地区。"

G. W. Grey（1978）则认为城市林业是研究潜在的生理、社会和经济、福利学的城市科学，目标是城市树木的栽培和管理，任务是综合设计城市树木和有关植物的种植计划以及培训市民。

Kielbaso（1988）定义为："城市林业是对城市环境中所有集聚的树木群落的系统经营和管理。"

美国负责城市林业方面的副主席 Q.Moll 先生（1992）指出：城市林业是林业的一个分支，是一门年轻的学科，是在许多学科（城市规划、风景园林、园艺、生态学等）的基础上建立的，着重研究城市森林的生态、社会和公共卫生价值的一门新兴学科。城市林业将种植和管理林木作为自己的目标，对居民的健康、社会的文明和经济发展等起着现实和深远的影响。

美国林业工作者协会城市森林组为城市林业下的定义为："城市林业是林业的一个专门分支，是一门研究潜在的自然、社会和经济福利学的城市科学。目标是城市树木的栽培和管理，任务是综合设计城市树木和有关植物以及培训市民，其范围包括城市水域、野生动物栖息地、户外娱乐场所、园林设计、地面污水再循环、树木管理和木质纤维的生产等。"

我国台湾大学高清教授认为城市林业研究的范围包括："庭院树木的建造，行道树的建造，都市绿化造林与都市范围内风景林与水源涵养林的营造。"

日本专家认为城市林业包含："市区公园绿地，主要包括城市公园、市内环境保护区、道路及河流沿岸的绿地、机关企业等专用绿地、居民区绿化美化为主体的绿化等；郊区公园绿地主要包括郊区环境保护林、自然修养林、森林公园等城市近郊林及农、林、畜、水产生产绿地。"

就目前的趋势和大家的认同来看，以美国林业工作者协会对城市林业所下的定义比较全面、切合实际，所以被世界各地城市林业学者接受并认可。

国内学者对城市林业的概念和内涵也进行了有益的探讨。

李永芳（1992）认为城市林业是园林与林业融为一体的多功能林业，是城郊一体化、林园融为一体的林业，是高生态和高效益结合的林业，范围包括风景林，公路、河流两侧的防护林，水库周围的水源涵养林、经济林、公园绿地及自然保护区等。

陈美高，黄奕炳（1994）提出："所谓城市生态林业是指根据森林生态经济学原理，充分利用当地自然资源，在促进林地产出的同时为城市生存和发展创造最佳状态的环境林业。"

颜文希（1994）提出城市林业是建筑在城市森林体系的资源基础上，以乔灌草为主要成分，与城市建设布局相适应的，支撑城市持续发展的城市森林体系的建设与管理系统。

王木林（1995）定义城市林业为："城市林业是建设和经营城市森林生态系统的行业，实质是在建设、经营利用城市范围内，以树木为主体的生物群落及其中的设施，它是由林业和园林融合而成的。"

王永安（1995）提出了城市林业的概念：是城区为重新向外辐射形成不同层次、不同类型、不同功能、以生态公益林为主体的绿化体系和城市生态系统。城市林业不仅是城市城区园林绿化，而是包括近郊林果，远郊森林带的为城市服务多功能的多元森林整体。

叶渭贤（1996）认为城市林业既不同于传统的林业和园林，而又是在某种意义上是这两个学科的交汇耦合、扬长避短、升华形成系统的理论体系。

张建国（1996）定义为："城市林业是林业和园林的融合、扩大、提高和升华，是建设经营利用城市生态系统的行业。"

谢声信（1996）认为："城市林业是指城市范围内（含市区和郊区）以树木为主体，包括花草、野生动物、微生物组成的生物群落以及其中的建筑设施，包括公园、街头和单位绿地、草坪、垂直绿化、行道树、疏林、片林、林带、防护林、水源涵养林、草地、水域、花圃、果园、菜地、农田等绿地。"并认为"城市林业是林业的一个重要专门分支，与林业及园林在经营目的、指导思想、所处环境、经营水平、树种选择、栽培措施、经营利用方面均有明显区别"。

刘森茂（1999）指出，"城市林业是城市内及其周围的树木和相关植物的培植和管理，是城市居民生活、生存的需要，它把森林引入城市，让城市坐落在森林中，充分协调人类与森林的关系"，认为"城市林业应包括城市园林，这也是区别于基础林业的一个重要特征"。

蒋有绪（1999）认为："城市林业是全方位为林业服务的林业体系，是城市现代化建设和管理的一个重要组成部分，是由点、块、带、网、片相结合形成的一个完整的景观系统。"

李吉跃等（2001）认为广义的城市林业是研究林木与城市环境（包括物质环境、人与空间环境、社会及商业环境、政治与法律环境等）之间的相互关系，综合设计与合理配植、管理林木及其他植物，改善城市环境，繁荣城市经济，维持城市可持续发展的一门科学。可以说，城市林业是园林与林业融为一体的多功能林业，是城郊一体化、林园融一体的高效林业，它既是园林的扩大，又是传统林业的升华。

目前人们对城市林业的已经形成了一个得到广泛认可的概念，即城市林业就是经营管理城市森林的行业（或学科）。

城市森林与城市林业是两个相辅相成的概念。目前对城市森林的认识在国内外也有不同的看法。Rowantree（1984）指出：如果某一地域具有 5.5~28 平方米/公顷的立木地径面积，并且具有一定的规模，那么它将影响风、温度、降水和动物的生活，这种森林可称为城市森林。

Grey 等认为（1978）城市森林包括了行道树、公园、街区游园、住宅区的所有树木，它是城市环境的重要组成。

Gobster（1994）把城市森林定义为："城市内及人口密集的聚居区域周围所有木本植物及与其相伴的植物，是一系列街区林分的总和。"

王木林（1997）等认为："城市森林是指城市范围内与城市关系密切的，以树木为主体，包括花草、野生动物、微生物组成的生物群落及其中的建筑设施包含公园、街头和单位绿地、垂直绿化、行道树、疏林草坪、片林、林带、花圃、苗圃、果园、菜地、农田、草地、水域等绿地。"

刘殿芳（1999）认为，就"城市森林"的本身含义，从有利于直观认识和便于实践与普及出发，可理解为生长在城市（包括市郊）的对环境有明显改善作用的林地及相关植被。

它是具有一定规模、以林木为主体，包括各种类型（乔、灌、藤、竹、层外植物、草本植物和水生植物等）的森林植物、栽培植物和生活在其间的动物（禽、兽、昆虫等）、微生物以及它们赖以生存的气候与土壤等自然因素的总称。而且城市的园林（人文古迹和园林建筑除外）、水体、草坪以及凡生长植物的其他开放地域均应纳入城市森林总体，成为其中的一个组成部分。它是一个与城市体系紧密联系的、综合体现自然生态、人工生态、社会生态、经济生态和谐统一的庞杂的生物体系。

根据上述分析，考虑中国自然条件和城市环境现状及其特殊性，结合中国城市发展的趋势和特点，我们认为：

城市森林是指在城市地域内以改善城市生态环境为主，促进人与自然协调，满足社会发展需求，由以树木为主体的植被及其所在的环境所构成的森林生态系统，是城市生态系统的重要组成部分。

城市森林与城市林业几乎是同时出现，但两者的内涵一直没有很好地界定，在很多情况下两者的内涵是一致的，可能在翻译上把 urban forestry 和 urban forest 没有区别开来。实际上，城市林业和城市森林在内涵上是有差异的。城市森林在广义上是一种森林生态系统，在狭义上是一种森林类型；而城市林业是对城市森林的经营与管理的行业或者学科，是一个多方面的经营管理体系，是建立在城市森林基础上的更广泛的概念。

尽管国内外学者因研究角度不同，对城市林业和城市森林所下的定义有所差异，但从这些定义的各不相同的表述来看，他们的基本目标是一致的，已经蕴含了现代林业的建设理念，表现在：

（1）突出强调了城市森林的环境服务功能。

（2）在范围上超越了传统的城市绿化范围，把市区、郊区及远郊区作为一个整体来考虑城市森林的建设。

（3）在城市环境建设的理念上，突出强调了树木、森林的主体地位。

（4）注重发挥森林的多种功能，特别是把森林的生态功能放在首位。

（5）认为城市林业是研究城市森林的一门新兴学科，是现代林业的一个分支，是涉及林业、园林、水利等多行业、多学科的综合学科体系。

由于城市森林建设涉及的行业、部门和学科比较多，因此在建设中需要各方面的共同努力，同时也要有所分工。从概念上来看，传统园林强调园和林的有机结合，注重山、水、石、林和建筑的协调配合，注重植物的景观效果，如美感、寓意和韵律；现代园林则扩大到整个城市绿地系统，但仍然偏重于社会效益，兼有生态效益。而传统林业主要是为了取得木材及其林产品，并兼有保持水土、调节气候等生态效益。近年来，现代林业逐渐转变到以生态效益为主，兼顾经济和社会效益。而城市林业是林业的提高与升华，是以发挥其多功能的林业，它是营造城市绿色环境，发展城市绿色经济，培育城市绿色文化的基础，是不可替代的。

三、现代城市森林的发展趋势

21 世纪是人类寻求社会、自然可持续发展的世纪。21 世纪的城市森林发展将坚持以人为本的主旨，以生态学原理为指导，建设结构优化、功能高效、布局合理的城市森林生态系统。

美国生态学家 McHarg（1969）一直主张在城市建设中要设计自然（design with nature），对于城市内的空地系统（open space）的潜在价值和约束因素要综合考虑，从而确保自然过程的运行，并要把不适合开发的土地保留下来不受那些破坏过程的干扰。对于城区内的空地系统，应该以其自然的"绿化"为主，而对于城市周围的环状绿化带（绿环），也不应该在其内部从事以农业为主的绿色生产。这种设计思想越来越得到各方面的广泛认同。因此在城市森林建设中，除了传统的公园、居民小区、一般街道的构建模式有所改进以外，更主要的是要加强近郊区和远郊区范围的城市森林建设，保护和建造一定面积的自然或近自然大面积核心林地，选择适宜的绿化树种，形成乔、灌、草相结合的植被结构，特别是加强城区河流、主干公路沿线的绿廊建设，建设一定宽度的生物廊道，强化城市森林各种绿地斑块间的空间联接，减少植被中断产生的阻隔作用，缓解生境破碎化（habitats fragmentation），使市区与郊区连为一体，建立功能完备的城市森林生态体系。

城市森林生态体系建设要涉及林业、城建、园林、水利、环保等许多行业和部门，必须集中各部门的力量，通力合作。在建设布局及模式上还要汲取国内外城市生态环境建设的精华，特别是有关城市森林、城市园林、生物多样性保护等方面的理论和经验。当前的发展趋势是：

（1）在森林植物选择和配置设计中，树立"以人为本"的思想，充分运用植物材料来创造宜人的环境和景观。

（2）在绿地模式中更加注重林木的作用，以林木为主的乔灌草复层结构模式得到广泛认同。

（3）在植物材料的选择和配置过程中，既要注重增加物种生物多样性，也要强调提高森林群落的多样性。

（4）及时运用最新的生态科技成果进行配置设计。

（5）设计和管护上提倡自然或近自然的模式。

（6）注重各种建筑物的垂直绿化。

（7）城市森林的建设注重与文化相结合，突出森林的文化内涵。

（8）强调多学科协作和公众参与。

第二节　城市森林的重要特征

一、城市森林的特点

城市森林作为一种与城市密切相关的森林类型，无论在组成上还是在功能上，都表现出不同于一般森林类型的特点，具体表现在：

（1）城市森林与城市紧密相关，它的服务对象是城市，要满足城市的多功能需求。城市森林是为城市高密度人口提高环境服务，是对城市环境的重要补充，是对提高城市综合竞争力的重要促进。在城市森林建设中要突出生态功能，同时强调游憩观光作用。

（2）城市森林所处的地域人口最稠密，与人的关系最为密切。城市森林建设直接改善人们的居住、休闲环境，也影响人的身心健康。

（3）与其他地域的森林类型相比，城市森林受人为因素影响最大。主要表现在：林地内人为活动频繁；人工雕琢的痕迹多；人工植被比重大，许多树种是根据景观效果、净化污染等特殊环境需求引进的；植物组成简单，纯林、纯草类型比重大；生物多样性低等。

（4）城市森林受外界不利环境条件压力大。城市的大气、土壤、水等污染及热场等特殊环境，对树木的生长、群落的稳定造成很大的影响。

（5）城市森林的维护费用大。城市森林中人工林的比例很大，土壤、水分、大气、温度等环境条件不同于一般的天然立地条件，特别是一些景观视觉效果的保持需要特殊的管护，因此整个林分需要较长时间的人工维护，人工费用较高，水资源消耗也较多。

（6）城市森林包含的内容很广。城市森林作为一种森林生态系统，是以各种林地为主体，同时也包括城市水域、果园、草地、苗圃等多种成分，与城市景观建设、公园管理、城市规划息息相关。

二、城市森林范围

1. 城市森林范围界定的方法

城市就其自然本质而言是一个复杂的生态系统，城市森林是其重要组成部分，它随着社会经济的发展而发展，不断延伸至远郊城镇与乡村。对于城市森林的范围界定，目前基本上有三种方法：

（1）类型界定。这种界定方法是从城市森林的定义派生出来的。从前面的分析可以看出，城市森林和城市林业的定义有狭义的概念也有广义的概念，广义的概念基本上是从城市森林的类型来谈的，而这些类型又都有各自特定的分布范围。因此把这些范围累计起来分析就可以得出城市森林的范围。比如说，城市森林包括风景林、卫生疗养林、森林公园、居民住宅区公园、工矿企业的绿化带、市区行道树、运动场和公共场所的绿化地带，那么这个范围基本上是局限在建成区之内的。而把城市森林定义为包括公共绿地（包括草地、花坛、行道树、公园等）、森林公园、自然保护区、森林保护区、防护林带以及城郊的生态公益林、商品林等，这样它的范围就包括了建成区、近郊区；如果把城市森林总的概念定义为应包括城市公园、植物园、动物园、行道树、沿江树、庭院绿化、郊区森林、国家森林公园和旅游胜地等，那么它的范围就是包括了建成区、近郊区和远郊区，甚至是跨行政区的（董智勇，1992；沈速等，2001）。

采用类型来界定城市森林的范围比较直观，也体现了行业的特色，有利于各方面共同参与。

（2）行政区界定。城市森林建设是一项公益事业，既要保护现有的各种林地，也要根据需要营造一些新林地。因此，城市森林建设将涉及土地转换、林地保护等许多部门和行业利益，需要政府部门的组织协调。从管辖范围来界定城市森林的范围虽然并不完全符合城市森林建设的实际需要，但在政府部门的管理协调上比较顺畅，便于建设任务的落实。这种界定方法比较适合于中国的实际情况。比如把城市森林的范围分为市区林和郊区林。

（3）距离界定。国外许多专家学者从旅游时间上给城市森林规定了范围，认为由市内出发、当天可返回的旅游胜地均在其列。这种界定方法与城市居民普遍使用的交通工具类型有很大关系。美国学者认为乘小汽车从市内出发，当天到达并能返回范围内的游览都应属于城市森林的范围。瑞典科学家认为城市森林范围是从市内骑自行车或滑雪出发当天到达并返回市内范围内的娱乐地域都视为城市森林。

我国的城市分布相对集中，城市周围的大小集镇村屯星罗棋布，因此我国城市森林的范畴，从地域上将包括市区、郊区、新建区、经济开发区、建制镇（或卫星城）等城市行政区划所管辖的整个范围。

2. 城市森林范围的界定

城市森林的范围界定是搞好城市建设的关键。城市森林发展到今天，它的范围一直是比较模糊的。从对城市环境影响的角度来说，过去城市的工业不很发达，工厂比较集中在城区内，污染范围较小，城市森林的范围也较小；从旅游休闲的角度，过去高速公路少，市民周末外出游玩主要靠乘公共汽车或骑自行车，能够到达的范围比现在所能够到达的范围要小，城市森林的范围也差异很大。因此，对于搞好城市森林规划和建设来说，要对城市森林的范围有一个科学的界定。

（1）城市森林的整体范围。城市森林建设的整体范围与城市的范围密切相关，一般要大于或等于城市的范围。对城市的范围根据研究角度的不同而不同，既有一般意义上的城市范围即建成区范围，也有行政管辖区的城市范围即包括建成区、郊区甚至郊县的范围，还有城市地区即城市群的范围。因此，城市森林的范围不是一成不变的，而是随着城市的发展和社会的进步而不断向外延伸的，从地域上应该包括市区、郊区、新建区、经济开发区、卫星城等城市行政区划所管辖的整个范围，没有固定的、明显的界线，应该把它作为国家生态环境建设的一个部分，是中国森林生态网络体系建设当中的一个重要组成部分。但在建设和规划上也不能无限扩大，必须围绕城市这个核心，针对改善城市生态环境的目标。城市森林应该是以城市建成区为中心，向城市周围辐射，对城市生态环境和市民的日常生活有直接影响的地域。

城市森林的范围从中文字面上理解是一般意义上的城市建成区范围，至多只涉及城乡结合部的近郊区，不涉及远郊区；而实际上城市森林的真正含义是包括建成区、近郊区和远郊区的范围的。从国内外的研究状况来看也是体现的这种空间尺度。因此，城市森林的建设范围要根据每个城市的具体特点来确定，可以从以下几个方面来考虑：①一般意义上的城市范围（建成区和郊区范围）；②城市行政管辖的区域；③城市交通直接辐射的范围（公共交通范围）；④城市环境负效应影响与平衡补偿范围（城市环境的影响半径与森林改善环境的服务半径相结合确定）。

对于上海等大型城市，地域上比一般城市管辖的范围也大，从便于实施的角度考虑，应该在城市行政管辖区这个尺度上考虑。

（2）城市森林的三个基本范围。随着城市影响力的渐弱或"城市度"的渐次降低，可以将这个近圆形地域内的城市森林划分为三个层次：一是处于城市中心建成区的建成区森林，二是近郊区（城乡交错带）的近郊森林，三是远郊区的远郊森林。北欧一些国家如瑞典，以当日可返回旅程定义为城市区域，在此区域内分布的绿色植物被称作城市森林，卫星城市的林木为近郊森林，更远区域内的自然保护区和风景林定义为远郊森林。

对于大城市来说，城市森林的范围所划分的市区、近郊区和远郊区这三个部分，其界定原则也要综合考虑各种因素的影响，对主要指标的变化划分成 3 个梯度范围，按照梯度等级范围确定 3 个区的界线，具体包括：①人口指数（非农业人口的数量、比例及人口密度）；②土地利用类型指数（建设用地的比例、农业用地比例、水域面积比例及河网密度等）；③经济指数（第一、二、三产业数量及比例）；④交通指数（不同类型公共交通通达度、不同类型交通工具通达度）；⑤城市化环境综合指数（热辐射效应、空气污浊度等）。

三、城市森林的数量统计范畴

城市森林作为一个整体的生态系统的概念，在组成类型上也应该是多样的。离开了城市建筑群，城市森林就无从谈起；而离开了片林、林带、疏林草地、散生木、水体等这些自然的成分，城市森林只能是分散破碎的，没有了系统的整体性和功能性。因此，从组成类型来说，应该包括城区全部的绿地（包括建筑物的垂直绿化）和各种水体、郊区的片林、护路林、河道林、农田防护林、水体等。对于每一种组成类型来说，城市森林是其从属的环境母体，他们共同构成一个以城市为服务对象、以林地为核心的森林生态系统。

如何对城市森林进行数量统计，是衡量一个城市的城市森林建设水平，建立合理评价指标的关键。对于城市森林的评价应该是多角度、多层次的综合评价，仅仅采用过去森林覆盖率等单一的指标是不能全面反映城市森林建设水平的。因此，在统计过程中要结合具体的评价指标和评价尺度，可以设定多种统计标准，如核心林地面积与覆盖率、廊道密度等，也可以在更细的尺度上统计。

1. 纳入城市森林范筹绿地的边界界定

林地按照林业上的统计标准，郊区某一地类的林木树冠覆盖度需达 0.2 以上，在市区的一些特殊地类比如商业区可以适当放宽；从森林环境效应而言，规模（生态效益启动斑块最小面积）通常为 4 公顷，就是说达到或超过这个阈值，林地就具有显著减缓热岛效应的临界意义。

2. 统计方式

斑块类型，采用城市森林最小表现面积，这里主要是具有森林环境的最小面积，一般来说以林为主的斑块面积最小宽度应不小于主要树种在该城市成熟后的最大高度，即 1 倍树高；廊道类型，按照宽度划分主干廊道和副廊道等级别。

对于现代城市森林的指标统计，我们建议可以对城市森林的各种组成成分进行分类统计，同时要重点从城市森林狭义的概念来统计，即城市地域范围内的林地及其相关植被。具体指标可以从林冠覆盖度、林地覆盖度、绿地覆盖度等不同层面来考虑。

第三节　城市森林的组成类型

城市森林是一个庞大复杂的生态系统，是由人工生物群落和自然生物群落组成的，应包括城市范围内的各类林地和绿地，服务于城市不同结构、形态、功能的生物群落。城市生态系统中的众多子系统中，由于地区、环境不同，对城市森林的要求也不一样。城市森林具有多种功能，除了美化和提供舒适的环境外，还具有多种防护作用（如防风固土、防洪、水源涵养、防各种污染）和景观游憩功能（为人们娱乐、锻炼、狩猎等活动提供天然的场所）。

城市森林空间属性的非限制性，决定了同一森林功能的多样性，城市区域的复杂性以及人们对城市自然环境的多种需求，决定了城市森林的组成类型非常复杂。因此，城市森林的组成类型包含自然和人工的多种类型，影响的因素也是多种多样的，它的类型划分方法是与具体的地类和功能紧密联系在一起的，不完全等同于绿地类型、森林类型或林分类型等传统的分类体系。为便于研究，将城市森林进行合理的类型划分，并依据不同类型采用不同规划设计方案、经营利用方式，将具有非常重要的应用价值。

一、国内外研究现状

1. 城市森林的组成

国外学者对城市森林的组成已进行过大量的研究。Erik Jorgensen 指出：城市林业是指受城市居民影响和利用的整个地区的所有树木的管理，包括服务于居民的水域和游憩区。美国学者认为：城市森林是城市内街道、居民区、公园、绿化带所有植被的总和，它既包括公共用地也包括私人用地，既包含交通和公共通道上的树木，也包含城市水域中生长的树木（Robert W.Miller，1997）。日本专家认为城市森林包含市区绿地，主要包括城市公园、市内环境保护林、道路及河流沿岸的绿地、机关企业等专用绿地、居民区绿化美化及立体绿化等；郊区绿地主要包括郊区环境保护林、自然休养林、森林公园等城市近郊林及农、林、畜、水产生产绿地（王木林，1995）。欧洲不少国家的城市森林也包含相似的类型（Kukchelmeisiter G.，Braoctz S.，1993）。

国外对城市森林的组成类型现已经有了明确的范围。譬如，美国规定城市林业包括公园、道路、河岸、公共建筑等地域内的树木和其他植物，市内及城市周围的林带、片林；英国的城市林业由自然公园、带状公园和小灌木林及其他类型的小片林组成；日本的城市林业由公园、郊区森林和行道树组成；比利时的城市林业包括城市绿色空间、公园和城市周围的森林；墨西哥城市林业包括郊外和市内古老的公园以及市区和新区内的树木。因此，这些城市森林的概念和内涵基本上没有离开其最基本的植物组成范畴，实质上是以林木为主体的各种植被及其所依附的土地。

我国学者对城市森林的组成也进行了大量的研究和探讨。董智勇（1992）、沈速等（2001）

认为城市林业总的概念应包括城市公园、植物园、动物园、街道树、沿江树、庭院绿化、郊区森林、国家森林公园和旅游胜地等。《辞海》中城市林业是指包括风景林、卫生疗养林、森林公园、居民住宅区公园、工矿企业的绿化带、市区行道树，运动场和公共场所的绿化地带。而且随着城市绿化建设的发展以及城市森林建设理念广泛宣传，城市森林的组成类型也进一步丰富，一些地类如花圃、苗圃也开始被列入城市森林的范畴。王木林（1997）认为城市森林指城市范围内及与城市关系密切的，以树木为主体、包括花草、野生动物、微生物组成的生物群落及其中的建筑设施，包含公园、街头和单位绿地、垂直绿化、行道树、疏林草坪、片林、林带、花圃、苗圃、果园、菜地、农田、草地、水域等绿地。刘殿芳（1999）提出城市森林以林木为主体，包括各种类型（乔、灌、藤、竹、层外植物、草本植物和水生植物等）的森林植物、栽培植物和生活在其间的动物（禽、兽、昆虫等）、微生物以及它们赖以生存的气候与土壤等自然因素的总称。但上述这些类型划分方法还是基于一种最基本的认识，就是说城市森林是各种绿地类型的综合体，是一种组合，还没有整体性、功能性的概念。不过在对城市森林研究的过程中，这种组合被进一步深化，水体被认为是城市森林的重要组成成分，而且有了空间连接、生态功能等生态系统的含义，向着生态系统的方向发展。

目前，城市森林已经发展到生态系统的层次，是以树木为主体的包含其中所有生物、非生物因素在内的组成的一个生态系统，是城市生态系统的重要组成部分，将在城市可持续发展中发挥越来越重要的作用。城市森林从城市内的森林资源调查发展起来，城市森林的研究与建设重点也转移到近郊区和远郊区，随着城市的发展城市森林包括的范围不断扩大，组成类型也会越来越丰富。

2. 城市森林的组成类型分类研究

城市森林由于国情和见解及用途不同而不尽相同。目前国际上对城市森林组成类型尚未形成公认的分类方法。在日本，城市森林包含市区公用绿地（主要包括城市公园、市内环境保护区、道路及河流沿岸的绿化、机关企业等专用绿地），居民区环境保护林，自然疗养林，森林公园等城市近郊林及农、林、畜、水产生产绿地。前苏联的分类观点将城市森林组成类型分为：公共绿地、专用绿地、特殊用途绿地。我国一直沿用前苏联的分类方法，一般将绿地分为公共绿地、园林生产及卫生防护用地、风景旅游绿地、专用绿地和街道绿地五大类。近年来，随着城市林业和城市森林研究的不断深入，对城市森林组成类型的划分也进一步细化，顾春熙（1990）将其分为公共绿地、生产绿地、防护绿地、风景游览绿地、专用绿地、街道绿地等六大类。以上城市森林组成类型分类沿用了城市绿地规划中常用的分类系统，实际上是从管理和规划的角度来考虑的，不能很好地体现城市森林区位特点和功能差异。

城市森林的建设是以城市为核心的，这种概念上的认知包含着距离和范围含义，许多研究从城市园林、城市绿化、市郊森林三方面进行城市森林分类。这种分类在国内外的研究文献中都有表述，但并不十分科学。因为园林与绿化并不是截然分开的两个概念，它们是互相渗透，互不分割的。这里更多的是体现了行业管理权限的因素，将市郊森林与城市园林、城市绿化并列起来的提法是欠妥的。

城市森林作为一种新型的森林生态系统，其组成类型的划分还要体现城市森林在城市环境条件下固有的特点与功能要求。美国有的学者根据用途和功能将城市森林分为游憩地、风景林、国有林、商业林、路旁林带等。英国学者将其分为庭园和游憩地等。美国学者Nilon C.H. 根据城市森林外形结构的变化，应用集群分析法把城市林木分布带归纳为4种类型：市内带、过渡带、居民区带、郊区带。我国学者关景芬（1995）认为城市林业的范围按开放空间的地理位置，可分为市区林和郊区林，按城市绿地系统的功能城市森林包括防护林（护城林带、片林、林网）、园林、市区环境林、观赏林（风景林）、经济林、特种用途林、部分用材林、薪炭林。以上学者都从单一的角度提出了城市森林分类的方法。从这些分类方法的发展可以看出，人们已经认识到城市环境的区位特点和对城市森林功能需求的多样性，但没最终把城市森林的两方面同时体现在分类上。

以上国内外学者对城市森林组成类型的分类，存在以下问题：

（1）运用单一分类标准多，复合分类标准少。有的从功能和用途上进行划分，有的从地域范围上进行城市森林的界定，有的从城市森林的归属上分类，最终的结果都或多或少地出现了一定的问题。即使采用复合分类也没使城市森林的特点得到明确体现。

（2）混淆了城市森林和城市绿地的范围。很多分类都是沿用园林绿化中绿地分类系统的分类，体现的是城市森林的管理权属特点，这种分类不但没有突出森林的特色，还把城市森林和城市绿地混为一谈。这也是城市森林发展不完善的具体体现。

（3）分类的范围虽然考虑得全面，但由于缺乏层次性，分类不明确，没有体现城市森林功能完备性与城市景观异质性、环境需求多样性之间相互结合的特点。

总的来说，城市森林组成类型的划分还没有形成自己一套完整的分类体系，多数还是完全套用园林、城建的绿地系统划分方法，还是相对独立的建成区和郊区两个部分，没有体现城市森林的整体特征，特别是不同地类对城市森林功能要求的准确定位。随着城市森林的发展，其组成类型的划分必须建立自己的科学分类体系。

二、现代城市森林组成类型划分的原则和依据

对于城市森林组成类型进行合理分类，可使人们更好地认识和理解城市森林的组成及功能、基本特征以及它们在城市建设中的作用，从而使城市森林的规划设计和建设管理工作更加有效。我们在总结国内外学者对城市森林分类的基础上，认为城市森林的分类，既不应该随便拿森林的分类原则生搬硬套，也不能完全脱离森林的基本含义，沿用城市绿地规划、建设、管理部门既定的绿地系统分类原则。前面我们已经阐述过，城市森林是城市与森林的有机结合，是两者的统一体。因此，科学可行的方法应当是将城市的区位特点与森林的功能结合起来，从地域范围、功能需求及森林的类型、功能等方面综合考虑，进行复合分类，形成一套全新的、能够全面反映二者关系的分类系统。

1. 参照的划分依据

城市森林组成类型划分还处在一个尚待完善的阶段，同时又是一个涉及多行业、多部

门的综合领域，因此在划分依据方面可以借鉴园林、城建、林业等相关行业的一些做法，同时也要符合国家相关的法律法规及政策条例，具体有：

《中华人民共和国森林法》；

《中华人民共和国林业部森林资源调查主要技术规定》；

《城市绿化条例》；

《城市用地分类与规划建设用地标准》GBJ 137—90；

《城市绿地规划建设指标的规定》（建城〔1993〕784号）；

《中华人民共和国行业标准——公园设计规范》等。

2. 划分原则

（1）功能性原则。以功能作为分类的原则，有利于城市绿地合理布局和综合效益的充分发挥，分类时应以主功能为依据，力求命名准确。

（2）区位性原则。考虑城市不同区位的环境特点和对城市森林的功能需求，使城市森林的建设更有针对性。

（3）科学性原则。各种类型必须具有明确的功能，概念清楚，含义明确。

（4）实用性原则。基本适合各地大中城市和小城镇运用，可操作性强。

（5）全面性原则。能够包括整个适于范围内的所有城市森林。

（6）协调性原则。既要保证自身分类标准的恰当性，又必须与已颁布的相关标准相协调。

三、组成类型划分方法

城市森林的组成类型划分应根据城市森林的组成以及城市绿地规划建设和管理的实际需要的情况而定。因此，要求既要科学，又要简单易行，便于操作，著者认为应采用分级分类方法。

城市森林的分类可以有多种，如位置、范围、服务对象、功能、空间属性等。城市森林作为城市生态系统的一个组成部分，每一类的主要功能都应区别于其他类型。因此，将主要功能作为城市森林组成类型划分的主要依据是最合适的。我们先将城市森林按城区、近郊区和远郊区划分区位，再按城市森林的功能分类，然后把二者结合起来进行区位与功能组合的复合分类。

第四节　城市森林的功能

一、生态功能

森林是陆地生态系统的主体，它是组成复杂、结构完整、能量转换和物质循环最旺盛、生物生产力最高、生态效益最强的生态系统。同样，城市森林在维护城市生态平衡中起着极其重要的不可替代的作用。其主要功能有：

1. 吸收 CO_2，放出 O_2，维护碳氧平衡

在大气中氧含量占21%，CO_2 占0.03%左右，若超出一定范围，人类将无法生存。研究证明，一个无污染的地区，人均10平方米树木或25平方米草皮，空气就能保持新鲜。

由于树种、林种、群落结构等不同，单位面积叶片（每平方米覆盖水平面积叶片）吸收 CO_2、放出 O_2 的量，由大到小的排列顺序为木棉—白兰—石栗—大叶榕—细叶榕—阴香—红花羊蹄—红花夹竹桃。

研究表明每公顷柳杉每年可吸收720千克的 CO_2，每公顷阔叶林1天可消纳1000千克的 CO_2。张家界国家森林公园的森林年释氧量为4521吨，因此，进入公园感觉舒适的时间比外界长54%~100%。

2. 净化空气

城市空气一般受到有毒气体、粉尘及细菌等不同程度的污染，而森林就有吸收有毒气体、滞粉尘、杀细菌的功能。

有林地吸收 SO_2 比草地高5~10倍，平均高8倍（英国研究），北京实测几种单株树种吸收 SO_2 的功能，发现旱柳＞杨树＞刺槐；日本测定大阪市不同树种的吸硫能力发现最强的是落叶树，常绿阔叶树次之，针叶树最弱，表明落叶树吸收氮化物的能力是常绿树的数倍。公园能过滤掉大气中80%的污染物。上海宝钢集团公司厂区绿地覆盖率达到38.5%，研究表明，大气中的微生物以细菌、霉菌为主，放线菌出现频率较低，显示宝钢厂区的植物群落在杀菌、衰减 NO_x 和 SO_2 等方面发挥重要作用。树木对尘埃有很好的黏附作用，因而其降尘作用明显。南京防疫站测量中山陵风景区、玄武湖公园较闹市区降尘量少50%，并有降低放射性物质污染的作用。

北京市、天津市周围大面积的防护林使该地区风沙、风暴天数下降。据Meldan研究各种松柏的吸附能力为30~50吨/公顷，山毛榉可达68吨/公顷。空气里的大气尘土，在树林里明显减少。

有些树种，如杉木、白皮松、臭椿、樟树、悬铃木在污染的环境中具有产生杀菌能力的杀菌素（或称芬多精），可有效杀灭细菌。

森林释放出很多对人体保健有关的负离子，人们可通过森林浴治疗高血压等疾病。

3. 减少噪音

一般认为在90分贝的环境噪声对人体健康造成各方面的影响。城市居民遇到的环境噪声其主要声源是交通噪声。树林的重叠能改变声音的直射方向，形成漫反射，一部分透过枝叶的空隙，可减弱噪声20%~30%。临近街区的学校、医院、居民区，若种植5米宽的密冠常绿乔木，可使噪声减弱15分贝。

4. 降温增湿调节气候

太阳辐射是地球表面增湿的主要能源，城市森林吸收的辐射热，除一小部分用于光合作用转化为化学能外，绝大部分辐射能用于树木的蒸腾作用（每蒸腾1克水，消耗2461焦耳能量）。树冠下太阳辐射的减少，气温相应降低。绿化好的片林及林荫路下可见光辐射减少88%左右，气温降低3℃左右，林荫路面降温可达7℃。在中午前后建筑物表面高温时期，

降温作用更为明显，高温持续时间减少 3~8 小时。

5. 防风固沙，保持水土

河北省北部广大地区和北京市、天津市的城市森林，使风沙、沙暴天数减少 1/3。

6. 涵养水源

我国大部分城市地下水受到不同程度的污染，若能通过森林涵养水源采取地下水是城市取水的出路。上海宝钢研究表明，由于绿地覆盖率达 38.5%，生态类型多，结构相对合理，生态环境良好。宝钢厂区具有十分丰富的微生物交错区。鸟类资源丰富，共记录有 13 目 27 科 84 种。

二、社会功能

城市森林作为一种人工的生态系统体现着现时的和历史的各种自然、科学及精神价值，已成为吸引人才居留乃至资金集结的重要因素。另外，一旦发生地震等灾害，城市片林绿地可作为避难场所，使自然灾害减少至最低限度。

城市森林可起到美化环境，提供工作之余的休息、体育锻炼和交际场所，帮助人们消除疲劳，提高工作效率。

三、经济产业功能

1. 直接经济功能

直接产生各类森林产品是城市森林经济效益的一个方面；提供社会良好环境和服务而得到的各种经营收入（如票务、餐饮业、商业、游乐业、设计、施工等）是城市森林经济的另一方面。

2. 间接经济效益

森林产生的生态功能是一种无形产品，但仍然可以用有形的尺度（及市场价值）加以定性评估和定量计算。美国研究表明，绿化间接的社会经济价值是它本身直接经济价值的 18~20 倍。

印度斯达教授测算，1 棵 50 年树龄的树，对其群落的贡献，价值为 19.62 万美元；在 20 世纪 50 年代中它产生氧气的价值为 3.12 万美元；防治大气污染的价值为 6.25 万美元；防治土壤侵蚀，增加土壤肥力的价值为 3.12 万美元；其涵养水源，促进水分再循环的效益约值 3.75 万美元；它为鸟类和其他动物提供栖息环境价值 3.12 万美元。

对上海宝钢集团公司厂区绿地生态资产价值评估研究表明，宝钢厂区绿地直接、间接产生的总价值为 702429.85 万元，为投资费用 51741 万元的 13.58 倍，产出远远超过投入，证明对绿地投资效益远大。

第五节　城市森林的功能效益特征

城市建成区人口、建筑、经济的高密度，市中心的高地价，城乡发展的高反差，土地资源总量和现行法规的限制性大，与水争地的问题比较突出，土地经济的结构性调整势在必行，深度城市化和逆向城市化趋势也要求城市走生态化的发展道路。

一、城市发展对城市森林的功能需求分析

由于人们构筑的城市人工环境与自然环境间存在极大的反差，人们在混凝土森林中极其渴望进入自然森林，因而形成极大的需求。城市的积累和需求构成了经济上的投入，并谋求城市经营中的产出，成为一种特有规模的生态经济模式。城市经营的效益回报社会的除经济财富以外，更珍贵的是为社会带来了安全与健康，并凝结为新型社会发展的遗传密码——生态文化，这个凝结过程与公众参与密不可分。

城林共处的基础是人们生理、心理以至于才智成长环境的网络化森林水系，它不但赋生物群落以生命空间，而且赋人造的城市以永恒的活力。

由于城市环境的影响和城市的社会经济需求的形成，城市森林在功能组合和权重上表现了自身的特点——即社会、环境、经济的全方位、多功能。具体表现在环境及其两个端元——资源和灾害方面：

（1）环境效益。减污增益（包括碳氧平衡、净化空气、促进健康），提高宜居程度。

（2）安全效益。防治、减少城市灾害；降低城市灾害损失；提供避难场所。

（3）经济效益。包括直接效益（物质生产、景观旅游等）和间接效益（地价、各种折算的效益等）。

以城市对水的需求与城市森林的关系为例，一方面水是城市生命线，另一方面城市涵养水源是主导功能，而且具多功能需求，如构筑水体景观、调蓄减灾等。

城市生态化是现代城市——深度城市化的标志，以近自然为特点。在社会、经济、环境"三位一体，生态为纲"的功能需求下，构建林-水结合的生态循环。其结构包括：

（1）生态建设：发展绿色循环经济，加快生态修复步伐。

（2）生态安全：多样性、稳定性。

（3）生态文明：生态理念、生态方式。

二、城市森林功能效益定位原则

发展生态理论指导下的城市森林功能效益分析；根据不同区域（建成区、近郊区、远郊区）不同发展阶段进行功能效益定位，坚持组合功能，以生态为纲；坚持环境、社会、经济综合效应，以生态经济为纽带。

三、城市森林功能结构关系类型

根据城市布局与转型要求，城市森林的宏观结构可以从不同的空间区域进行相应的合理区划布局，包括中心城区、旧城区的改造，城乡结合部与新城区的建设，以及远郊森林建设。其相应目标组合为生态恢复、生态补偿、生态建设（包括推进生态经济）。

城市森林的功能组合包括：区域功能组合（如城中及城缘下风向主要应为生态恢复林、

城缘上风向为生态补偿林）、用地类型组合（如洼地林、岗地林、湿地林等）和人居环境组合（高密度居住区林地、中低容积率林建住宅区和林间新城等）。

第六节　上海现代城市森林建设的意义

一、上海现代城市森林建设的基本定位

上海现代城市森林建设是以上海城市为核心，涉及整个上海 6340 平方千米范围的一项生态工程，既要考虑城市森林生态系统的完整性，也要与上海现代城市发展相结合。上海市地处太平洋西海岸、长江三角洲龙头，是国际经济、金融、贸易及航运的中心，在新世纪要全面提高城市发展品位，建设小康社会。因此，上海现代城市森林建设应该有一个基本的定位，具体包括：

1. 城市森林建设是 21 世纪现代城市建设的重要内容和主要标志

城市作为人口主要集中居住的地区，其生态环境的日益恶化已经受到普遍关注。建立人与自然和谐相处，健康、安全和可持续发展的现代城市是全球人类的共同理想。森林是陆地生态系统的主体，是生命支持系统的主要组成部分，是实现环境与发展相统一的关键和纽带。保护森林、发展林业，关系到人类的生存和发展，关系到国家的现代化建设大局和可持续发展大计，是一个在国民经济和社会发展中涉及面广、影响层次深的重大问题。通过建设城市森林来改善城市环境，维持和保护城市生物多样性，提高城市综合竞争力，是城市实现可持续发展的根本保证和迫切需要，是现代城市生态环境建设的重要内容和主要标志，是我国城市化进程中急需解决的关键问题。

2. 现代城市森林建设要与现有的城市特点和需求相结合

城市森林建设是一项涉及多部门、多行业、多学科的系统工程，充分调动好各方面的积极性非常重要。从上海市的实际情况来看，城市森林建设大体上可以划分成两个部分，即建成区和郊区（包括近郊区和远郊区）。在外环线以内的建成区城市森林建设，要注重与园林部门相结合，达到景观效果与多种生态功能的有机融合；在外环线以外的郊区则要强调生态功能，兼顾经济功能和景观效果，使这些地区的城市森林建设有利于引导城市旅游、休闲、生态农业、房地产业等相关生态产业的发展。

3. 城市森林是城市生态环境的主体，是城市有生命的基础设施建设

随着我国城市化进程的加快，城市数量不断增加和城市规模迅速扩大，城市所面临的环境问题日益突出，城市森林建设已经超出过去一般意义上的城市绿化建设模式和范围。现代城市对环境建设的要求越来越高，城市森林是要通过多种模式增加城市的林木覆盖率，必须把建成区与郊区及远郊区作为一个整体来考虑，从改善整个城市区域内的生态环境的高度来布局，在树种选择和配置方面转变过去以视觉效果为主的观念，更加突出绿地的生态功能，注重对人体身心健康的影响。因此，城市森林建设已经成为城市有生命的基础设

施建设，其作用不可替代。

4. 现代城市森林的主体应该是以生态效益为主的生态公益林

城市森林不能单纯从资源或类型的角度去理解，而是一种包含众多人为建筑景观在内、受多种因素干扰的新型森林生态系统。它的环境服务功能是第一位的。因此，要强调保护原有的地带性天然植被，人工林也应该是近自然的模式，这种近自然就是提倡建设以群落建群种为主，借鉴地带性自然森林群落的种类组成、结构特点，尊重群落的自然演替规律。

5. 现代城市森林建设要与城市范围内的其他生态系统建设相结合

城市森林是现代城市环境建设需求与森林具有多种功能特性的交叉发展的一门新学科。现代城市森林不是城市与森林的简单拼凑，而是二者达到合理布局、密切结合形成一个全新的森林生态系统。上海市的现代城市森林建设要与湿地、河流、湖泊、农田等生态系统的建设结合起来，充分发挥各种城市森林类型的多种功能，使城市环境得以显著改善，形成一个可持续发展的城市与森林的统一体，促进城市生态系统的良性循环。

6. 现代城市森林的设计和管理是以相对粗放式的近自然模式为主

现代城市森林建设要借鉴生态系统经营的理论，实行相对粗放式的近自然设计和管护，减少人为干扰，逐步建立城市森林生态系统的自我维持机制。

7. 现代城市森林建设要同步或领先于城市化进程

城市森林建设既要针对城市现有的状况，同时更要考虑城市的发展趋势和可能产生的新问题进行长远的规划。因此无论在建设规模、树种配置等技术环节，还是在整体布局的规划上，都要考虑城市未来的发展需求，对于规划的林地和林带要有一些预留空间，这样既有利于其他行业或产业的参与，带动相关产业的发展，也有利于吸收各方面的力量参与城市森林建设。

8. 现代城市森林建设要贯彻生态、社会、经济效益相统一的原则

城市森林建设通过与城市房地产业、森林旅游业、城郊农林业的产业结构调整等相结合，实现三种效益的最佳结合。

二、建设上海现代城市森林的重要意义

1. 城市森林建设是新世纪林业发展的重要方向，在上海开展城市森林建设研究在全国具有导向和示范作用

我国新世纪的林业发展确定了"生态建设，生态安全，生态文明"的三生态战略，提出要以天然林资源保护、退耕还林还草、野生动物保护及自然保护区建设等作为我国宏观生态环境整治的六大林业重点生态工程为框架，构建"点、线、面"结合的全国森林生态网络体系。其中以城市森林建设为核心的城市"点"的建设，是新世纪林业发展的重要方向。目前，这方面的研究与建设还处于起步阶段。

上海市地处我国东部森林区域内，是长江三角洲冲积平原上的一座沿海城市，境内除岛屿、丘陵外，还有平原、湿地等多样的生境类型，是中国森林生态网络体系建设研究中最具代表性的城市。上海城市森林建设所取得的经验不仅可直接应用于我国经济发达的长

江三角洲地区，而且对全国其他地区具有导向和示范作用。

新世纪上半叶，中国林业发展将确立以生态建设为主的林业可持续发展道路、建立以森林植被为主体的国土生态安全体系、建设山川秀美的生态文明社会的总体战略思想，并把城市森林作为中国森林生态网络体系建设的重要内容。国家确定的天然林资源保护、退耕还林还草、野生动物保护及自然保护区建设等六大林业重点工程，基本分布在农区和山区，目前尚未直接涉足生态问题突出、经济发达、人口密度大的城市地区，因此，开展城市森林研究和建设也是国家六大林业重点工程的重要补充。

2. 现代城市森林建设是改善上海城市生态环境，提高国际综合竞争力的必需

森林具有多种生态功能，发挥森林在改善城市生态环境方面的重要作用已经成为现代都市建设的主体之一。上海市已成为我国最大的经济中心和最大的工商业港口，正朝着国际化大都市建设目标阔步迈进。现代城市森林建设是上海建设国际大都市，改善其生态环境和促进城市可持续发展的迫切需要。与现代化国际大都市相比，上海市综合竞争力六大指标中最差的就是城市的生态环境，严重制约了城市综合竞争力的全面提升。森林是陆地最重要的生态系统，是生命支持系统的主要组成部分，是实现环境与发展相统一的关键和纽带。在人类进入新千年、新世纪之时，保护森林、发展林业，关系到上海市现代化建设大局和可持续发展大计。加大城市森林建设力度，有利于增强上海市城市综合竞争力，缩小上海市与发达国家城市森林建设的差距，促进城市可持续发展。同时发展城市森林建设，有利于上海市的农业产业结构调整，以适应加入 WTO 后城郊社会经济发展的需要。发展城市森林建设，有利于上海举办 2010 年世博会，向世界展示我国城市现代化建设的成功范例。

3. 发展城市森林是解决上海生态问题的重要手段

上海市委、市政府非常重视生态建设并加大了治理力度，已投入了大量的人力、物力和财力，环境质量明显改善，绿化水平不断提高，但随着上海社会、经济的快速发展，也带来了一系列的生态问题，主要表现在：

（1）水环境状况较差，水污染较重。全市水系没有Ⅰ类水质，Ⅱ类水质仅占千分之一，劣于Ⅴ类的水质占到 64% 以上。

（2）农用化学物的投入以及生活垃圾的填埋导致土壤污染程度加重。

（3）森林资源总量明显不足。到 2001 年，森林覆盖率仅为 10.4%，为国际平均水平的 1/3，全国平均水平的一半，且结构布局不尽合理。生物多样性不够丰富，建成区大部分绿地存在种类单调、群落结构简单的现象。

（4）建筑物林立，人口密集，局部大气污染较重，城市的热岛效应明显。

城市森林作为解决水、土壤、生物多样性问题的重要手段，已越来越受到高度重视，许多国家都把大力发展城市森林作为改善城市生态、提高环境质量的一项重要举措，如加拿大城市森林计划、英国城市森林计划、德国城市林业规划、日本城市保安林规划等。

4. 发展城市森林是上海城市建设的必由之路

人与自然和谐相处，保护生态环境，走可持续发展道路，已成为全人类的共识。上海市在社会、经济快速发展的同时，面临一系列生态和环境问题，高层建筑林立，人口密集，热岛效应明显，生产、生活对生态环境形成巨大压力，水、土、气已受到不同程度的污染。城市森林作为城市生态系统中具有自净功能的重要组成部分，在保护人体健康、调节生态平衡、改善环境质量、美化城市景观等方面具有其他城市基础设施不可替代的作用。但上海市的森林资源总量明显不足，结构布局不尽合理，通过大力发展城市森林，可以逐步改善上海市的生态环境，实现社会、经济的可持续发展。

经国务院批准的《上海城市总体规划（1999~2020）》对上海城市的发展作了明确定位：上海要成为国际经济、金融、贸易、航运中心之一，要建成经济繁荣、社会文明、环境优美的国际大都市，率先基本实现现代化。这一定位对上海发展现代城市森林提出了强烈、迫切的要求。上海市作为我国最大的经济中心和最大的工商业港口城市，正朝着现代化国际大都市的建设目标阔步迈进。但上海市综合竞争力六大指标中，最低的一项指标就是城市的生态环境。要使上海市的生态环境达到国际大都市的要求，必须大力发展城市森林，建设"人树共存、水木相扶"的城市森林生态系统，从而营造"天更蓝、地更绿、水更清、居更佳"的都市风光。

随着经济全球化的发展，改善生态环境质量，美化城市环境形象，营造良好的生活、生产和投资环境，已成为提高城市综合竞争力的主要因素和根本保障之一。发展城市森林是世界城市建设不可逆转的潮流。上海市要建设成为现代化国际大都市，也必须顺应世界城市建设的这一历史潮流。

国内外对城市森林的发展建设，也没有形成完整的理论体系和技术规程。以上海市为试点，开展现代城市森林发展研究，可为全国的城市森林建设提供理论参考和示范样板，对从总体上改善国家生态环境质量，提高区域生态安全，具有重要的理论意义和实际应用价值。

第二章　上海建设现代城市森林的背景分析

第一节　生态环境现状

一、自然条件

上海市位于 30°40′~31°53′N，120°51′~122°12′E，地处长江三角洲的东缘，南北海岸线的中点，长江入海口，北枕万里长江，东濒浩瀚东海，南临杭州湾，西接太湖水系。

1. 气　候

上海市属亚热带季风气候，冬冷夏热、四季分明，日照充足，雨量充沛，年平均气温 15.2~15.9℃，最冷月（1月）平均气温 3.1~3.9℃，极端最低气温 –12.1℃。温暖指数（WI）为 130.2℃·月，寒冷指数（CI）为 –2.1℃·月。年平均降水量 1048~1138 毫米，全年降水量的 60% 集中在 5~9 月的汛期（图 2.1）。太阳光辐射通量平均为 468.7 千焦/平方厘米，无霜期 250 天左右，日平均气温 ≥10℃ 的活动积温为 5110~5140℃，作物生长期平均 233 天。植物生长期内丰富的光、热、水资源十分有利于农作物和林木的生长发育，构成发展都市农林生产的有利自然条件。

年平均风速市区 2.9 米/秒，郊区 3.1~3.7 米/秒，各季节风速以春季最大，冬、夏次之，秋季最小。夏季盛行东南风，冬季多为西北风（图 2.2）。而夏季盛行

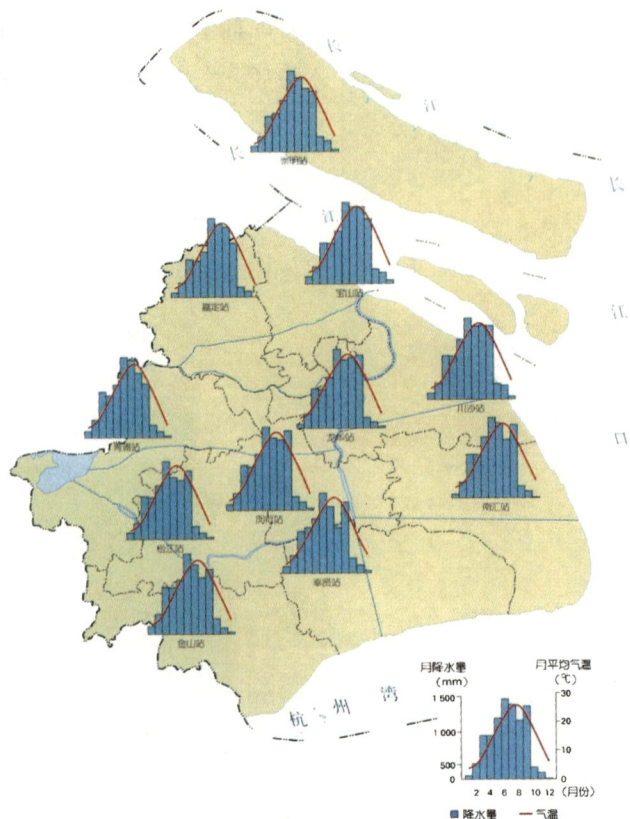

图 2.1　上海市各台站气候图

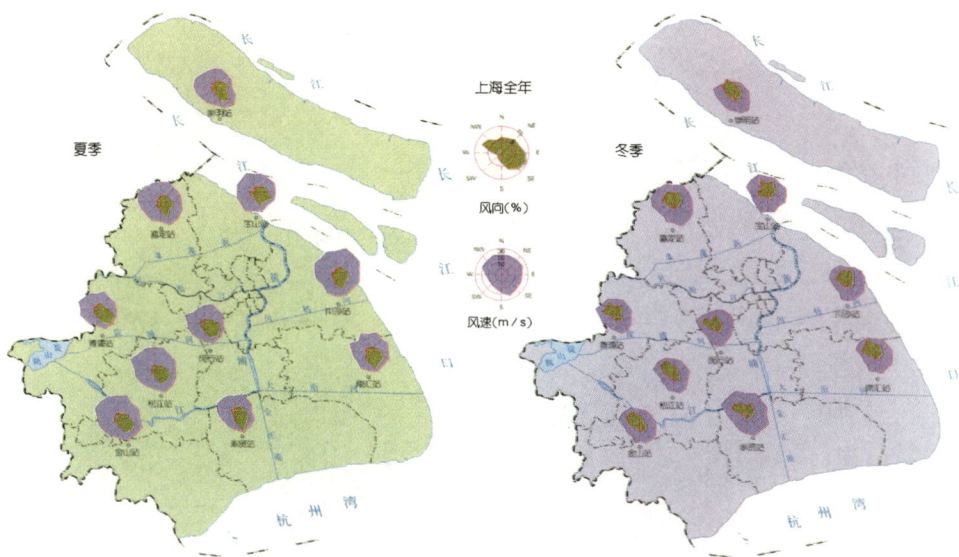

图 2.2 上海市各台站风向频率与平均风速示意图

的东南风，冬季的西北风将是影响上海城区空气流动的主要因子。

2. 地势与地貌

上海地区属于长江三角洲以太湖为中心的碟形洼地的东缘，整体上最重要的特点是地势低平（图 2.3）。

上海市的北、东、南三面地势较高，平均高程 4~5 米，大体上包括闵行、嘉定、宝山、浦东新区、南汇、奉贤等区和金山区南部，其南缘略高于北缘，最高高程在奉贤一带。而西面的青浦、松江区的大部、金山区北部及嘉定区的西南部，则属碟形洼地的底部，系太湖流域地势最低处，一般高程在 2.2~3.5 米，其中最低处泖湖、石湖荡一带不到 2.0 米。整个大陆部分的地势总趋势是由东向西微倾。长江口诸岛地势也不高，崇明岛的海拔在 3.5~4.5 米，西部有部分低地，长兴、横沙二岛海拔在 2.5~3.5 米。另外，在大陆

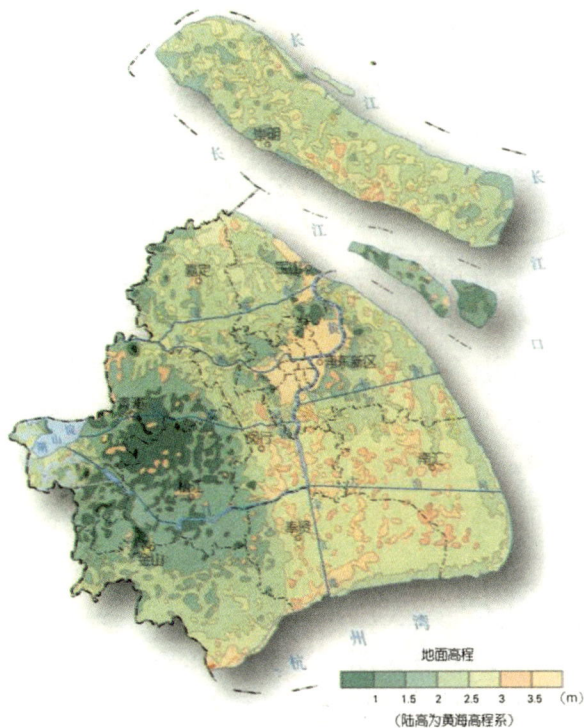

图 2.3 上海市地势图

西南部的松江、青浦、金山等区零星分布有 13 座海拔不到 100 米的剥蚀残丘，其中较高的有佘山、天马山、大金山岛等。全市计有 6.83 万公顷低洼低地（海拔在 3.2 米以下），主要集中在西部青浦、松江两区，其他则零星分布在各区（县）。

按形态和成因进行地貌分类，上海地区可分为三级 34 个地貌类型。根据地貌类型

及其组合特征的差异，结合农业生产特点及植树造林的要求，可划分为如下 3 个地貌区（图 2.4）。

（1）河口三角洲区。包括长江河口沙岛及其延伸部分。自陆地向海，依次出现三角洲平原、三角洲前缘和前三角洲三大地貌单元，组成完整的现代三角洲沉积体系，至今仍有不断向东伸展的趋势。

（2）东部滨海平原区。位于长江以南全新世最大海侵线以东地区，为长江挟带巨量入海泥沙经波浪、潮汐、海流作用沉积而成。除西侧古泻湖平原较低外，境内地势高爽平坦，平均高程 4~5 米，地下水位较低，埋深 1.0~1.2 米。

（3）西部湖沼平原区。本区属太湖碟形洼地的东延部分，地势低平，湖荡密布，地下水位高，在洪汛和高潮时，水面常高出地面。本区零星分布有数座剥蚀残丘，主要由中生代燕山期火山岩组成。

3. 土　壤

上海市境内除西南部零散山丘为残积弱富铝化母质所发育的黄棕壤外，平原地区均为江、海、河、湖不同沉积母质所发育的水稻土、灰潮土和滨海盐土，其起源类型主要是不同时期的沼泽潜育土、草甸土和盐渍土，后经围垦、筑圩和耕作熟化，在人为定向培育下，逐渐朝着不同方向发生演化（图 2.5）。

土壤普查表明，境内土壤类型归属于 4 个土类、7 个亚类，24 个土属和 95 个土种。据统计，水稻土占总面积 73.6%，其中潜育型 0.5%、脱潜型 11.2%、潴育型 47.6%、渗育型 14.3%；灰潮土占总面积 10.4%，其中旱作型 6.5%、菜园型 1.9%、园林型 0.6%、挖垫型 1.4%；滨海盐土占总面积 15.9%，其中滩涂盐渍型 9.8%、耕垦盐渍型 0.1%、耕

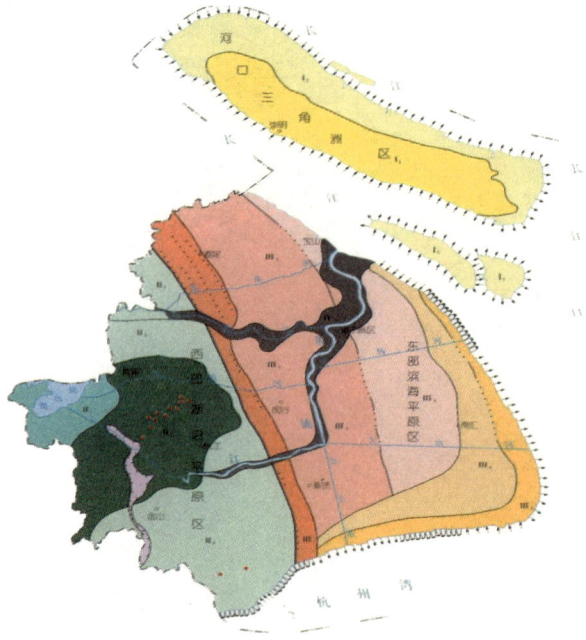

图 2.4　上海市地貌类型图

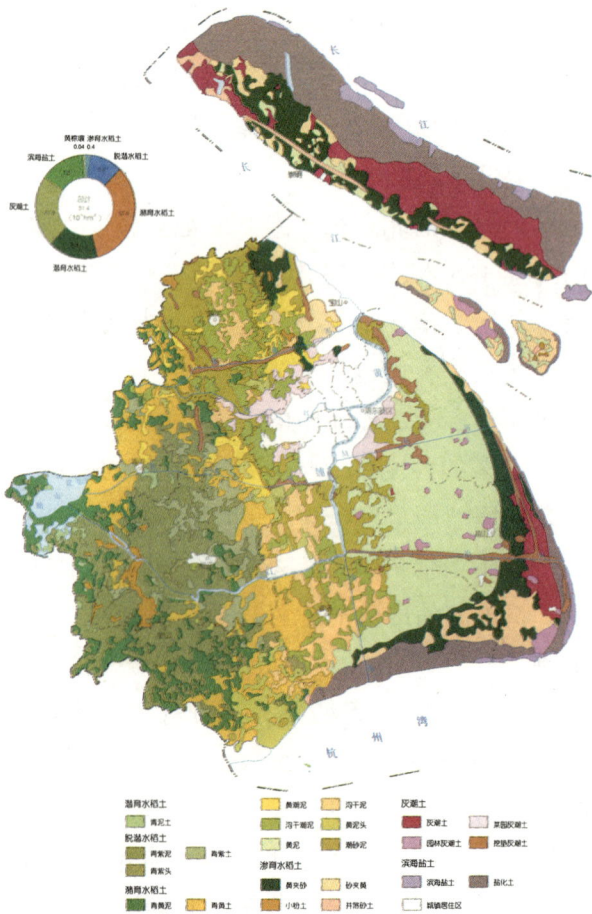

图 2.5　上海市土壤类型图

垦盐化型6.0%；此外，黄棕壤占总面积0.1%。上海地区土壤其酸碱性质多为中偏碱性，其中强碱性土壤（pH值>8.5）分布在东部沿海新垦区，面积约占0.93%；酸性土壤（pH值<5.5）仅在上海西部残丘和洼地有零星分布，面积仅占0.07‰；绝大部分地域的土壤pH值约在7.0~8.5之间，这类土壤面积约占80.2%，多分布在上海的中西部地区。

根据成陆过程、土壤形成条件和土壤发育状况，上海市土壤可分为3个分布区。

（1）大陆平原区。本区由西至东包括西部湖沼平原区；中部古、老、早滨海平原区和东部中、新滨海平原区等地貌类型。西部湖沼平原区主要包括青浦、松江和金山等区；中部古、老、早滨海平原区主要包括宝山、闵行、奉贤和金山南部以及浦东新区、南汇中部；东部中、新滨海平原区主要包括浦东新区、南汇东部和奉贤东南部。

本区土壤的分布规律是：西部为潜育水稻土和各种脱潜水稻土，中部为各种潴育水稻土，东部为渗育水稻土。而在市区周边分布有大面积的菜园灰潮土。

（2）江口沙洲区。属早、晚河口沙岛地貌类型，包括崇明、长兴和横沙三岛。

崇明岛北部、东部分布着部分盐土和大量各种脱盐土，在岛中部和南部分布了大面积旱作灰潮土，在西部是大量的水稻土；长兴岛和横沙岛主要分布了水稻土，其中间部分属旱作灰潮土。

（3）剥蚀残丘。本区零星分布有10余座孤丘，大部分点缀于上海市西部平原上，少数分布于上海市西南和杭州湾中，分布了代表地带性特征的黄棕壤。

二、土地利用现状

1. 水 系

1999~2001年上海市进行了全市的水资源普查。结果表明全市共有各类河道2.38万条，总长2.16万千米，河网密度平均每平方千米河长3.41千米，平均每隔100~300米就有1条河流。除长江外，黄浦江是上海地区主要水系，包括支流吴淞江、蕴藻浜、杨浦江、日晖港、六磊塘、老俞塘以及自20世纪70年代以来人工开挖的金汇港、大治河、川杨河、太浦河和淀浦河等构成交织的水网。黄浦江贯穿全境，全长113.4千米，承接太湖径流总量的78%，是太湖流域的主要排水河道。上海的湖泊集中在西部淀泖低地，最大的湖泊是淀山湖，位于江、浙、沪交界处，湖面南北长15千米，东西宽7.5千米，面积约66平方千米，平均水深2米。由于地处沿海平原，除西部少数孤立小丘外，上海地区地面高程普遍较低，平均仅4米左右，加之水系众多，因此地下水位较高，一般在60~80厘米，在连续降雨的情况下，可上升至40~60厘米，甚至更高。上海市地处沿海，海（江）岸线总长达471.7千米，其中大陆岸线168.9千米，海岛岸线302.8千米。上海属泥质海岸带，由长江江水下泄带来大量的泥沙沉积，因此沿海地区可供开发利用的滩涂资源十分丰富。

通过遥感调查结合城市规划要求，对市级、区级、乡镇级及主要村级河道（宽度大于5米）进行调查，调查结果，市级河道（不包括黄浦江）总长577.14千米，按平均宽度75米计算，面积为43.3平方千米；区县级河道总长2575.96千米，按平均33米计算，面积为85.0平方千米；其他河道总长度10306.68千米，按平均宽度10米计算，面积为103.1平方千米。各类河道的总面积为 271.8 平方千米。

河道分布总的特点是西部的青浦、松江属低洼地区，河道密度较大，自然河道较多，纵横交错，没有明显的方向性；其他地区的河道以人工河道为主，其中东面的浦东、南汇主要为东西向河道，西面的区县主要为南北向河道；随着城市的发展，城市化地区的河道大量减少，城市化边缘地区很多河道成为断头河（图 2.6）。

2. 道　路

这里的道路不包括市内道路，分骨干道路和一般道路（图 2.7）。解译结果，骨干道路的长度为 868.94 千米，一般道路的长度为 12307.51 千米，总长 13176.45 千米。

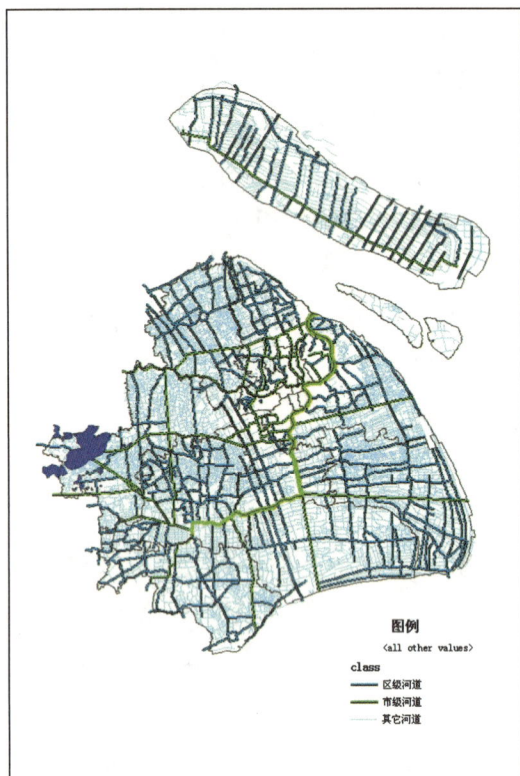

图 2.6　上海市河道分布图　　　　图 2.7　上海市道路分布图

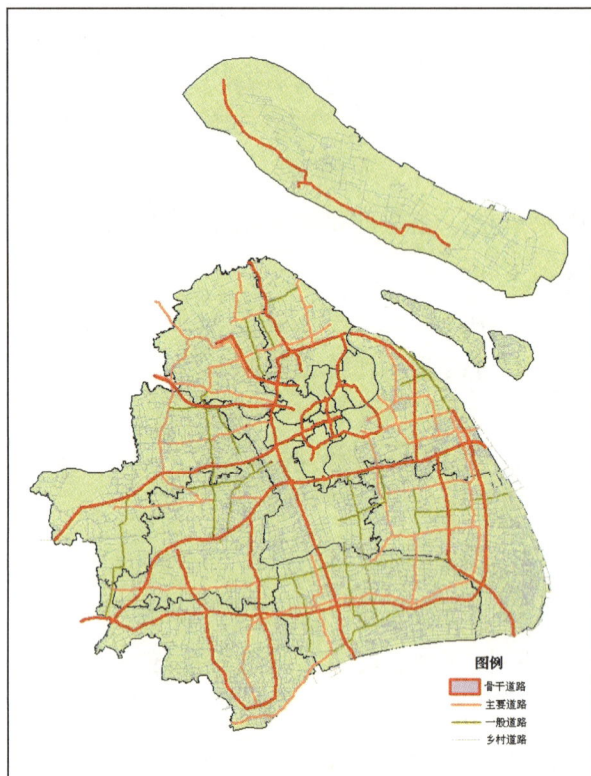

3. 居住用地与村镇建设用地

居住用地面积为 227.35 平方千米，村镇建设用地面积为 678.38 平方千米，合计为 905.73 平方千米（图 2.8）。

4. 工业、仓储用地

全市工业、仓储用地的面积为 412.01 平方千米（图 2.9）。

工业用地的分布有三种类型：一是老的工业基地，如宝钢、金山石化、吴淞工业区、吴泾工业区；二是新的工业开发区，规模较大的开发区包括浦东新区的外高桥、金桥和张江开发区、松江开发区，南汇的康桥开发区等；三是零星分布的工业用地，主要是在农村区域。仓储用地的分布主要集中在宝山、浦东、闵行等区。

图例

类型
村镇建设用地
居住用地

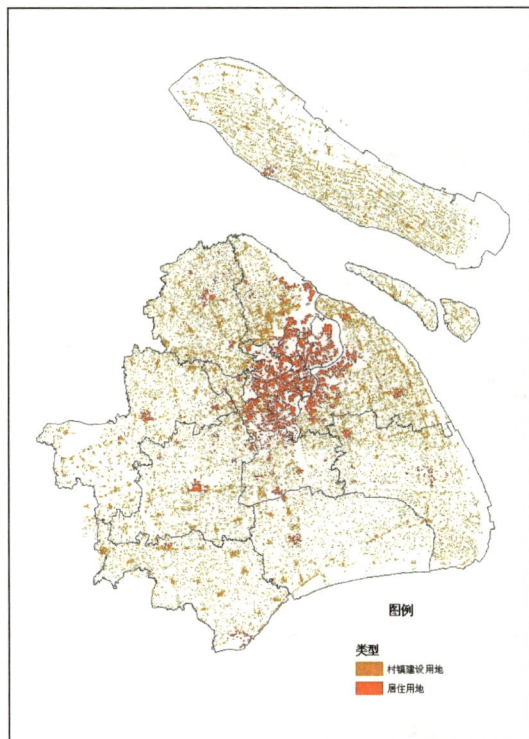

图 2.8 上海市居住及村镇建设用地分布

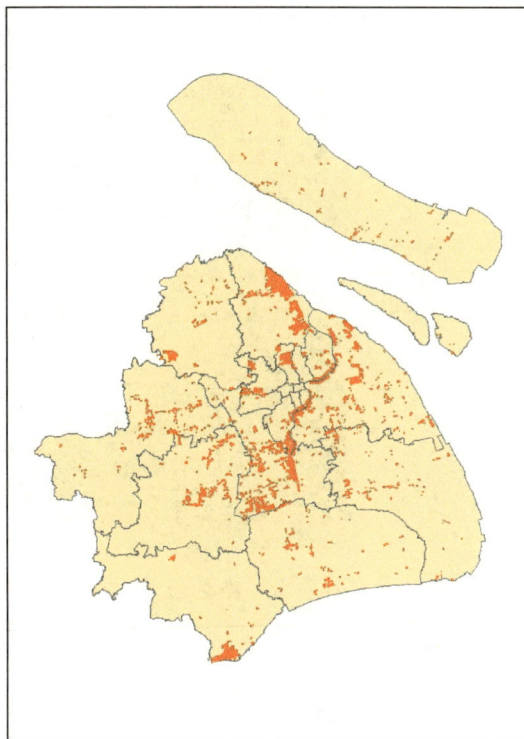

图 2.9 上海市工业用地分布

三、环境污染

1. 大气污染

本研究以上海市环境监测中心 1998 年的资料为依据，对上海市大气环境质量现状的空间分布特征进行分析。结果表明在各类固定源、流动源、面源和敞开源的共同作用下，各主要污染物质的空间分布以中心城区浓度高为其共同特征，其西北部的嘉—宝地区以及东南部的闵行区、浦东新区外环线以内范围也是高污染区（图 2.10，图 2.11）。

中心城区小高中心的存在表明上海市环境空气质量改善的重点在于提升中心城区的环境空气质量。采用上海市空气污染综合指数法和污染负荷系数法逐年计算可知 NO_x 对环境空气质量的贡献近乎 TSP 和 SO_2 的总和，这揭示出控制和治理 NO_x 对于进一步提高和改善上海城市环境空气质量的重要性。

上海市 NO_x 污染的主要来源是机动车，其次是工业源，污染排放主要集中在外环线以内的地区，内环线内的排放强度是内外环线之间的 5 倍、郊区的 50 倍左右，如何消除机动车污染是中心城区改善 NO_x 污染水平的关键。从整体污染水平来看，城区的浓度是郊区的 3 倍左右，伴随着郊区经济的快速增长、城市化速度的加快和郊区交通网络的不断扩展，机动车污染源在郊区呈增长的趋势。

城区 SO_2 的平均浓度是郊区的 8 倍左右，虽然城区空气质量已经达到国家二级标准，但城区和郊区的差异表明城区 SO_2 浓度具有进一步控制和降低的余地。

基于上述对比分析不难得出这样的结论：

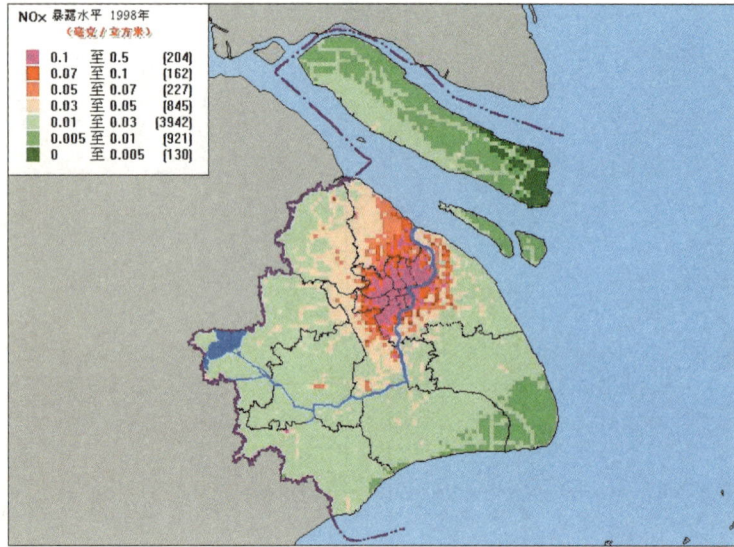

图 2.10　上海市 NO_x 污染水平的空间分布（1998）
（上海市环境科学研究院提供）

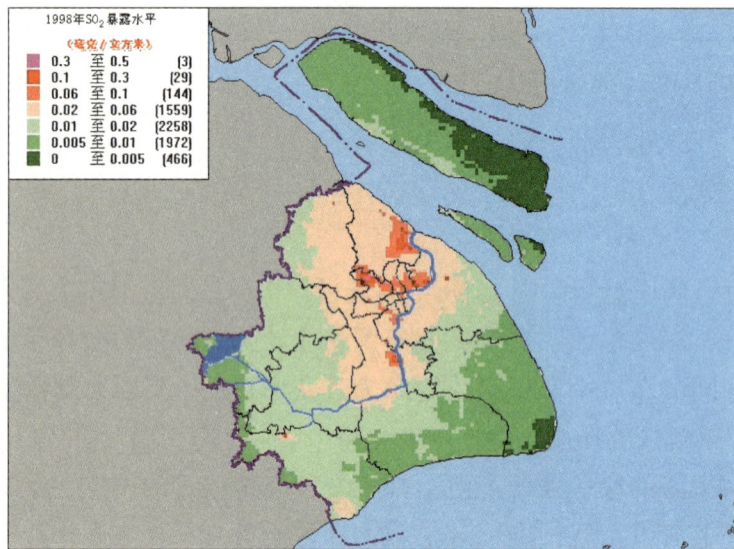

图 2.11　上海市 SO_2 污染水平的空间分布（1998）
（上海市环境科学研究院提供）

（1）NO_x、SO_2 等是城市环境空气质量改善的主要目标因子。

（2）需要遏制 NO_x 恶化的趋势，并使其恢复到二级空气质量的标准。NO_x 是城市环境空气质量改善首先需要控制的因子。

（3）SO_2 浓度虽然已经基本稳定在二级标准下，但降低 SO_2 浓度的空间还很大，需要进一步削减总的 SO_2 的排放量和中心城区 SO_2 的排放。

（4）紧邻中心城区的老工业区不仅在中心城区局部形成高浓度污染，而且可影响较广大的范围。以这些地区为重点进行整治是改善中心城区环境空气质量的关键之一。

（5）随着城市总体规划的实施和产业结构的调整，新兴工业区在郊区崛起，工业源排放将向工业区集中。因此需要对工业区的环境保护做出合理规划，防止污染向郊区转移的现象发生。

2. 水污染

上海市于 2001 年开展的水资源普查对历年水质监测资料进行了总结分析。水质调查分 8 月和 11 月两次进行，共布设水质监测断面 2903 个，控制河道总长度为 7334 千米，基本摸清全市河网水质分布情况（图 2.12）。

水质综合评价结果表明，本市河道水质仍以有机污染为主，一般以 COD_{Cr} 和 NH_3—N 污染最为严重。全市河道属Ⅱ类、Ⅲ类、Ⅳ类、Ⅴ类和劣于Ⅴ类的河长分别占总河长的百分比为 0.1%、0.9%、10.3%、20.1% 和 68.6%。黄浦江、苏州河等市级河道的水质类别大部分在Ⅳ类以上。市级河道中达到Ⅱ~Ⅲ类水质标准的河道长度仅占所调查的市级河道总长的 5.8%，而区（县）级河道和乡（镇）级河道污染更为严重，Ⅱ~Ⅲ类的优质水河段仅为其同级河道调查总长的 1.0% 和 0.3%。

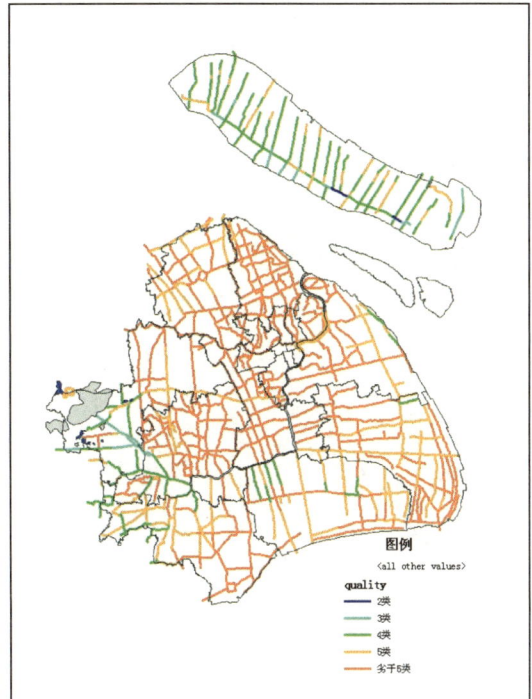

图 2.12　上海市水污染分布图

根据水质评价，上海市河道水质区域分布基本上呈远郊区优于近郊区，近郊区略优于中心城区的状况。水质最差的劣Ⅴ类河道主要分布于中心城区、嘉定区、宝山区、闵行区以及松江区北部与中部、金山区东半部、南汇县西部及东南部和浦东新区西半部。

3. 土壤重金属污染

工业"三废"的排放，农业农药、化学肥料等的使用直接影响着上海市的土壤环境。污水的灌溉和大气污染颗粒物的沉降是造成上海市土壤污染的主要原因之一，而城市有机垃圾和污染底泥的不合理利用又直接引起土壤的重金属污染。近郊蔬菜区（嘉定区长期使用城市生活垃圾）、浦东新区污灌区（利用黄浦江和日晖港疏浚底泥）、松江仓桥炼锌厂附近地区、桃浦工业区附近地区、彭浦蚂蚁浜附近地区是主要重金属污染区。重金属污染主要表现为铅、锌、汞和镉污染。调查资料显示（上海市土壤背景值，1992），这些重金属在各区（县）的污染情况如下：铅污染区：嘉定、宝山；锌污染区：松江、宝山；汞污染区：嘉定、金山、松江（图 2.13）；镉污染区：宝山、浦东新区、南汇、松江、嘉定、闵行（图 2.14）。从总体看宝山、嘉定、闵行、金山、松江和浦东新区是主要污染地区，其土壤重金属含量远高于全市水平。

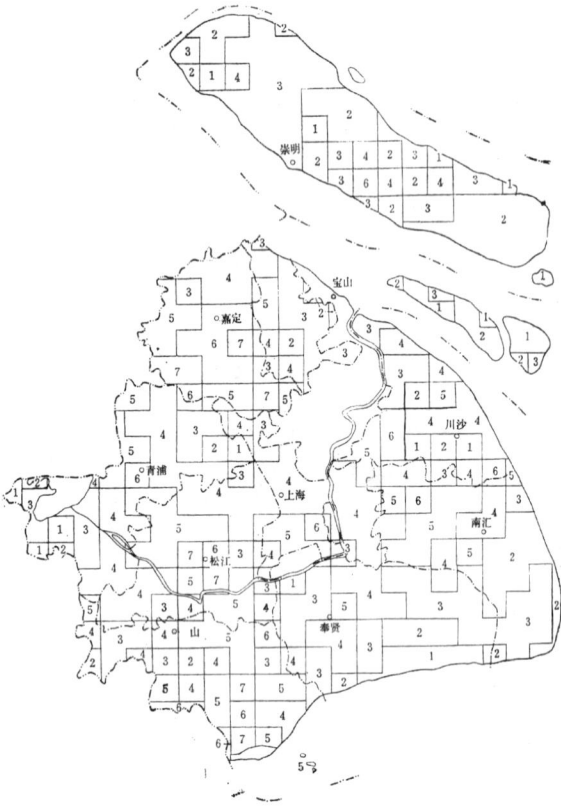

图2.13 上海市土壤汞元素背景值图

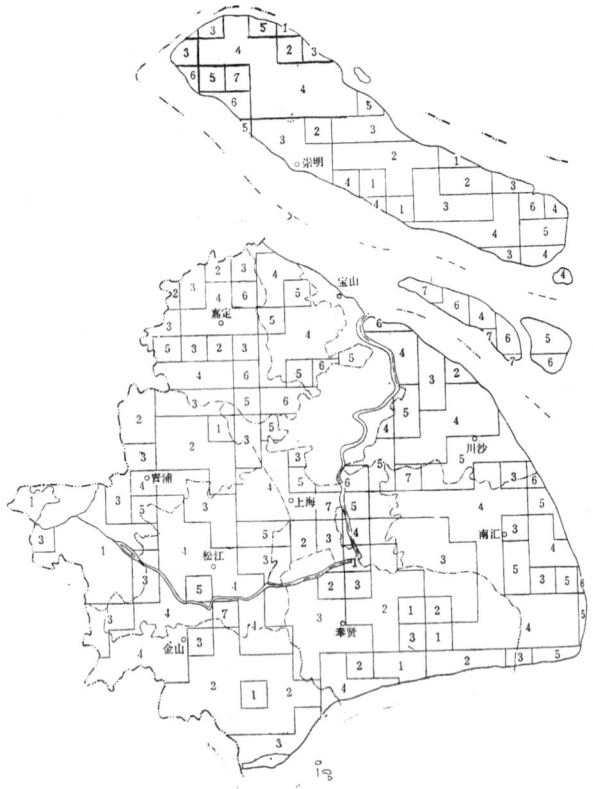

图2.14 上海市土壤镉元素背景值图

第二节 上海城市森林现状

一、森林植被类型概况

上海市地跨亚热带的中、北亚热带，水热条件也有一定的差异，其植被类型和区系成分有所不同，上海地区基本上以长江南支流为界，崇明属北亚热带，其余为中亚热带。反映在植被上，崇明一带落叶阔叶林的成分大为增加，典型的代表植物有:银杏、白榆、苦楝、刺槐等。其他地区的气候条件为中亚热带，以东南季风和海洋性影响为主，气候更温暖湿润，形成以喜温暖湿润的樟科、山毛榉科、山茶科为主的常绿阔叶林和亚热带的竹林，主要的代表属有青冈、木荷、枪木、香樟、润楠以及毛竹、水竹等。

而随水分从东向西的逐渐递减，植被也相应地发生变化。大金山，四面受海包围，形成独特的气候条件，植被所反映的特征是喜温湿的种类为主，该带的常绿阔叶林是壳斗科的青冈、樟科的红楠、山茶科的木荷、枪木以及禾本科的水竹等。东西佘山，植被所反映特征与大金山有所不同，基带的常绿阔叶林以苦、香樟、冬青、石楠、毛竹为主，同时落叶树占有相当多的比例，如壳斗科的栎属、榆科的一些属以及胡桃科的化香属等。

上海部分地区非地带性土壤、盐分、水文特征，形成了上海植被内部的非地带性异质性的格局，如长江三角洲的沼生植被，江河、湖岸的河漫滩涂植被、沿海滩涂植被等，这些植被类型与本地区典型的地带性植被有明显的差异。

（1）马尾松林（Form. *Pinus massoniana*）。主要分布在天马山、西佘山。郁闭度在 0.4~0.7，通常为乔木、灌木、草本 3 层，在不同的生境条件下层片结构有所差异，常与多种阔叶林树种组成混交林，如马尾松、白栎混交林。

（2）黑松林（Form. *Pinus thurbergii*）。主要分布在小昆山、东佘山，见表 2.1。郁闭度为 0.5~0.7。乔木层伴生种很少，有柳杉（*Cryptomeria fortunei*）、朴树（*Celtis sinensis*），灌木层常见的有牡荆（*Vitex cannabifolia*）、白檀（*Symplocos paniculata*）等，草本层有狗尾草（*Setaria viridis*）、黄毛耳草（*Hedyotis chrysotricha*）、芒（*Miscanthus sinensis*）等。

表 2.1 黑松林植被调查表

层次	植物种名	频度（%）	盖度（%）	生活型
乔木层	黑松（*Pinus thunbergii*）	100	62	常绿乔木
	榔榆（*Ulmus parvifolia*）	25	1.5	落叶乔木
	柳杉（*Cryptomeria fortunei*）	25	2	常绿乔木
	朴树（*Celtis sinensis*）	50	1	落叶乔木
	白栎（*Quercus fabri*）	25	0.5	落叶乔木
灌木层	牡荆（*Vitex cannabifolia*）	50	25	落叶灌木
	白檀（*Symplocos chinensis*）	25	5	落叶灌木
	倭竹（*Shibataea chinensis*）	50	15	常绿灌木
	枸骨（*Ilex cornuta*）	25	5	常绿灌木
草本层	黄毛耳草（*Hedyotis chrysotricha*）	100	30	
	芒（*Miscanthus sinensis*）	75	15	
	狗尾草（*Setaria viridis*）	50	10	
	犁头草（*Viloa japonica*）	25	2	

（3）杉木林（Form. *Cuninghamia lanceolata*）。主要分布在天马山、东佘山。人工杉木林常为纯林，半天然林常与其他针、阔叶树种混生，常见的有白栎、麻栎、马尾松、苦槠、冬青、化香等。灌木层常见的树种有：盐肤木、丝绵木、算盘子、檵木、山胡椒、白马骨、蔷薇、悬钩子属等，草本层有多种蕨类如狗脊、鳞毛蕨以及淡竹叶、箬竹等。藤本植物有海金沙、昆明鸡血藤、木通等。

（4）水杉林（Form. *Metasequoia glyptostroboides*）。上海平原地区以纯林为主，山地与多种阔叶林混生，主要混生树种有杉木、白栎、黄连木、野漆树、盐肤木、厚壳树等。灌木和藤本植物有野桐、石楠、卫矛等。藤本植物有南蛇藤、忍冬、薜荔等。

（5）青冈栎林（Form. *Cyclobalanopsis glauca*）。分布在大金山，见表2.2，以青冈为建群种，混生其他树种，常见的有木荷、黄檀和豆梨等，灌木层常见的有：青冈栎、红楠、水竹、枸木和小蜡等。草本层有蕨类、天葵、资金牛、四叶葎等。

表2.2 青冈栎林植被调查表

层次	植物种名	频度（%）	盖度（%）	生活型
乔木层	青冈栎（*Cyclobgalanopsis glauca*）	100	65	常绿乔木
	黄檀（*Dalbergia hupeana*）	75	5	落叶乔木
	柞木（*Xylosma apactis*）	25	2	常绿乔木
	木荷（*Schima superba*）	50	4	常绿乔木
	豆梨（*Pyrus calleryana*）	50	3	落叶乔木
灌木层	青冈栎（*Cyclobgalanopsis glauca*）	100	20	常绿灌木
	红楠（*Machilus thunbergii*）	50	5	常绿灌木
	水竹（*Phyllostachys congesta*）	100	20	常绿灌木
	枸木（*Eurya japonica*）	25	2	常绿灌木
	小蜡（*Ligustrum sinense*）	50	3	常绿灌木
草本层	蕨（*Pteridium aguilinum var.*）	25	25	
	天葵（*Semiaguilegia adoxoides*）	10	10	
	紫金牛（*Ardisia japonica*）	1	1	
	四叶葎（*Galium bungei*）	10	10	

（6）红楠林（Form. *Machilus thunbergii*）。红楠林分布于大金山岛，见表2.3，乔木层可分为3个亚层，以红楠为建群种，第一亚层乔木除了红楠外，还有土肉桂，第二亚层主要有榔榆、豆梨等，第三亚层有日本野桐、小蜡和海桐等。灌木层主要有红楠、滨枸、大叶黄杨、水竹和日本野桐等。草本层主要有商陆、白英、四叶葎和天葵。层间植物有菝葜、油麻藤等。

表2.3 红楠林植被调查表

层次	植物种名	频度（%）	盖度（%）	生活型
乔木层	红楠（*Machilus thunbergii*）	100	72	常绿乔木
	土肉桂（*Cinnamomum japonicum*）	100	5	常绿乔木
	榔榆（*Ulmus parvifolia*）	50	1.5	落叶乔木
	豆梨（*Pyrus calleryana*）	100	2	落叶乔木
	日本野桐（*Mallotus japonica*）	50	1	落叶乔木
	小蜡（*Ligustrum sinese*）	100	2	落叶乔木
	海桐（*Pittosporum tobira*）	50	0.5	常绿乔木
灌木层	滨枸（*Eurya emarginata*）	100	5	落叶乔木
	大叶黄杨（*Euomymus japonica*）	50	0.5	常绿灌木
	红楠（*Machilus thunbergii*）	100	15	常绿灌木

（续）

层次	植物种名	频度（%）	盖度（%）	生活型
灌木层	水竹（*Phyllostachys congesta*）	100	20	常绿灌木
	日本野桐（*Mallotus japonica*）	100	5	落叶灌木
草本层	商陆（*Phytolacca Americana*）	100	20	
	四叶葎（*Galium gungei*）	100	5	
	天葵（*Semiaguilegia adoxoides*）	100	5	
	拔葜（*Smilax china*）	50	3	
	宁油麻藤（*Mucuna paonwashanica*）			

（7）苦槠、毛竹林（Form. *Castanopsis scletophylla*、*phyllostachys pubescens*）。主要分布在西佘山，见表2.4，乔木层以苦槠为建群种，或与毛竹、冬青组成共优势种。第一亚层苦占优势，第二亚层毛竹生长的细而高，乔木层还有冬青、黄檀、白栎。灌木层盖度约30%，主要树种有苦槠、野漆树、山胡椒、白檀、野蔷薇等。草本层有东风菜、天葵、尖叶堇等。层间植物有络石等。

表 2.4　苦槠、毛竹林植被调查表

层次	植物种名	频度（%）	盖度（%）	生活型
乔木层	苦槠（*Castanopsis sclerophylla*）	100	30	常绿乔木
	毛竹（*Phyllostachys pubecens*）	100	20	常绿乔木
	冬青（*Ilex oldhami*）	30	1.5	常绿乔木
	白栎（*Quercus fabri*）	50	3	落叶乔木
	黄檀（*Dalbergia hupeana*）	50	2	落叶乔木
灌木层	苦槠（*Castanopsis sclerophylla*）	100	10	常绿灌木
	野漆树（*Toxicodendron succedaneum*）	50	5	落叶灌木
	山胡椒（*Lindera glauca*）	100	10	落叶灌木
	白檀（*Symplocos paniculata*）	50	20	落叶灌木
	野蔷薇（*Rosa multiflora*）	50	22	
草本层	东风草（*Aster scaber*）	50		
	天葵（*Semiaguilegia adoxoides*）	50		
	尖叶堇（*Violsa acuminata*）	100		
	尽草（*Arthraxon cuspidatum*）	100		
	苔草（*Carex* sp.）	100		
	络石（*Trachelospermum jasminoides*）			
	海金沙（*Lygodium japonicum*）			

（8）青冈、黄连木林（Form. *Cyclobalanopsis glauca*、*Pistacia chinensis*）。主要分布在大金山，总郁闭度为0.6~0.7，乔木层重要种类为青冈、木荷、黄连木、盐肤木、乌桕、野

柿、黄檀等。灌木层盖度一般在30%，常见植物有小果蔷薇、野蔷薇、枸骨、丝绵木、柃木、滨柃、胡颓子、紫金牛等。草本主要有天葵、四叶萎、马兰。藤本植物有菝葜、鸡血藤、络石、爬山虎等。

（9）青冈、朴树林（Form. *Cyclodalanopsis glauca*、*Celtis sinensis*）。主要分布在大金山，乔木层中，主要为青冈、朴树、糙叶树，灌木层和草本层与（8）类似。

（10）苦槠、白栎林（Form. *Castanopsis sclerophylla*、*Quercus fabri*）。主要分布在西佘山，见表2.5，郁闭度为0.6~0.8，乔木层有苦槠、冬青、白栎、化香树、山合欢、厚壳树、野柿、朴树等；灌木层有苦槠、白栎、胡颓子、野鸭椿、野蔷薇、枸骨、牡荆等；草本有苔草、东风菜、黄毛耳草、尽草等。

表2.5　苦、白栎林植被调查表

层次	植物种名	频度（%）	盖度（%）	生活型
乔木层	苦槠（*Castanopsis sclerophylla*）	100	15	常绿乔木
	白栎（*Quercus fabri*）	100	50	落叶乔木
	化香（*Platycarya strobilacea*）	50	2	落叶乔木
	山合欢（*Albizia kalkora*）	75	2	落叶乔木
	黄连木（*Pistacia chinesis*）	50	0.5	落叶乔木
	朴树（*Celtis sinensis*）	100	5	落叶乔木
	野柿（*Diospyros kaki* var.）	50	0.5	落叶乔木
	厚壳树（*Ehretia thyrsiflora*）	25	0.5	落叶乔木
灌木层	苦槠（*Castanopsis sclerophylla*）	75	2	
	白栎（*Quercus fabri*）	100	10	
	野鸭椿（*Euscaphis japonica*）	50	1	
	野蔷薇（*Rosa multiflora*）	100	20	
	枸骨（*Ilex cornuta*）	100	13	
	倭竹（*Shibataea chinensis*）	100	5	
草本层	苔草（*Carex* sp.）	100	15	
	黄毛耳草（*Hedyotis chrysotricha*）	100	20	
	尽草（*Arthraxon hispidus*）	100	10	
	昆明鸡血藤（*Millettia reticulata*）	100		

（11）毛竹林（Form. *Phyllostachys pubecens*）。毛竹林主要分布在松江、青浦、金山低山上，天然毛竹林一般常有阔叶树混生，高出竹林上层，常见的有香樟、榉树、青冈、红楠等。林下灌木常见的有冬青、野蔷薇、丝绵木；草本有天葵、苔草等。

（12）淡竹林（Form. *Phyllostachys nigra* var. *henonis*）。淡竹林主要分布在低山上，多为纯林，呈水平郁闭，林中常有白栎、山胡椒、胡枝子等。

（13）水竹林（Form. *Phyllostachys congesta*）。主要分布在大金山，分布较广，覆盖度为70%~90%，水竹林中混生青冈、豆梨、林下天葵、四叶葎、苔草等。

上海植被中除了上述森林植被类型外，还存在着为数众多的沼泽和水生植被，有海三棱藨草沼泽、水葱沼泽、藨草沼泽、糙叶苔草沼泽、芦苇沼泽、茭笋沼泽、菱群落、莲群落、慈菇群落等。

二、上海市城市森林格局

据上海市农林局 2001 年的统计分析，上海市现有林业用地面积 371.93 平方千米，其中有林地 309.33 平方千米，占林业用地的 83.5%；苗圃地 6126.67 公顷。在有林地中林分面积 1.18 万公顷，经济林面积 1.52 万公顷，竹林面积约 3800 公顷。

全市四旁树共 7082 万株，其中郊区 6957.2 万株，市区 124.8 万株。

至 2001 年止，上海市森林覆盖率为 10.4%。采用 1∶5 万航空影像资料（2000

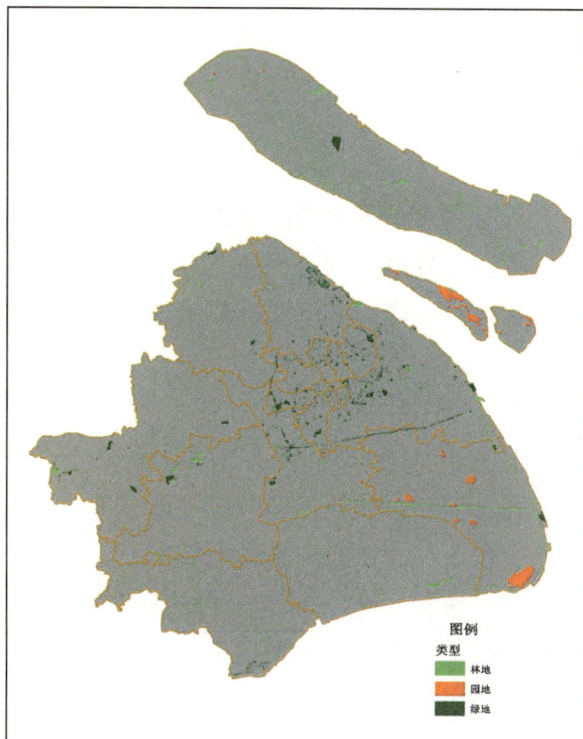

图 2.15　上海市绿地、林地分布现状（2000）

年），通过目视解译，对上海市绿地、林地的分布现状特征进行分析，如图 2.15。

调查所得到的绿地面积为 48.8 平方千米。其中，公共绿地主要分布在市区，在郊区也有一些面积较大的绿地，如青浦、嘉定、松江等地的高尔夫球场，浦东的三叉港、南汇的影视城等旅游度假地。专用绿地分布在工厂、机关、学校等单位内，如宝钢、金山石化等厂区内有很多绿地。

从分布格局看，目前上海市成片的林地不多，有一定规模的林地主要分布在松江境内的佘山、天马山等低丘上，大治河等河流两侧的人工林，南汇、嘉定、长兴岛、崇明岛区域内的果园，其他为主要集中在农村居民点周围等的"四旁树"，总体分布零散，无大型森林。

三、上海城市森林存在的问题

上海城市森林所存在的问题主要表现在：①森林覆盖率低、布局不合理，林地布局基本以点、线为主，缺乏充分考虑生物多样性保护的以大型森林组团和生态廊道为主的城市森林网络；②城郊森林发展不平衡，缺乏城郊一体化的考虑；③建城区绿化树种较少，城市绿地景观单一，树种比例不合理，尤其是香樟偏多，落叶树种太少，存在安全隐患；④城市森林经营管理落后，树木截干过低，不利环境改善，竹林密度过大，不利经营；对珍稀、长寿、速生等目的树种重视程度不高；⑤没有充分体现生态、经济和社会效益的统一，林业建设与农业产业结构调整结合不够紧密。

第三节　城市生态分区

从上海市的自然生境条件、环境质量状况、生态敏感区的分布、城市化程度等方面进行城市生态分区，同时根据水系及道路交通系统的等级，对上海城市森林的功能进行定位，可为上海建设现代城市森林提供重要依据。

一、综合自然区划

上海市属亚热带季风气候。根据三角洲发展过程和自然地理的分异规律，并按照自然、农业、林业经济条件的相对一致性与差异性，全市可划分为 3 个自然区和 13 个下级单位的自然片（图 2.16）。

1. 淀泖低地区

属太湖碟形洼地的东延部分，地面高程均在 3.5 米以下，是全市低洼地最集中地区，以沼泽土起源的潜育—潴育型水稻土为主，区域内河湖水面多。

2. 碟缘高地区

滨江靠海，地势比较高爽，地面高程一般在 4~4.5 米，地下水埋深一般在 1.0~1.2 米。

3. 河口沙洲区

属长江新三角洲部分，土地仍在伸张。地势较低。海洋性气候特征较强。

综合自然区划揭示各区域能够支持和限制植被成立及发展的潜能，是帮助确定地区潜在自然植被以及设定城市森林建设"目标林型"的重要依据。

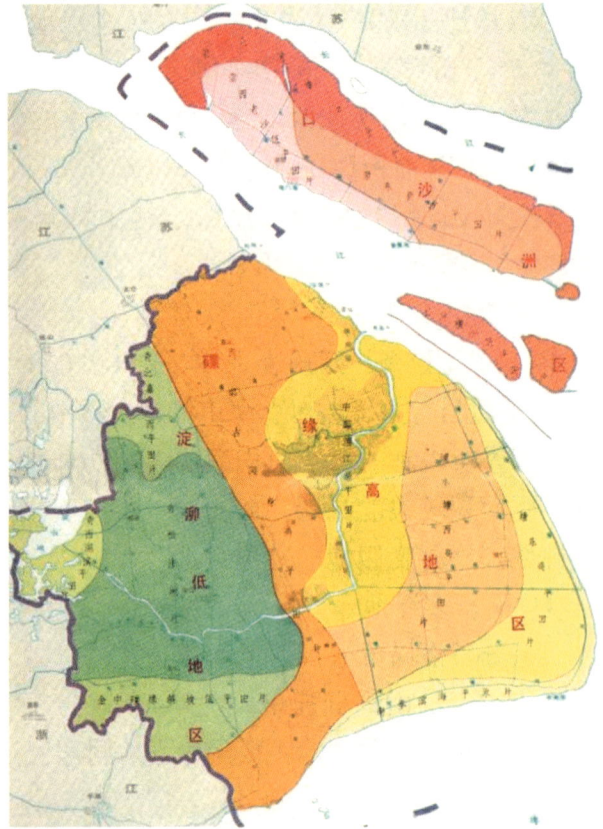

图 2.16　上海市综合自然区划图

在上海市域，气候条件可满足和支持常绿阔叶林作为地带性植被正常形成和发育，因此从地带性气候顶极群落的角度来看，上海市的城市森林建设应定位于以常绿阔叶树种为主的森林群落，但结合自然综合区划，从地势、地貌以及土壤条件来看，适合地带性常绿阔叶林正常形成和发育的地区仅为分布有黄棕壤的低矮残丘和一些沿岸岛屿，只占总面积的 0.1% 左右，而在广域的范围内由于较低的地势、较高的地下水位，以及以高盐碱、高黏性为主的土壤类型，使得气候顶极的地带性植被难以形成和发育，取而代之的是地形和土壤顶极的含有常绿成分的落叶阔叶林。

因此，上海城市森林建设则需在淀泖低地区和河口沙洲区区域考虑地下水位和土壤盐碱性及黏性，营建具有耐水湿、抗盐碱特性的落叶阔叶树种为主的森林。常绿阔叶林的建设需要适当建造小地形、修筑排水系统和进行土壤改良，使得树木根系高出地下水位面，有利于正常生长。另外，针对东南季风的影响，应在大陆沿海及岛屿沿岸建设防护林带。

二、综合环境质量分区

对影响上海市环境质量的空气质量、水系水质以及土壤重金属污染等主要因子的现状和分布特征进行综合，通过 3 个因子影响程度的叠加，并结合上海市季风特征以及区域城市化程度差异的分析，上海市可划分 5 个环境污染类型区（图 2.17）。

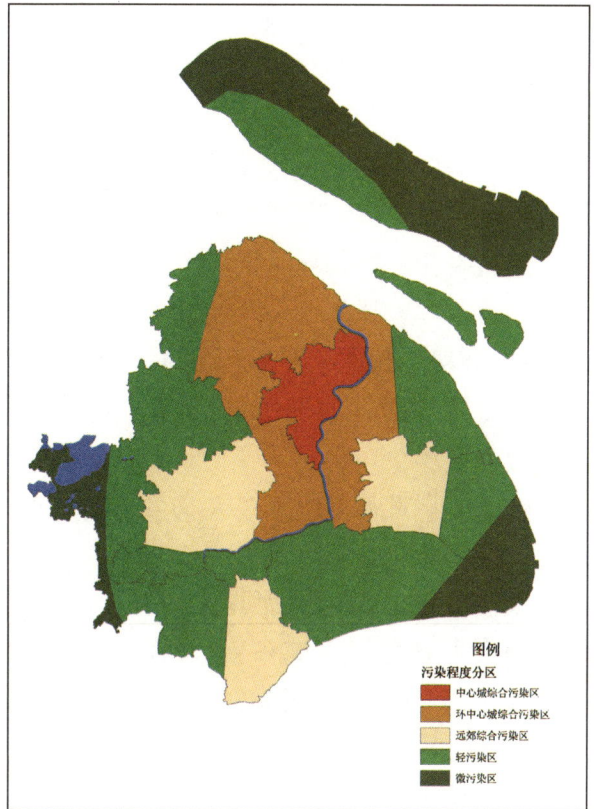

图 2.17　上海市综合环境质量评价图

1. 中心城综合污染区

以大气和水质污染类型为主，大气污染程度在全市范围内最高。

2. 环中心城综合污染区

与中心城相邻，包括嘉定东半部、宝山、闵行、浦东新区西半部。大气、水质以及土壤 3 大污染类型的影响都很显著。除大气污染程度略低于中心城区外，水质和土壤污染程度都非常高。

3. 远郊综合污染区

包括松江区北部、中部以及金山区东半部和南汇西部。大气污染影响不大，污染主要表现为水质污染和以锌、汞和镉为主的土壤污染。

4. 轻污染区

包括嘉定西半部、青浦北部及东南部、松江区南部、金山除最西端外的西半部、奉贤中、西部及东南部、南汇中部、浦东新区东半部，崇明岛西南部以及长兴岛西南部。大气污染影响轻微，水质多以Ⅳ、Ⅴ类为主，土壤污染不明显。

5. 微污染区

包括青浦西部、金山最西端、奉贤东南部以及南汇东南部，崇明岛及长兴岛的大部和横沙岛。各种污染对环境的影响微小，是上海市环境质量最佳地区。

城市生态环境的改善是现代城市森林建设的主要目的，环境保护林的建设是其主要途径。因此以上海市主要环境污染的分布现状特征为基础进行综合环境质量的评价和区划，可以明确需要重点治理和改善的对象，并结合与主导风向的季节性特征以及不同区域城市化程度及工业区分布格局相互关系的分析，为城市环境保护林的布局，以及目标林型的确定提供依据。

中心城综合污染区污染程度最高，但由于人口密集，增绿空间不足，绿地面积的大幅度增长的潜力不大，可以积极推进屋顶绿化，变"平改坡工程"为"平改绿工程"，并大力发展垂直绿化，增加城区的绿"量"；同时应针对低效绿地进行改造，提高单位面积的生态效益，追求绿"质"和高生态效益的获得。主要可种植具有抗污染和吸收、吸附污染物强的树种，以此减缓以 NO_x 为主的大气污染的影响。

在中心城区西北部的嘉宝地区和东南部的闵行区以及浦东新区等环中心城综合污染区，应建设多个以森林为主的核心林地。在夏季东南风盛行期间向城区输送含氧量高的清新空气，并以此减缓城市的热岛效应。在西北部地区通过森林洁净空气的作用，一方面减缓西北部空气质量的影响，另一方面，在冬季西北风盛行期间，减轻邻近省份大气污染物质对中心城区的影响。而具体的位置可进一步结合土壤污染现状，布局在长期使用城市生活垃圾的嘉定区、浦东新区污灌区等重污染地区，并在主要道路和污染严重的水系两旁以及工业区四周建设防护、隔离林带，减轻大气污染对周边的影响，以及起到改善水质的作用。

远郊综合污染区是以水质污染为主，应在主要水系两旁建设具有涵养防护林带，主要种植耐水湿且具有涵养能力的落叶树种，一方面通过减少地面径流对水系的影响，达到改善水系水质的目的，另一方面起涵养水源作用。在松江仓桥炼锌厂附近土壤污染严重地区以及金山石化工业区等建设大型片林和防护隔离林带，减缓污染对周边区域的影响。

轻污染区和微污染区环境质量较好，城市森林建设应以生物多样性保护、珍稀物种和生态系统保护以及休闲、游憩为主要目标，建设生态保护林。

三、生态敏感区划分

生态敏感区（ecological sensitive area）是指对整个区域或国家具有生态环境意义的生态要素或实体，一旦受到人为干扰或破坏将很难有效恢复，但由于土地利用方式或环境因素的改变已经或即将对生态环境和经济的持续稳定发展造成影响，需要加以控制或保护的区域。近年把用来分割城市组团、防止城市无序扩展的绿色地带也归为生态敏感区。城市生态敏感区是环境功能分区之一，是重要的城市空间资源，生态敏感区的划定是城市森林规划布局的重要依据之一。

一般来说，狭义的生态敏感区类型包括：各级自然保护区；重要的生态系统如森林山体、沼泽、海岸湿地等；水源地；河流水系、滨水地区、海岸带、河岸带以及生态风景区、自然景观旅游区等。广义的生态敏感区类型除以上类型之外，还包括重要交通干线两侧的控制用地、城区间的永久性控制用地等非建设用地，可有效地阻止城镇的盲目扩张，对保护区域生态环境具有积极意义。

根据上海市现有的调查资料以及实地调查，并结合上海市总体规划以及上海市自然保护区建设设想，上海市生态敏感区主要有（图 2.18）：

（1）淀山湖湖区湿地保护区。以青浦区淀山湖湖区为中心，包括周边河道密布的水网地带。本区水系水质良好，水资源丰富，除一小部分自然湿地外，有大面积的茭白、蔺草以及水稻等人工种植湿地。

（2）黄浦江上游水源涵养区。包括作为上海市主要水源地的黄浦江上游地区。

（3）佘山国家森林公园区。以佘山、天马山、凤凰山等共 11 座孤丘为中心的地区，包括佘山国家森林公园和天马山野生动物保护区。分布有在上海地区不多见的地带性植被常绿阔叶林，生物多样性丰富，是上海市自然度最高的地区之一。

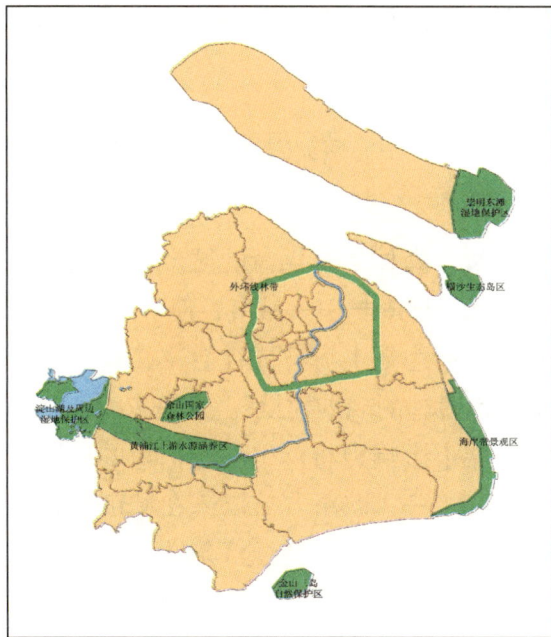

图 2.18　上海市主要生态敏感区分布图

（4）海岸带风景区。包括上海市东南部沿海海岸带，具有海岸景观特色。

（5）横沙岛生态岛区。无强烈的人为干扰，整个岛区生态环境优良，气净、水净、土净是上海市的"三净地区"。

（6）岛屿湿地保护区。包括崇明东滩及九段沙，植被类型为自然湿地，是水鸟的重要栖息地，也是候鸟的主要休息中转地，九段沙目前尚无人定居。

（7）金山三岛自然保护区。由大小金山岛等三岛组成，岛上分布着恢复过程中的次生自然森林植被，植物种类丰富，并残存着以红楠和青冈为优势种的常绿阔叶林，是目前上海市自然保护最好地区。

（8）外环线外侧核心林建设区及新城、中心城镇环城林带。在外环线外侧建设一定规模的核心林，目前已建设有 100 米宽的景观防护林带。环城林带将建设于规划建设中的新城、中心城镇周边。

生态敏感地区的保护是生态环境保护的主要组成部分，以生态敏感区域为中心营造生态保护林是城市生态环境建设的主要途径。

淀山湖湖区湿地保护区和黄浦江上游水源涵养区应以水源涵养功能为主，建设生态保护林。在佘山国家森林公园区，以佘山、天马山、凤凰山等 11 座孤丘为中心，在其周边通过近自然林的建设，将其连接成片，提高野生动物和生物多样性保护的功能，在为人们提供休闲、度假场所的同时，也成为动植物的良好栖息地。在海岸带风景区建设海岸防护林，防风增景。横沙岛生态岛区，营造以生态林为主的各类森林，林地面积 80% 以上。在崇明东滩湿地外围建设生态保护林，起保护湿地作用。九段沙尚无建林条件，而金山三岛自然保护区森林恢复良好，无进一步造林的必要。

在外环线外侧已建有的 100 米宽景观防护林的基础上，应进一步加大建设规模，建设大型林地；同时在新城、中心城镇周边建设环城林。

第四节　开展现代城市森林建设的优势条件

城市森林是有生命的城市基础设施，是衡量一个城市文明程度和可持续发展能力的重要指标。把森林引入城市，使城市坐落在森林中，是当今世界城市建设的共同发展趋势。上海市政府为把上海建成社会主义现代化国际大都市，明确提出要"加强绿化建设，抓紧启动城市森林的规划建设"。这是上海朝生态城市宏伟目标迈进的重大举措，对提升城市品位、增强城市影响力将产生不可估量的作用。上海市是我国的经济、贸易、金融中心和国际航运中心之一，改革开放以来在城市综合经济实力、综合服务功能、综合创新能力等方面都有较大提高，在社会经济条件、自然资源和城市绿化基础等方面具有现实可行性，这为开展城市森林研究提供了良好的条件。

一、社会经济的整体水平

上海综合经济实力逐年增强，经济总量规模不断扩大。1998~2001 年，国内生产总值年均增长 10.3%。2001 年上海国内生产总值达到 4950.8 亿元，按当年汇率折算，人均国内生产总值达到 4500 美元。第三产业占国内生产总值的比重达到 50.7%，金融、商贸、房地产等产业成为新的支柱产业。第二产业的重点发展行业水平不断提升，高新技术产业的产值占全市工业总产值的比重达到 21.8%，形成了二、三产业共同推动经济增长的格局。农业经济结构调整取得显著成效，传统城郊型农业向现代都市型农业转变的步伐加快，郊区正在成为上海经济增长的新的策源地，全市进入了城乡一体化发展的历史新阶段。科技进步对经济增长的贡献率达到 51%。总体经济效益稳步提高，财政收入年均增长 16.8%，高于同期国内生产总值的增长水平。区县特色产业和优势产业发展加快，区县经济在全市经济发展中的作用越来越突出。上海社会经济发展的整体水平为发展现代城市森林提供了必要的条件。

二、上海郊区社会经济发展趋势

上海郊区在"十五"期间社会经济发展的总体趋势是逐步实现城乡一体化、农业现代化、农村城市化、农民市民化。上海郊区将基本形成与上海国际大都市经济规模和综合实力相适应，与国内外广泛联系的全方位开放的经济格局；基本形成布局结构合理，功能齐全，多心多层，组团式的都市城镇体系；基本形成高等级、综合性、枢纽型，与国内外交流相连接的现代化交通网络；基本形成天更蓝、地更绿、水更清、居更佳，人与自然高度和谐的生态环境；基本形成与国际惯例接轨的经济运行体制和社会管理机制。

上海郊区在城乡一体化发展的历史新阶段，农业结构将进行重大的战略性调整。今后上海郊区种植业将基本形成 3 个"三分之一"的格局，即 1/3 耕地植树造林，1/3 耕地种植特色蔬菜、瓜果等园艺作物，1/3 耕地生产优质稻米等粮油作物。这个战略性调整使上海现代城市森林的发展具备了良好的基础。

三、发展上海现代城市森林的自然资源和城市绿化基础

1. 自然资源基础

上海大部分成陆面积是近 2000 年来长江泥沙冲积而成的三角洲平原，地势低平坦荡，江河水系成网，土壤富饶肥沃。四季分明，气候宜人。优越的地理区位和自然环境，为发展上海现代城市森林提供了自然资源保障。

2. 城市绿化基础

2001 年上海市林业用地面积为 371.93 平方千米。其中：有林地 309.33 平方千米，占林业用地的 83.5%；苗圃地 6127 公顷，占林业用地的 16.5%。全市森林覆盖率为 10.4%。全市"四旁"（村旁、路旁、水旁、宅旁）树 7082 万株，其中郊区 6957.2 万株，市区 124.8 万株。郊区"四旁"树中，公路行道树 219.5 万株，铁路防护林木 11.6 万株，城镇与企事业单位 1945.4 万株，农村"四旁"树 3452.2 万株。

全市片林较少，市区以小型绿化为主，郊区以"四旁"绿化为主，总量较少，规模不大，呈城乡二元结构格局。上海城市绿化目前存在的问题主要有：布局不合理，以点、线为主，缺乏片林支撑，城市综合生态效应较低；城乡二元结构格局，市区、郊区森林发展不平衡；城市森林建设没有纳入城市基础设施建设，影响城市生态环境质量提高；植树造林未与农业产业结构调整紧密结合，影响发展速度。

近年来上海的城市绿化正在呈现四大转化：从净化—绿化—园林化，向结构、布局合理，点、线、面有机联系的城市森林化方向转变。从市区小型绿化、郊区"四旁"绿化为主的格局，向林网化、水网化为主体，大型片林为重点，构筑现代城市森林生态网络系统的格局转变。从以行政手段为主进行建设与管理的模式，向政府引导投入为主，企业和社会广泛参与的建设与管理的模式转变。从城市绿化单纯追求生态环境效应，向营造城市森林发挥社会、经济、生态综合效应，实现现代化国际大都市可持续发展转变。

第三章 城市森林建设的核心理念

第一节 林网化与水网化的理念

一、林网化与水网化的内涵

林网化与水网化，就是基于城市特点，全面整合林地、林网、散生木等多种模式，有效增加城市林木数量；恢复城市水体，改善水质，使森林与各种级别的河流、沟渠、塘坝、水库等连为一体；建立以核心林地为森林生态基地，以贯通性主干森林廊道为生态连接，以各种林带、林网为生态脉络，实现在整体上改善城市环境、提高城市活力的林水一体化城市森林生态系统。

林网化和水网化的城市森林建设理念，就是要在城市范围内建立起一个能够最大限度地改善城市环境的森林生态网络体系。林网化和水网化是密不可分的统一体，具有林水相依、林水相连、依水建林、以林涵水的特点，同时要明确：

● 林网化不是林带化，而是指通过林带把以林木为主的各类绿地连接起来形成一个整体的森林网络；

● 水网化也不仅仅是指河流水系沿线的防护林建设，而且还包括连接、疏浚城市范围内的各种水体，形成"二纵四横"的主干水网，以利于水体之间的连接和进水排水的通畅。

林网化与水网化建设将在三个层次上进行具体实施：以各种核心林地为主的生态核心区建设；林水结合的贯通性主干森林廊道建设；各种立地类型的林带、林网建设。也就是说，上海市的城市森林建设首先要通过林网化与水网化建设，搭起一个能够满足改善城市环境、建立起不同成分之间的生态连接，有利于提高和保护生物多样性的城市森林主体骨架，这个主体骨架要具有超前意识，而随着城市森林建设的拓展，依附于这个主体骨架之上的各种城市森林成分不断填充和完善，将最终构筑起适应上海市城市发展需求的现代城市森林体系。

这里有两个主要的概念：核心林地和贯通性主干森林廊道。

（1）核心林地。是指城市地域范围内以林木为主体，达到一定面积并具有森林环境的林地。这种面积上的界限在城市建成区和郊区是不同的，要根据城市的大小、城市环境的影响程度等因素决定。核心林地还可以根据面积和功能差异进一步划分成不同的类型和级别。

（2）贯通性主干森林廊道。是指以林木为主体，达到一定宽度并具有主体廊道功能的连接各个核心林地的森林廊道。它在城市森林中发挥重要的连接和通道作用，可以根据主要功能不同划分为生物廊道、通风廊道、隔离廊道等。

二、林网化与水网化提出的背景

国外城市森林的建设思想引入我国以后，为我国城市生态环境建设提供了一个可以借鉴的模式。从我国城市生态环境现状和城市周边自然环境特点来看，选择建设完善的城市森林体系来改善城市环境、保证城市的可持续发展是适合中国城市特点的。我国的城市森林是城市生态环境的本底建设，是基础和前提，也是我国目前最为薄弱的环节。我们针对中国城市生态环境和上海市的实际情况，提出林网化与水网化的建设理念，主要有以下背景：

1. 森林与水的关系密切，是改善城市生态环境的两条主线

在自然生态系统中，森林与水是密不可分的整体，森林因为有水而郁郁葱葱，水因为有森林而清水长流，它们共同构成了森林环境，为各种生物提供了理想的栖息环境。同时，森林与水在改善城市生态环境方面也发挥着最主要的作用。对于一个城市来说，森林是"城市之肺"，而河流、湖泊等各种湿地则是"城市之肾"。城市因为有了森林和流动的水体而风景优美，空气清新，环境宜人。因此，林水结合有利于城市生态系统的良性循环。

2. 中国古代风水理论和山水园林建设思想

长期以来，我国人民在选择居住场所、城镇规划、园林设计等方面积累了丰富的经验，包括"天人合一"的思想、一些风水观和强调山水结合的设计理念等，其中很重要的一点是注重森林和水的合理利用，强调的是师法自然，这些精华思想和做法都应该很好地继承。随着城市化进程的加快，城市数量不断增多，城市的规模不断扩大，城市周围的森林遭到破坏，城市范围内的各种水面不断减少，流动的水体也大多变成死水，成为城市环境的负担。改变这种状况的根本途径就是要恢复和重建城市的森林和水体。

3. 国外城市与中国城市森林、水系本底的差异

在我国，许多城市处在长久开发的平原区和丘陵区，城市建筑密度大，周围的森林资源受到长期的破坏，变得支离破碎，而且人工林的比重很大，这种状况与许多欧美国家相比有很大的不同。国外的许多城市周围往往都是大面积的森林，而且是天然林或近自然状态的人工林，具有非常好的城市森林作为城市的环境本底。因此，我国城市森林现阶段建设的重点是包括城市核心区在内的森林本底建设，是把彼此分割的死水再活化起来。而目前城市绿化中过分注重视觉效果，忽视了我国城市森林本底的差异。就像我们在没有解决温饱问题的时候不会考虑粮食的质量和服装的款式问题一样，城市生态环境的重点是要解决大气污染、热岛效应、噪声等环境问题，而后才是美化、香化、彩化等高层次的视觉效应问题。而城市森林建设工程中的生态美和视觉美本身并不矛盾，是一个统一体。

4. 中国城市周围土地资源特点与人口状况

我们的城市人口压力大，郊区庞大的农业人口对土地的依赖性强。许多城市几乎周围没有保存完好的天然林，基本上都是大面积的农田和分布相对集中的村镇，不仅改善城区生态环境的能力差，而且本身也存在农药、化肥对土壤的污染及水污染问题，也是需要改善环境的地方。因此，在现阶段我们可以用于城市森林建设的土地有限，也不可能把农民赖以生存的大面积农田变成森林，这就要求我们搞城市森林建设不能完全照搬外国的经验，不能仅仅依靠建设几块有限的大面积林地和环城林带，更不能把有限的土地都做成只注重视觉效果而忽视生态效益的园林模式，这就要求我们要利用较少的土地获得较高的生态效益，走林网化与水网化结合的现代城市森林建设之路。

5. 上海的生态环境现状和环境发展需求

从上海市的实际情况来看，上海市城市森林建设的核心目的是要改善上海市的生态环境，其中大气污染、热岛效应、水体污染等问题最为迫切，城市的潜在发展趋势和格局对环境要求更高。过去，上海的环境够维持在一种相对稳定的水平，一是得益于靠海，有海陆风的影响；二是降水量很大。但随着城市化进程的加快，环境容量已经基本饱和，河水只有黄浦江是 3 级，浦东的水都是 5 级。近年来，上海市在城市生态环境建设方面投入了大量的人力和财力，环境质量特别是绿化水平有了明显的提高，但城市森林资源总量明显不足，全市目前森林的覆盖率仅为 9.4%，为全球平均水平的 1/3，全国平均水平的一半，且结构布局不尽合理。因此，上海市的城市森林规划不能被国外的发展模式、景观生态学、保护生物多样性的理论等束缚，要结合中国的实际情况，结合上海市的具体需求和环境背景，把尽快发挥城市森林的作用改善城市生态环境放在首位，就是要林水结合，实现城市范围内的林网化与水网化。

三、林网化与水网化建设理念提出的依据

城市区域内的森林和水体对城市生态环境有着重要影响，是城市生态环境建设中两个非常主要的环节，而城市森林作为一个生态系统，森林和水系是一个整体。我们提出城市是林网化与水网化建设理念，是有充足的实践依据和理论基础的，具体包括：

1. 符合中国国情，切合上海市情

目前，城市森林的发展受到世界各国的普遍重视，发挥森林在改善城市生态环境方面的作用已经成为人们的共识。对于城市森林的建设模式，城市周围大面积森林是一个重要的方面。很多国家的城市都是处在树林之中或城市周围保留很多大面积的森林板块，所以提出城市要有"绿肺"——也就是大面积的森林板块。我国城市周围的环境本底状况完全不同于国外城市，中国是人多地少，城市周围基本上是以农田为主，零星分布的小城镇和居民点之间距离也很小，保留的天然植被特别是森林的面积十分有限。因此，依靠城市周围零星保存下来的有限的森林是无法满足城市生态环境建设需要的，而且这些林分多数是次生林，生态效益也相对有限。上海市处在长江入海口，水网发达，地势又相对平坦。除了利用现有的地形条件保护和建设一定面积的核心林地以外，更主要的是通过加强水系的

防护林体系建设增加城市森林面积。采取加强包括农田林网在内的城市森林建设模式，是快速改善城市生态环境包括郊区农业生态环境的有效途径。

2. 国家政策支持，农民易于接受

根据 1999 年 1 月 1 日起施行的《中华人民共和国土地管理法》规定，"国家保护耕地，严格控制耕地转为非耕地；禁止占用基本农田发展林果业和挖塘养鱼"，因此把城市周围大面积的农田转变成林业建设用地不符合国家政策法规的要求。农田林网化只是部分改变土地的使用方式，有利于改善农业生产环境，特别是对于净化土壤、水体的农药、化肥和重金属等污染具有重要意义，属于农业生态环境的一个组成部分。从国家的政策法规来看，《中华人民共和国土地管理法》规定：国家鼓励土地整理，县、乡（镇）人民政府应当组织农村集体经济组织，按照土地利用总体规划，对田、水、路、林、村综合整治，提高耕地质量，增加有效耕地面积，改善农业生产条件和生态环境。因此，这种做法符合国家政策。通过加强农田林网建设，在小尺度上可以改善农业生产的环境，在大尺度上可以发挥整体的作用对整个上海市的生态环境起到良好的促进作用，在近期内成为改善城市生态环境的主体。

同时，在城市周围搞城市森林建设，生态效益是首位的，但也必须考虑农民的经济收入问题。把城市周围大面积农田转为林业用地，建设大面积人工林，投资太大，这种做法在短期内也难以实现。林网化投资少，见效快，占用农田的面积在 20% 左右，而且合理的植物配置和布局对农业生产还有好处，农民易于接受，可以尽快在上海市范围内形成森林环境，尽快起到改善环境的目的。

3. 具有发展弹性，利于产业结构调整

林网化与水网化建设理念具有发展弹性，回旋余地大，具有多种效益。林网化发挥了森林改善环境的生态效益，同时也允许林网内土地经营方式的多种多样，可以发展各类高效农业（包括绿色食品、无公害食品和有机食品生产基地都可以发展），也可以发展经果林，提高土地的经济效益，增加农民的经济收入。

林网化与水网化建设为进一步发展大型森林斑块及其他模式的城市森林打下了良好的环境基础和准备了丰富的模式，同时也为其他产业的发展预留了充足的空间和创造了良好的环境。随着社会经济的发展、国家加入 WTO 和改革开放进程的不断加深，城市居民对环境建设的要求会越来越高，城市森林建设也将在提高城市形象、改善投资环境等方面发挥越来越重要的作用。无论是房地产、工业园区、农业园区，还是近郊、远郊区的森林别墅和休闲度假村，都需要有良好的森林环境作为背景，通过林网化与水网化建立起来的城市森林主体框架，将使这些产业、这些要求得到很好的满足。

4. 组成类型多样，功能效益完备

林网化与水网化建设理念包容了核心林地、林带、散生木等多种城市森林成分，并与城市水网相结合，从而提高了城市森林的整体性、均匀性和空间连接性，能够快速有效地改善上海市的环境，而不是仅仅局限于某个局部地带的改善。大型森林斑块的主要作用在于提高和保护生物多样性，在于森林旅游和休闲，单就环境影响范围来看是有限的。而且就上海市目前的情况来看，有关生物多样性的研究在湿地方面进行得比较多，上海市的原

生植被类型中森林不是主体，在地下水位高、有盐碱危害的现实条件下，发展大面积森林斑块的前期研究不充分，技术储备不多。这种模式应该在有限的地带发展，而不是全面铺开，在现阶段发展林网的模式更为可靠和有效，而且也不排斥大型森林斑块的发展，现在的林网也可以成为将来大型森林斑块的基础。

5. 有效改善环境，促进生物多样性保护

上海市的城市森林规划不能被国外的发展模式、景观生态学、保护生物多样性的理论等束缚，要结合中国的实际情况，结合上海市的具体需求和环境背景，把尽快发挥城市森林的作用改善城市生态环境放在首位，把提高和保护生物多样性放在较为长远的目标。林网化与水网化建设能够满足尽快改善城市生态环境的近期目标，也有利于解决目前动植物生境破碎化问题，有利于增加生物多样性，并将为上海市的生物多样性保护打下良好的基础。增加和保护生物多样性也是城市森林建设的一个重要目的，保护生物多样性与改善生态环境的过程是一致的。保护生物多样性是一个长期的过程，一个地区增加和保护生物多样性的前提是这个地区要具有良好的环境本底。林网化与水网化建设有利于增强各个相对分散的自然生境（包括林地、草地、湿地、水体等）之间的空间连接，有利于生物的迁移。

6. 林水结合增效，有利建设生态城市

上海市处在长江入海口，河流水系非常发达，虽然经过长期的开发一些河道变窄、断流或消失，但整体上仍然有江南水乡的地貌特征。另外，从上海地带性植被来看，森林类型也不是主体。因此，上海市的城市森林建设不能离开这个大背景，必须与恢复河流连续体功能和加强岸带林建设以净化水质的总体需求相一致。通过林网化与水网化建设，可以促进城市水系的水质改善，加快城市范围内河流生态系统的生态恢复，也有利于节约林地灌溉用水，促进林木生长；而且林水相依可以形成贯通性的生物廊道，有利于保护和增加生物多样性，使城市生态系统的结构得到优化，功能得到增强。

综上所述，我们对上海市城市森林发展这样定位以后，在指导思想和建设模式上都应该进行调整，就是在保护现有森林资源包括一些湿地资源的同时，既要根据现实的特点和潜在的需求发展一些大面积森林斑块，这些森林斑块应该以近自然模式为主，也要加快林网化建设（包括各种核心林地、林带等模式），重点是补充和完善各种道路、河流、农田、江岸、海岸的林带建设，把城市森林的骨架先搭起来。

第二节　林网化与水网化建设的具体措施

上海的土地极其宝贵，林网化与水网化建设理念是实现用较少的土地换较高的生态效益的最佳途径。这是一项系统工程，需要多行业、多部门的共同协作。在建设过程中要重点解决三方面的问题：

一是数量上最低应该达到多少。在我国的城市森林建设水平还不高的现实情况下，城市森林的建设标准要基本上能够平衡补偿城市环境的负效应，并相对于城市建筑用地的面

积来说城市森林面积要占有优势。城市绿化覆盖率是各个城市普遍采用的一个指标，近年来又提出了城市森林覆盖率。从目前多数城市提出的指标来看，基本上都是力争达到或超过 30%。国外一些城市的统计资料也显示，生态环境良好的城市，城市森林的覆盖率也都在 30% 以上。

二是布局上应该怎样更合理。同样的城市森林面积，分布在城市的不同位置，其生态功能是不一样的，不同的统计范围也会得出不同的结果。我国的许多城市通常是按照整个城市行政区的范围来统计的，不能够反映城市森林分布的均匀性和质量，统计数字也会偏大。以莫斯科为例，统计显示莫斯科的城市森林覆盖率为 33%，而北京市的城市森林覆盖率为 48%。按照这个指标，北京市的生态环境要好于莫斯科，但实际上并非如此。在莫斯科，有大面积的近自然林地，河流两侧有很宽的河岸林带，北京市的大面积城市森林几乎都分布在城市周围甚至是远郊区。

三是模式上采取哪些更有效。不同的绿地类型的生态功能是不一样的。在莫斯科，城市绿化的树种并不多，最常见的就是椴树、桦木、欧洲赤松、云杉和壳斗科的一些乔木树种，但城市环境很好。而我国城市绿化植物有近千种，但几乎都是人工配制的草坪、稀树草坪或林下干干净净的人工林，同样的面积，生态效益却大打折扣。因此，提高绿地的生态效益是我国城市森林建设中一个十分急迫的问题。

一、搞好宏观规划

林网化、水网化建设规划应该是一个基于现实问题和长远发展的超前规划，这样可以尽早协调建筑用地和绿化用地的矛盾，避免一些老城市绿地建设先建后拆而造成的经济损失。

在规划过程中，要从以下几个方面来考虑：

（1）在时间上，要针对城市目前存在的热岛效应、大气污染等现实的环境问题和城市景观的分布格局进行规划，还要考虑城市发展的趋势做好长远规划，尤其是未来的经济开发区、居民小区、商贸金融区等潜在发展地带。

（2）在范围上，影响城市环境的不仅仅是建成区本身的绿化问题，还包括与之相关的近郊及远郊地区的森林生态环境建设，因此在范围上把建城区和近郊及远郊作为一个整体来考虑。

（3）在布局上，要按照城市区位特点，针对城市森林现有的状况，城市的发展趋势，城市生态环境现有的问题（包括自然灾害、风向、土壤污染状况、河流污染状况、生态敏感区等），从有利于改善城市生态环境的角度，合理进行城市森林的空间布局和模式配置。

（4）在模式上，通过建设多个核心林地作为城市的"肺"，这些核心林地要有足够的面积，可以根据实际土地资源情况划出几十、几百甚至上千公顷的土地建设高郁闭度、乔灌草结合、近自然结构的森林。同时，还应建设一定数量穿越整个城市、有足够宽度（20~100 米）的森林带，从而构成城市森林生态环境保障体系的主体框架，再与林网化和水网化相结合，构建起城市森林生态体系。

（5）在手段上，要运用最新的景观生态学原理、地理信息系统和卫星遥感等技术手段，对城市景观格局、城市森林分布格局、污染源分布格局、热岛分布格局等本底特征进行全面的分析，针对现实城市存在的污染问题和潜在的发展方向进行规划设计。基于上述技术建立城市景观动态监测系统，从而保证城市森林生态环境建设的健康发展。

二、建设城市森林网络体系的整体框架

森林在改善城市环境特别是在减轻热岛效应、灰尘污染等方面具有重要作用。近年来，在城市绿化建设过程中提倡搞城市森林、生态园林，已成为一种新的趋势，但核心都离不开森林。要保持城市生态系统的结构与功能的整体性，必须在各个不同大小的斑块之间通过绿色森林廊道连接起来，即要达到林网化，通过水系、道路两侧的行道树形成相互连接的绿廊，与城区、近郊区及远郊区的各个核心林地相连相通，才能形成有效的城市生态环境森林保障体系。

1. 保护和建立城市内和周围的自然或近自然的大型森林斑块

城市森林的核心林地中比较重要的是大型森林斑块，它在改善城市生态环境和保护生物多样性方面具有重要的作用，无论是在以保护生物多样性为主要目的的景观生态规划中，还是在近年来城市生态环境建设中提出的城市"肺"的建设思想，都强调保护和建立大型森林斑块的作用。

（1）大型森林斑块是城市的绿"肺"。从一株树木到几株树、成片的林地，它们的功能是不一样的。目前研究比较多的是园林部门对不同类型绿地服务半径的研究，而这种研究主要是考虑人口密度、住宅小区分布情况等因素，来研究不同绿地类型、不同大小绿地的环境服务范围，以满足城市居民日常休闲活动为主要目的。因此，这类绿地的数量虽然比较多，但规模小，环境容纳量小，改善城市生态环境的能力有限。现在国外提出每个城市都要有自己的"肺"——大型森林斑块，提倡通过在城市内部和周围建立和保护大型自然或近自然的森林斑块来满足改善城市环境的需要。因此，搞好城市内部和周围这些大型森林斑块建设，是城市森林生态网络体系建设的核心内容之一。

（2）大型森林斑块是保护生物多样性的核心。大型自然斑块由于能够提供多种生境和较高的生物多样性，对于一个地区和国家的生物多样性保护中占有非常重要的地位。在景观生态学中，景观设计都是以大型自然斑块为核心。从生态学的角度来说，自然斑块当然是越大越好，但在城市内部及周围地区，自然斑块受到来自人为活动的影响而不断缩小，甚至被分割成大小不一的斑块。对于城市的自然板块来说，斑块的大小也要考虑其环境服务范围和满足一些重要生态过程的要求。Stout（1995）研究了红尾鹰（*Buteo jamaicensis*）在美国威斯康星州东南部城区、郊区、乡村的生境要求，他建议城区土地要有16%处于自然生境，这些生境40%是林木，60%为草本植物覆盖，以便为这种红尾鹰提供适宜的栖息地，理想的筑巢地面积大约为9公顷林地。

大型森林斑块多为保护比较好或残存的天然森林植被，人工构建的大型片林一般以乔木树种为主，乔、灌、草、藤优化组合，借鉴地带性自然森林群落的种类组成、结构特点

和演替规律，并与城市内涵物及三维空间相衬托，绿色点、线、面、圈相连，绿化、美化、香化、净化结合，形成相对稳定的多层次立体结构。

2. 加快林网与水网建设，形成一个完善的网络

建立连接斑块的生态廊道，对于保持景观生态功能的整体性和保护生物多样性具有重要意义（Naiman 等，1993）。在城市里一般都有河流或水道以及发达的道路网连接着公园等大型绿地，把这些河流、道路及其沿线的绿化带做为城市生态廊道，在宽度、配置模式等方面强化生态功能，既可以发挥改善环境的生态功能，也可以起到连接各类森林斑块构成网络体系的作用。

廊道宽度是影响其功能的最重要因素，是生态学家、环境保护学家和城市土地利用规划者最为关心的。河流和道路两侧以林木为主的植被带宽度的确定不同的行业有不同的原则，城市园林工作者从美化环境和节省土地的角度考虑，设计的林带通常都是 1~2 行树，这种模式最为常见。但许多生态学家、生物学家从保护生物多样性、保持景观要素的空间连接的角度，提出了不同的建设模式（Schaefer 等，1992）。Budd 等 1987 年在美国西北太平洋地区的研究中提出了确定河流廊道最小宽度的方法，他们以能满足鲑鱼（salmon）适宜生境条件为前提，在分析河道配置、河岸坡度、土壤和河道林隙密度（forest gap density）等因子的基础上，认为在多数情况下河流两侧河岸上河岸植被带的宽度应为 11~38 米。河岸植被的缓冲和过滤作用是非常重要的（Peter John 等，1984；Forman，1995），特别是在农田景观区，通常是确定河流廊道宽度的一个主要依据（Lowrance 等，1984，1997）。在瑞典，研究者通过对比污染处理厂与河岸带的清污效率，发现河岸带植被营养物质吸收能力的价值相当于建立一个污水处理厂的成本，因此瑞典政府采取了相应的经济政策，鼓励营造薪炭林，计划沿河岸边建立一条 2~4 米宽永久植被带（Robert 等，1990）。

虽然这些研究都是基于林区及农田景观区的背景，重点在于保护野生动物和控制水土流失等生态目标，与城市的环境条件有所不同，但有一点是明确的，就是作为连接各个森林斑块的生态廊道，是不受河流和道路的级别限制的，主要是看能否发挥有利于生物迁移、有利于保护生物多样性等功能，而且一般应该以河流廊道为主，城市河流和道路两侧的林带必须足够宽才能更好的发挥改善环境、连接板块等功能。因此，一些廊道的林带宽度要改变过去 1~2 行树的做法，增加林带的宽度，特别是生物廊道的林带可以达到 50~100 米，甚至更宽，而且林带的植物配置结构要以近自然的森林模式为主。在管理上应尽量避免完全按照园林的管理模式，林下可以任由各种灌木草本植物生长，使其形成复层的森林景观。这样不仅可以提高林带的生态功能，也可以减少人工投入，减少水资源的消耗。

在注重林网化与水网化建设相结合的同时，还要尽可能增加城市水体的面积，充分发挥水体在改善城市环境方面的独特作用。城市水体不仅可以改善绿色植物生长的供水条件，而且增加了空气湿度，调节周围空气温度的时空分布，还影响植物和水生生物的数量和种类，彭斌等（1986）测定了北京地区水体散热情况，结果表明北京地区水面蒸发热损占太阳辐射总量的 39.2%，比较大的 4~6 月份为 50% 左右，7~9 月份的雨季则偏小。上海市在这方面具有独特的地域优势，发展城市水网化建设的潜力巨大。这种水网化建设除了疏通一些原有的河道沟渠以外，还可以根据实际需要人工挖掘新的河道，以利于水体之间的连接和进水排水的通畅。

城市里要提倡形成一个森林环境，要有乔木、灌木、草本，有各种生物组合成一个稳定的以乔木为主体的森林环境，要把森林引入到城市里来，通过林网化和水网化建设，形成林水结合的城市森林网络体系。

三、合理选择与配置植物材料

从我国的城市土地资源和人口数量来看，城市绿地建设除了尽可能增加面积以外，更主要的是要提高质量，通过合理的植物材料选择和配置，提高单位绿地的生态功能。

1. 以森林为主体，向结构要效益

森林是陆地上生产力水平最高、物种组成最为丰富的生态系统，根本原因就在于森林具有最大的包容性。森林是由乔木、灌木、草本、藤本植物以及以这些植物和森林环境为生境的各种动物构成的一个复合体。因此，林木（包括乔木和灌木）、藤本植物、草本植物并不是互不相容的，在城市里只是为了满足人们的某种需要而被强行割裂开来。因此，我们学习国外的某些经验时要结合我国土地少、人口多的实际情况。

城市森林建设要以林木为主体，除了一些特殊用途的绿地以外，主要采取乔灌草结合的复层模式，在有限的土地上发挥森林各个成分的优势，以产生最佳的生态效益。

2. 以乔木为主体，向空间要效益

乔木树种具有高大的形体，庞大的树冠，在地面之上筑起新的绿色平台，而林下可以生长灌木、草本、藤本植物，这样就使有限的绿地面积增加了使用效率。高大乔木所形成的遮阴环境有利于人们的休憩，有利于空气流通，有利于减缓热岛效应。这种做法在中国城市绿化用地紧缺的情况下最为合适的。要改变目前城市里栽植的乔木树种普遍截冠的做法，在一些片状绿地可以不截冠，一些行道树也可以不截冠或者把截冠高度提高到 3 米以上可能更为合适。

3. 以生态效益为主，兼顾多种效益

城市森林建设树种的作用是多方面的，最主要的是生态功能和视觉效果。在不同的地类有不同的要求，居民区，通常要选择具有杀菌调温、遮阴防风、减噪除尘功能，不能选有毒、有刺或易引起过敏反应的植物种类，既要美化环境，又要便于驻足休憩；而工业区主要强调抗污、除尘、减噪作用；商业区注重杀菌、减噪、净化、遮阴、降温功能；医院区主要考虑杀菌、美化、休憩，同样，也不能选择有毒、有刺或易引起过敏反应的植物种类；主要街道、主干公路以滞尘、减噪、公路美化、遮阴、不妨碍交通安全为主；河道则对减污、美化、吸污、降污、固持堤坝功能更看重。因此，城市森林建设树种选择和配置要尽可能多使用适应性强、生态效益好的，同时也要兼顾视觉效果等多种效益。

4. 重视绿化植物对人体健康的影响

城市森林建设的宗旨是要改善城市环境，为居民提供舒适健康的生产生活环境。因此，有利于人体的健康是第一位的。过去我们只知道杨柳飞絮等绿色污染会给人带来不便，而

在植物体其他分泌物方面研究得很少。在城市绿化材料选择的时候要用现代的眼光、生态的眼光，对于不同树种和不同植物组合与人体健康的关系要进行更全面深入的研究，要知道我们造这个林子，造这种组合，究竟在我们改善居住环境当中起多大的作用，要有指标，要有定量性的东西。

搞好城市森林树种选择和组合模式，要源于生活，更要高于生活。要建成一个物种丰富、模式多样、结构稳定的，对于城市生态环境特别是对人的生活环境有巨大改善作用的城市森林网络体系。

四、重视建筑物的垂直绿化

城市里石料、钢筋、水泥的建筑是产生热岛效应的主要原因之一。因此，加强这些城市"硬化"面的绿化建设对于减轻热岛效应尤为重要。城市建筑设计也应该体现环境意识，搞好建筑物表面的绿化设计工作，这应该成为城市建筑设计和园林绿化拓展的一个重要方向。上海市在楼体、房屋的绿化方面都有一些很好的做法，可以进一步完善和推广。

第四章 上海现代城市森林发展规划布局

第一节 规划的指导思想、原则与目标

一、规划的指导思想

上海市现代城市森林建设总体规划的指导思想是："以人为本，人与自然协调发展。以道路和水网为构架，以核心林地建设为重点，通过林网化、水网化建设，构建上海现代城市森林生态网络系统。从整体上改善城市环境，提高城市活力，形成林水一体化的城市森林生态系统，达到社会、经济、生态效益的统一，服务于上海未来的经济和社会发展总目标，促进经济与社会的可持续发展。"

二、规划原则

（1）以生态效益为核心，经济效益和社会效益相结合，充分发挥城市森林的生态功能。改变城市绿化只重视视觉效果为以人为本、注重身心健康；改变只注重单项效益为重视城市森林综合效益，在建城区加强立体绿化，合理利用城市空间，充分发挥森林对改善城市生态环境的作用。

（2）以林网化建设为重点，以点带线促面，科学配置，增强城市森林的系统功能，完善城市森林类型和布局。以水网化建设为契机，治理、保护与恢复并重，修复城市水体生态系统，完善城市生态系统功能。

（3）具有高起点和前瞻性，把森林发展建设放在全国乃至全球背景的战略高度考虑。

（4）遵循生态系统原理。在整个上海市6340平方千米面积上建设城市森林是一个大型的生态系统工程，做到城区和郊区同步发展，注意生物多样性保护，使得建成的森林不仅是植物的保护地，也是动物的良好栖息地，形成城郊一体化的森林生态系统。

（5）遵从植被生态学和景观生态学原理。森林群落的设计和树种选择要遵循植被地带性原则，注重绿化树种多样性，并考虑地貌、土壤对树种的影响；森林功能定位、森林的养护等要遵循群落生态学原理；森林的空间布局要符合景观生态学原理。

（6）合理确定近期和远期规划。考虑城市建设规划和人口规模不断扩大等因素，合理

制定分期建设规模，确保在城市发展过程中，能够保持一定水平的绿化规模，使城市森林增加的速度不低于城市发展的速度。

三、规划目标

作为特大型的国际化大都市，在城市森林建设中要结合城市特点，因地制宜，坚持以生态学理论为依据，通过城市森林的建设，提高上海市的综合竞争力，促进上海市的可持续发展。这是现代化城市生态环境建设的重要内容和主要途径。

上海现代城市森林建设，以各级道路、水系、农田为骨架建设林网，并在工业污染区、城乡结合部、建城区、郊区建立一定面积和规模的林地，使城市贴近自然、融入自然，实现城乡一体化，构建各种衔接合理、生态功能稳定、结构完善的现代近自然型城市森林生态系统，达到"城在林中，人在绿中"的绿化效果。

通过现代城市森林的建设，使上海的空气更加新鲜，水源得到良好保护，环境污染得到明显缓解，生物多样性得以合理保护，形成"林荫气爽，鸟语花香;清水长流，鱼跃草茂"的美好的生态环境，从而为"绿色上海、生态城市"的建设奠定基础，实现"天更蓝、水更清、地更绿、居更佳"的目标。

第二节　上海现代城市森林总量需求预测

随着城市建设和社会经济的快速发展，城市的自然生态基础无法避免遭受不同程度的破坏，城市生态环境的水平下降成为城市发展的难题，特别是近年频繁发生的生态灾害，更是敲响了人们心灵的生态警钟，更多的人开始关心自己的生存环境，关心身边的绿地空间，城市森林的规划设计与建设管理越来越显示出其重要价值。但如何确定某一个城市的绿地空间的总量，如何确定一个城市的森林总量也就成为了一个迫切需要解决的问题，而森林总量的确定依据及其原理也就成了城市生态学科研究的热点和难点。

从城市森林对城市生态环境问题的补偿作用确定城市森林的总量得到了广大生态学者的认可，但实际上目前还没有人从城市森林的综合补偿功能进行过测算，主要原因是因为城市森林的生态补偿功能是多方面的,仅就某一方面的功能进行测算难免带有片面性。因此，从城市森林的生态补偿功能探索城市对森林的总体需求的研究具有一定的难度，尚属城市生态科学的前沿领域。目前国内外常用的方法就是利用碳氧平衡、热量平衡进行城市森林的总体需求计算，但仅用这两种方法也不能完全表示城市森林的功能作用，因此，本研究同时采用社会调查综合分析法，借鉴国内外典型城市的城市森林状况以及国家、国际标准，进行上海市城市森林的发展估算。

衡量城市森林建设水平的重要标志就是森林覆盖率，一般它是指森林面积占土地总面积之比，它是反映都市生态环境质量状况的一个重要指标。国外大都市也都采用此指标来反映城市绿化水准，国内也把森林覆盖率作为一个地区、城市森林建设的重要指标之一。因此，本研究把森林覆盖率作为总量控制指标。

一、国内外城市森林总量指标现状分析

发达国家的大城市早在 20 世纪中叶就面临人口过度密集、环境严重污染、交通拥挤和住房困难等今天我们所面临的问题。经过长期的努力和实践，许多大城市的生态环境都有很大改善，在城市生态环境建设、管理和调控对策方面积累了许多成功的经验，特别是在建设作为改善生态环境主体的森林方面，有重要的参考价值。虽然这些国家与我国的国情不同，文化背景、社会经济发展状况以及自然条件都有很大的差异，但这些城市的发展经验也是人类认识自然、建设社会和发展经济的宝贵财富。而且这些城市现今的生态环境现状及城市森林建设水准令世人瞩目。以国际化大都市为建设目标的上海市，理应在城市生态环境建设水准上赶超发达国家，努力发展城市森林，为城市的社会经济发展提供良好的环境保障，增强城市的综合实力。

随着人们生活水准的提高，人们对生态环境的关注程度与日俱增。目前国内大中型城市都在努力改善自身的生态环境，加强城市的绿化建设，许多城市都把城市森林的建设作为城市基础建设的一个重要组成部分。由于城市森林科学在我国尚处于初级发展阶段，而城市园林建设却有几千年的历史，虽然各有侧重，但改善生态环境却成为二者的共同目标，而且两者之间具有紧密的联系。上海市把整个市辖区域 6340 平方千米定位为整个城市的发展空间，作为国际化大都市的整体进行综合考虑，因此可以借鉴我国绿化水准相对高的、而且在国际上有一定地位的重要城市绿化的成功经验。

综上所述，选择国外城市尤其是选择一些国际地位高、自然条件相近或者城市发展水平与上海市相似的典型城市，而国内主要选择目前城市绿化水平相对高、具有一定国际影响的典型城市进行分析。从收集的资料和文献检索情况分析（见表 4.1 和表 4.2），各大城市目前的森林覆盖率情况一般都达到 30% 以上。如果上海市要树立生态环境良好的国际大都市形象，其森林覆盖率也应该达到 30% 以上。

表 4.1　国内主要大中城市森林覆盖情况

城　　市	森林覆盖率
北　京	38.00%
珠　海	40.26%
深　圳	43.99%
大　连	39.20%
南　京	39.98%
厦　门	35.41%
广　州	41.1%
长　春	41%

表 4.2　国外主要城市森林覆盖情况

城　　市	森林覆盖率
华盛顿	33%
渥太华	35%
莫斯科	35%
东　京	37.8%
罗　马	74%
斯德哥尔摩	66%
布拉格	61%
柏　林	42%
巴塞罗那	40%
维也纳	52%

二、城市森林总量确定的依据

没有先进的城市森林指标引导，就难以建成指标先进的现代文明城市和国际大都市。这已经成为国际上对城市发展与建设定位的共识。新中国成立 60 多年来，我国曾多次调整城市绿地定额指标，不同的部门曾从不同方面对城市绿地指标进行了规定。

当今，世界平均森林覆盖率为 31.7%，《中华人民共和国森林法实施细则》（林业部，1984）中，也将全国森林覆盖率的标准定为 30%，其中山区森林覆盖率为 70% 以上，丘陵区 40% 以上，平原区 10% 以上。1993 年国家建设部根据国务院《城市绿化条例》制定了《城市绿化建设指标的确定》，正式颁布了《城市绿地建设指标》（部颁标准），规定在人均建筑用地小于 75 平方米的地区，城市绿化覆盖率与城市绿地率在 2010 年不得低于 35%。随着上海市城市化进程的加快，城市森林覆盖率总量的确定，从长远角度考虑，也可参照此项标准。《国家园林城市标准》也提出居住区绿地率应达到 30% 以上，道路绿化长度普及率分别在 95% 以上。国内评选出的几个森林城市，平均森林覆盖率达 40% 以上。联合国环境卫生组织提出一个城市人均森林面积需达到 60 平方米以上，其城市污染方可得到净化，卫生情况才有保证，按照这一标准，目前上海市总人口在 1600 万以上需要林地的面积就应该超过 960 平方千米，而且上海市流动人口呈上升趋势，考虑人口自然增长的幅度，上海市的城市森林面积应该远远超过这一标准。

建设城市森林是优化城市环境，提高居民生活质量，增强城市可持续发展能力的重要途径（Miller，1996；蒋有绪，2000）。上海作为国际大都市，其城市化发展速度远高于国内其他大城市，其总体森林覆盖率应不低于国内相关标准。因此，本研究提出到 2020 年上海市城市森林覆盖率的底线为 35%。目前上海市全市森林面积（包括四旁树）是 740.19 平方千米，覆盖率为 10.4%。到 2020 年时，需新建一定数量的城市森林，其覆盖率方可达到 35%。

三、上海现代城市森林总量的预测

1. 碳氧平衡补偿法

森林作为生物圈的重要组成部分，其重要功能之一就是吸收 CO_2 放出 O_2，固定 CO_2 合成有机物，从而维持大气圈的碳氧平衡。因此，从区域碳平衡的角度考虑，上海市建设一定数量的城市森林将对固定一定数量人为活动所产生的 CO_2 具有一定的作用。

在城市化地区，工业污染、燃料消耗产生的废弃物给当地生态环境带来巨大的负面影响，要氧化这些废气废物需要消耗大量的氧，此外人类呼吸、排泄物氧化等都需要大量的氧气，从维持区域碳氧平衡，不给周边地区的生态环境带来负面作用角度考虑，城市森林的需求总量可根据城市人口、能源等的耗氧量进行估测。根据地球表面的总体情况，大气中的氧有 60% 来自生物圈中的绿色植物，主要贡献者是森林，另有 40% 来自海洋。根据日本林业厅研究结果进行初步估算，1 公顷森林每年光合作用要吸收 CO_2 48 吨，放出 O_2 36 吨；1 公顷森林呼吸作用每年放出 CO_2 16 吨，吸收 O_2 24 吨，两项抵消后，即纯生产量等于吸收了

CO_2 32 吨,放出了 O_2 12 吨。城市森林的建设应为人类提供新鲜空气,满足人体呼吸耗氧需求,可根据国际有关规则容许温室气体的排放数量,以及城市经济发展状况,氧化超标温室气体的数量来确定。

据上海市人口能源耗氧量估算结果(1999 年资料),1600 万人的呼吸耗氧量为 467.2 万吨,此外根据地球表面的总体情况,大气中的氧 60% 来自生物圈中的绿色植物(主要为森林)。按照每 1 公顷森林每年产生的纯氧为 12 吨,上海市需森林面积应为 2336 平方千米(4672000 × 60% ÷ 12=233600 公顷),森林覆盖率将达到 36.85% 以上,可固定大气中 CO_2 气体总量达到 1121.28 万吨。

2. 热场平衡法

城市下垫面的性质的差异是引起地表温度高低的直接原因。当太阳辐射到达下垫面时,由于下垫面吸热和贮热,导致下垫面表面温度增高,日落后,下垫面逐步放出热量。而绿色植物受光面也会增温,但由于蒸腾表面积大、热容量小等原因,增温幅度较小,日落后不久,绿色植物表面温度就低于气温;高大的乔木由于树冠的遮挡,阻挡了太阳光直接辐射地面,减低了下垫面的辐射增温。因此一般情况,林地夏季能使气温降低,冬季则可使气温略有升高。茂盛的树林能遮挡 50%~90% 的太阳辐射,可以使建筑物和地表温度明显降低。此外,植被的蒸腾作用又吸收大量的热量,增加了空气的湿度,据有关研究,1 公顷森林夏季每天最大可蒸腾 750 吨的水分,这无疑能大大改善干热城市的空气湿度,并伴有显著的降温。据研究,城市森林可产生良好的绿岛效应,对城市热岛效应能起到明显的改善作用。1 株直径 20 厘米的槐树相当于 3 台 1200 瓦的空调的降温效果。根据城市热岛效应的总体特征研究结果发现城镇区域的热力场明显高于农业用地、农业用地明显高于郊区植被覆盖大的林地,低海拔地区明显于高海拔地区。城区人为活动集中地和建筑密集地是城市热岛效应的强度区,加大植被覆盖与水面面积能缓解城市热岛效应。因此根据城市不同下垫面的热场背景值,选定城市化程度低的下垫面作为基准值,根据城市森林热场背景值与基准值的差值,从补偿城市化程度高的下垫面热场背景值来计算城市森林的总体需求。

通过测算,上海城市建成区(504.85 平方千米)热场背景值为 302.86,主要城市化区域(765.91 平方千米)为 253.40,农区热场背景值 202.13,林区热场背景值为 163.48,水面热场背景值更低。拟以农区背景值为基准,城市及城市化区域的热增量(热负荷)可用增加森林面积来缓解。城市建成区与农区背景值相比其热场增量为 100.73(302.86–202.13),其热负荷为热场增量 × 建成区面积 =100.73×504.85=50853.54。林地与农村热场背景值相比,其热减量为 38.65(202.13–163.48),则城市建成区热负荷要以 1315.74 平方千米(50853.54 ÷ 38.65)的森林面积来缓解。城市化区域与农村热场背景值相比,其热负荷为(253.40–202.13)× 765.91=39268.21,要以 1015.99 平方千米(39268.21 ÷ 38.65)的森林面积来缓解其热负荷。

从缓解上海城市区域和主要城市化区域过量热负荷的角度,需要森林面积 1375.74+1015.99=2331.73 平方千米,森林覆盖率达到 36.78%。

第三节　规划框架与总体布局

上海市人多地少，土地资源极其宝贵，用土地换生态是城市发展过程中必须要走的道路。但如何利用有限的土地资源，取得更大的生态效益也是城市森林规划必须要解决的一个问题，这涉及到城市森林的最佳布局和城市森林的建设模式。上海市的主要景观类型，可分为居住区类型（包括中心城区、城镇和乡村居住区）、绿地景观类型（河流、道路）、湿地、农田、林地等几大类型。从目前国内外城市森林建设现状分析，以及人们对绿色的渴求，重点建设人类活动强度大、污染相对突出的道路、水体、农田、城郊结合部以及工业污染区的隔离绿化。从上海实际出发，在建城区和郊区还要建设面积相对大而且集中的具有森林气候的生态核心林地和重点生态建设区，已满足水源涵养、生物多样性保护、居民休闲等需求。

道路林网不仅可以保护道路、净化汽车尾气、防治污染，而且繁茂的树叶可以防尘和吸音。在城市交通干线，道路两侧设计不同宽度的林带，对提高城市森林覆盖率，合理布局林地面积，使用比例较少的土地面积，配置较合理的模式，充分发挥森林最佳的综合效益具有重要作用。

上海市境内河流众多，是个水乡城市，可是水环境状况却不容乐观。作为上海的母亲河——黄浦江，其上游是城市生活用水的重要水源地。因此，涵养和保护水源，净化地面和浅层地下水，防止河流两岸水土流失，是城市生态环境建设的迫切任务。通过河流两岸防护林带的建设，一方面可以涵养水源，防止土壤流失；另一方面可以净化水质，巩固堤岸，在防汛期间，促进疏导。根据河道管理部门划分标准，按照不同河道宽度及自然条件的不同确定林带宽度。沿海防护林对于抵御台风、风暴潮等自然灾害，减轻这些灾害造成的经济损失具有重要作用。

农田林网对于保护农田、生物隔离、防治灾害、抵御台风侵蚀具有重要作用。通过农田林网的建设既可为农田提供生态保障，又可结合农业产业结构调整，在农田林网内发展其他产业。同时，农田林网将起到有效的绿色隔离作用。在上海这个沿海平原水网地区的城市，农田林网更有助于实现"城在林中，居在绿中"。它在不改变土地性质的条件下，占用较少的土地面积，使森林覆盖率得到较大提高，也符合上海市人多地少的市情。

在淀山湖、黄浦江上游及太浦河等支干流、佘山集中连片的淀泖水源区，根据不同地域生境特点，构建以涵养水源、净化水质为主，包括生物多样性保护、休闲旅游等多种功能的重点生态建设区。

在林网水网中构建结构稳定、达到一定规模的能构成森林环境的各种功能林，使其成为城市森林生态系统中的核心林地，城市森林网络中的结点。它包括岛屿、城乡结合部、三类工业区外围等根据生态环境建设的需求应建立的各种面积相对集中、能构成森林环境的林地。其中污染防护隔离林主要是针对以煤为能源的大型企业以及化工企业，通过污染防护隔离林的建立，旨在防止粉尘的颗粒物污染的扩散，以及对有害气体的吸收。岛屿生态林不仅对于岛屿的生态安全起到直接保安的作用，而且还能直接满足岛内居民的生态休闲的需求。建城区、中心城、中心镇的人口密集度都相对较高，在环城镇周围建设相对较宽的林地，既能在一定程度上净化城市废水，减少对城乡结合部的土地污染，又能够在某种程度上满足居民的休闲需求，提供良好的生态背景。

一、规划布局原则

（1）生态优先，体现以人为本。随着城市化进程的加快，城市的生态环境问题也日益突出，城市森林应该把净化大气、保护水源、缓解城市热岛效应，维持碳氧平衡、防风防灾、调节城市小气候等生态功能放在首位，城市森林应从满足人体呼吸耗氧，为人类提供新鲜空气，增加负氧离子含量以及人们的休闲观赏等需求，从偏重于视觉效果转向为注重人体身心健康。综合考虑，强调人居环境，体现以人为本，人与自然和谐共处。

（2）师法自然，注重生物多样性。通过建立稳定和多样化的森林群落，达到传承文明，师法自然，景观多样，应接不暇的效果。充分利用造林树种资源和生态位原理，形成不同类型的森林生态系统，以满足人们不同的文化和生活需求，同时为不同生物提供生存繁衍的生态环境，促进生物多样性保护。

（3）系统最优，强调整体效果。以林网化、水网化建设为重点，较少占地，科学配置城市森林类型，在建城区加强立体绿化，向空间要生态，采取乔、灌、草、藤的合理搭配模式，合理布局森林，最大限度提高森林总量，发挥城市森林系统的最优生态效益，增强城市森林对整个城市总体生态环境改善的功能。

（4）因地制宜，突出本土特色。根据不同地段的自然条件、生态环境质量，确定适宜的森林结构，选择应用具有主导功能的树种，进行城市森林的合理布局。增加乡土植物的使用，突出本土植被、森林群落模式的特点，优化森林结构，提高森林生态系统的稳定性。

二、总体框架及规模

根据上海市生态环境状况，围绕上海城市发展规模和目标，结合上海农业结构调整，以"林网化、水网化"为规划理念，以城市森林生态功能优化为原则，规划建设"三网、一区、多核"为一体的城市森林总体布局框架。

三网：即水系林网、道路林网和农田林网。

一区：即环淀山湖、沿黄浦江上游两岸以及黄浦江上游支流水系两岸，包括佘山在内连片的以水源涵养功能为主，兼顾生物多样性保护和生态休闲的重点生态建设区。

多核：在林网、水网中构建结构稳定、达到一定规模的各种功能林，使其成为城市森林系统中的核心林地。

规划到 2020 年，初步建成与上海国际经济、金融、贸易规模相一致的，能够代表上海国际大都市形象，具有综合生态环境效益的近自然型森林生态系统。至 2020 年止，新增森林面积 1015.78 平方千米，全市森林面积将达到 1675 平方千米。森林覆盖可增加 25%，届时全市森林覆盖率可达到 35%。

三、分期规划

1. 近期规划建设

"十五"期间主要完成的郊区大型生态林中的"浦江镇、佘山、南汇、嘉定"4 块大型核心林的规划建设；进行黄浦江上游水源涵养林 500 米宽建设，主干河流一期防护林建设，苏州河外环线以外 250 米宽防护林建设；完成大型主干廊道林建设；迎宾大道景观林建设，快速干道两侧景观林建设；沿海防护林重点段的 1500 米防护林建设；漕泾化学工业区污染隔离林建设。

到 2005 年，新增森林面积 482 平方千米；全市森林面 1141 平方千米以上，森林覆盖率达到 18%。

2. 中期规划建设

结合上海市城市总体规划分期建设，完成道路、轨道两侧林带建设；继续并完成主要干流河道防护林带建设；完成崇明东滩大型核心林建设；继续并完成沿海防护林建设；结合三类工业区建设，继续三类工业区污染隔离林建设。

2006~2010 年，新增森林面积 279 平方千米，全市森林面积可达 1420 平方千米以上，森林覆盖率达到 30%；

3. 远期规划建设

完成主干河道两侧二期林带建设，二级河道林带建设，次要河流两岸防护林建设；主要道路、次要道路两侧林带建设；完成其他三类工业区污染隔离林带建设。

2011~2020 年新增森林面积 254 平方千米，全市森林面积达到 1675 平方千米，森林覆盖率达到 35%。

第五章　上海现代城市森林分项规划

实现上海城市森林覆盖率总量达到 35%，其分量指标的确定与森林模式类型的配置最为关键。根据国外一些城市建设经验，森林的覆盖范围可远大于森林所占土地面积，有资料表明森林覆盖范围可为林地面积的 1~3 倍。根据分散学理论以及树木生长特性，建成相对分布均匀、分散，并以高大乔木为主体的城市森林，才能实现占用较小土地，达到最大的覆盖范围。

考虑到城市的大气质量与大气循环密切相关，林带对大气循环的影响，根据上海市的自然条件与气候特征，春、夏季多东南风，秋、冬季多西北风，提出与东南—西北主风方向一致的林带设置为主林带，其宽度相对较宽；而与西南—东北方向一致的林带设置为副林带，其宽度相对较窄，其具体相关指标因规划的内容不同而异。

第一节　水系林网规划

一、规划目的

上海市境内河流众多，是个水乡城市，可是水环境质量却不容乐观。涵养和保护水源，净化地面和浅层地下水，防止河流两岸水土流失是城市生态环境建设的迫切任务。通过河流两岸防护林带的建设，一方面可以涵养水源，防止水土流失；另一方面可以净化水质，固堤护岸，在防汛期间，促进疏导。根据河道管理部门的划分标准，按照不同河道宽度及自然条件的不同确定林带宽度。上海也是一个滨海城市，沿海防护林对于抵御台风、风暴潮等自然灾害，减轻这些灾害造成的经济损失具有重要作用。因此，应从水网建设与水系林网建设综合考虑，"引江水入大海，变死水为活水"，在黄浦江、苏州河等骨干河道综合治理的基础上，加快水资源的综合调度、水系景观建设，带动中小河道整治和加快水体沿岸林网建设，实现清水、绿岸、佳境的目标。

二、数量指标

一级河流（市管河流）、二级河流（区县管河流）、次要河流（乡镇级河流）、乡村河道两侧。规划标准：主林带：一级河道每侧不少于 32 米，二级河道每侧不少于 24 米，次要河道每侧不少于 12 米, 乡村河道每侧不少于 6 米; 副林带: 一级河道每侧不少于 24 米, 二级河道每侧不少于 12 米, 次要河道每侧不少于 6 米, 乡村河道每侧不少于 4 米。

根据登陆台风的频率不同, 设置沿海防护林带宽度, 在迎台风主风向地段建设范围一般为 1500 米的海岸带; 迎台风次方向地段建设范围一般为 500 米的海岸带; 其他地段一般为 300 米的海岸带。根据林带的防风效果一般为 20~25 倍树高, 因此设置防护林带之间的间距宽度为 100 米, 林带的宽度不少于 6 米。

杭州湾段: 在宽度为 500 米的沿海, 每 100 米, 设计不少于 6 米宽的林带。

南汇—川沙段: 在宽度为 1500 米的沿海, 每 100 米, 设计不少于 6 米宽的林带。

川沙—吴淞口段: 在宽度为 500 米的沿海, 每 100 米, 设计不少于 6 米宽的林带。

吴淞口以西长江南岸段: 在宽度为 300 米的沿海, 每 100 米, 设计不少于 6 米宽的林带。

长兴岛迎台风主风向地段: 在宽度为 1500 米的沿海, 每 100 米, 设计不少于 6 米宽的林带; 其他方向地段, 在宽度为 300 米的沿海, 每 100 米, 设计不少于 6 米宽的林带。

崇明岛: 长江口内岸地段: 在宽度为 300 米的沿海, 每 100 米, 设计不少于 6 米宽的林带; 东南部沿海主风向地段: 在宽度为 1500 米的沿海, 每 100 米, 设计不少于 6 米宽的林带; 北部沿海次要风向地段: 在宽度为 500 米的沿海, 每 100 米, 设计不少于 6 米宽的林带; 北部沿海冬季风主风向地段: 在宽度为 1500 米的沿海, 每 100 米, 设计不少于 6 米宽的林带。

三、水网整治规划

上海市是一个水网化的地区, 江河湖海水系非常发达, 由于人为因素的影响造成目前水面率减少和水系破坏, 对城市生态建设造成不良影响, 中小河道水环境污染严重, 河道连通度较低, 无法满足净化环境、改善环境的功能, 因此必须加强引清调水, 使死水变活水, 净化内河水质, 改善城市环境, 提高城市森林建设的质量。建议疏通、拓宽油墩港、横泾港、大治河、川杨河、金汇港等河道, 形成贯通南北、东西"两纵四横"的水网化通道, 从长江、淀山湖、太湖引水, 综合调度水资源, 加快水资源的流动性。在沿海, 通过覆新土、压盐碱, 开发利用滩涂, 为沿海防护林建设提供基础。水网整治工程建设, 可以促进水体林网建设, 提高林网建设的质量, 为城市森林建设提供保障。

四、市管一级河道林网规划

全市河流按照管理等级, 可以分为市管一级河道、区县级河道、乡镇级河道和村级河道。其中市管一级河道 43 条, 长度 650 千米; 区县级河道 281 条, 总长度为 2552.1 千米; 乡镇级河道 2511 条, 长度约 6181.88 千米; 村级河道 20952 条, 长度为 12262.31 千米。

市管一级河道林网规划中, 扣除水源涵养林区中包括的一级河道, 水系林网规划一级河道实际总长度 541.2 千米, 其中主林带占地面积为 11.9 平方千米, 副林带占地面积为 4.1 平方千米, 合计占地面积 16 平方千米。成熟林平均树冠冠幅以 6 米计算, 林带覆盖面积约为 19.2 平方千米, 详见表 5.1。

表 5.1 上海市市管一级河道林网规划

名称	起始地点	终止地点	河段长度（千米）	林带宽度（米）	林带面积（平方千米）
蕴藻浜	苏州河	黄浦江	34.2	24	0.82
新槎浦	蕴藻浜	苏州河	9.6	32	0.31
桃浦河	西虹江	蕴藻浜	1.4	24	0.03
木渎港	桃浦河	苏州河	1.9	24	0.05
东茭泾	蕴藻浜	走马塘	4.5	24	0.11
彭越浦	走马塘	木渎港	7.2	24	0.17
西四塘	蕴藻浜	走马塘	6.0	24	0.14
俞泾浦	虹口港	走马塘	7.2	24	0.18
虹口港	沙泾港	黄浦江	1.4	24	0.03
南泗泾	蕴藻浜	苏州河	9.3	24	0.22
沙泾港	走马塘	虹口港	6.5	24	0.16
走马塘	俞泾港	桃浦河	6.9	24	0.17
市河	俞泾港	沙泾港	1.5	24	0.04
虬江	东走马塘	黄浦江	6.0	24	0.14
杨树浦港	东走马塘	黄浦江	4.7	24	0.11
漕河泾港	新泾港	浦汇塘	6.1	24	0.15
龙华港	浦汇塘	黄浦江	3.8	24	0.09
张家塘港	新泾港	黄浦江	7.6	24	0.18
浦汇塘	漕泾河	新泾港	6.7	24	0.16
新泾港	苏州河	淀浦河	11.5	24	0.28
油墩港	横潦泾	苏州河	36.4	24	0.87
淀浦河	淀山湖	黄浦江	45.56	32	1.46
叶榭塘	黄浦江	运港	75.3	32	2.41
龙泉港	运港	杭州湾	19.76	32	0.63
川杨河	杨思闸	三甲港闸	28.7	32	0.92
金汇港	黄浦江	杭州湾	22.1	32	0.71
大治河	黄浦江	东海	39.2	32	1.25
南横引河	五号坝	前哨闸河	76.6	32	2.45
苏州河	江苏省界	黄浦江	53.5	32	1.71
合计			541.2		16.0

五、区县级河道林网规划

区县级河道总长度为 2552.1 千米，其中主林带（1432.5 千米）占地面积为 34.4 平方千米，副林带（1119.6 千米）占地面积为 13.4 平方千米，合计占地面积 47.8 平方千米。成熟平均冠幅以 6 米计算，林带覆盖面积约为 63.1 平方千米。

六、村镇级河道林网规划

次要河道总长度6181.88千米，其中主林带（3721.4千米）占地面积为44.7平方千米，副林带（2460.48千米）占地面积为14.76平方千米，合计占地面积59.46平方千米。成熟林平均冠幅以6米计算，林带覆盖面积约为96.6平方千米。

乡村河道总长度12262.31千米，其中主林带（7544.8千米）占地面积为45.3平方千米，副林带（4717.5千米）占地面积为18.87平方千米，合计占地面积64.1平方千米。成熟林平均冠幅以6米计算，林带覆盖面积约为137.7平方千米。

七、沿海防护林规划

杭州湾段：长度为68.0千米，在宽度为500米的沿海，每100米，设计6米宽的林带，林带占地总面积为2.45平方千米，覆盖面积可达4.9平方千米以上。

南汇—川沙段：该段是历年来台风登陆路径频率最高的地段，长度为50.0千米，在宽度为1500米的沿海，每100米，设计6米宽的林带，林带占地总面积为4.8平方千米，覆盖面积可达9.6平方千米以上。

川沙—吴淞口段：长度为27.0千米，在宽度为500米的沿海，每100米，设计6米宽的林带，林带占地总面积为0.97平方千米，覆盖面积可达1.9平方千米以上。

吴淞口以西长江南岸段：此段是受台风影响相对较小的地段，长度为22.8千米，吴淞口以西长江南岸段：在宽度为300米的沿海，每100米，设计6米宽的林带，林带占地总面积为0.55平方千米，覆盖面积可达1.1平方千米以上。

长兴岛防护林：迎台风主风向地段长度为5.8千米，在宽度为1500米的沿海，每100米，设计6米宽的林带，林带占地总面积为0.56平方千米，覆盖面积可达1.1平方千米以上；

其他方向地段长度为47.5千米，在宽度为300米的沿海，每100米，设计6米宽的林带，林带占地总面积为1.14平方千米，覆盖面积可达2.3平方千米以上。

崇明岛防护林：东南部沿海主风向地段长度为22.8千米，在宽度为1500米的沿海，每100米，设计6米宽的林带，林带占地总面积为2.19平方千米，覆盖面积可达4.4平方千米以上；北部沿海冬季风主风向地段长度为41千米，在宽度为1500米的沿海，每100米，设计6米宽的林带，林带占地总面积为3.94平方千米，覆盖面积可达7.9平方千米以上；北部沿海次要风向地段长度为39千米，在宽度为500米的沿海，每100米，设计6米宽的林带，林带占地总面积为1.40平方千米，覆盖面积可达2.8平方千米以上；长江口内岸地段长度为77千米，在宽度为300米的沿海，每100米，设计6米宽的林带，林带占地总面积为1.85平方千米，覆盖面积可达3.7平方千米以上。

规划完成时，全市新增的规划水系林网占地面积为202.84平方千米，森林覆盖面积347.7平方千米，森林覆盖率增加5.48%。

第二节　道路林网规划

一、规划目的

以道路系统为骨架，在道路两侧规划林带，形成道路林网系统。上海的市域道路可分为快速干道、主要公路、次要公路和乡村级公路四类。在大型快速干道（高速公路）和主要公路两侧，郊区地面轨道交通两侧建立林带。目的是保护路段，增强行车安全，防治污染，净化汽车尾气，防尘和减低噪声，美化景观，兼具廊道作用。在城市交通干线道路两侧设计不同宽度的林带，对提高城市森林覆盖率，合理布局林地，使用比例较少的土地，配置较合理的模式，充分发挥森林的综合效益具有重要作用。

二、数量指标

快速干道（含轨道）、主要道路、次要道路、乡村道路两侧的林网。规划标准：主林带：快速干道（含轨道）每侧不少于32米，主要道路每侧不少于24米，次要道路每侧不少于12米，乡村道路每侧不少于6米；副林带：快速干道（含轨道）每侧不少于24米，主要道路每侧不少于12米，次要道路每侧不少于6米，乡村道路每侧不少于4米。

三、快速干道林网规划

全市快速干道总长度756.6千米，其中主林带（578.1千米）占地面积为18平方千米，副林带（278.5千米）占地面积为4.8平方千米，合计占地面积22.8平方千米。成熟林平均树冠冠幅以6米计算，林带覆盖面积约为27平方千米（见表5.2）。

表5.2　上海市快速干道及其绿化一览表

路　　名	起迄点	长度（千米）	绿化宽度（米）	林带面积（平方千米）
外环线	吴淞越江—吴淞越江	97	24~32	2.70
郊环线	同济路—五洲大道	180	24~32	5.04
沪嘉高速公路、嘉浏公路	外环—浏河	28	32	0.90
沪宁高速	外环—安亭	22	32	0.70
迎宾大道	外环—浦东机场	14	32	0.45
沪青平高速	外环—金泽	48	32	1.54
沪杭高速	外环—枫泾	47	32	1.50
莘奉金公路	外环—金山卫	57	32	1.82
沪芦公路	外环—芦潮港	45	32	1.44
龙东大道	外环—郊环	11.56	32	0.37

（续）

路　名	起迄点	长度 （千米）	绿化宽度 （米）	林带面积 （平方千米）
新卫公路	郊环—杭金公路	19	24	0.46
亭枫公路	郊环—沪杭高速	18	24	0.43
嘉华、华徐、车莘、车亭、亭卫公路	嘉浏公路—奉金公路	60	32	1.92
崇明高速公路	陈家镇—牛棚港	70	32	2.24
建平路延伸	外环—杭州湾	40	32	1.28
合　计		756.6		22.8

四、主要道路林网规划

主要干道总长度为 667 千米，其中主林带（366.7 千米）占地面积为 8.8 平方千米，副林带（300 千米）占地面积为 3.6 平方千米，合计占地面积 12.4 平方千米。成熟林平均冠幅以 6 米计算，林带覆盖面积约为 16.4 平方千米。

五、次要道路林网规划

次要道路总长度 1078 千米，其中主林带（550 千米）占地面积为 6.9 平方千米，副林带（528 千米）占地面积为 3.1 平方千米，合计占地面积 10.0 平方千米。成熟林平均冠幅以 6 米计算，林带覆盖面积约为 16.5 平方千米。

乡村道路总长度 1091 千米，其中主林带（583.3 千米）占地面积为 3.5 平方千米，副林带（507.7 千米）占地面积为 2.0 平方千米，合计占地面积 5.5 平方千米。成熟林平均冠幅以 6 米计算，林带覆盖面积约为 12.0 平方千米。

六、轨道交通林网规划

交通轨道总长度为 647 千米，其中主林带（600 千米）占地面积为 19.2 平方千米，副林带（47 千米）占地面积为 1.1 平方千米，合计占地面积 20.3 平方千米。成熟林平均冠幅以 6 米计算，林带覆盖面积约为 24.2 平方千米。

规划完成时，上海市新增道路林网占地总面积为 71.0 平方千米，森林覆盖面积为 96.1 平方千米，可为上海市新增森林覆盖率为 1.52 个百分点。

第三节　农田林网规划

一、规划目的

农田林网对于保护农田、生物隔离、防治灾害、抵御台风侵蚀具有重要作用，通过农田林网的建设既可为农田提供生态保障，又可结合农业产业结构调整，在农田林网内发展其他产业，同时，农田林网将起到有效的绿色隔离作用。在上海这个沿海平原水网地区的城市，农田林网更有助于实现"城在林中，居在绿中"。它在不改变用地性质的条件下，占用较少的土地面积，使森林覆盖率有了较大提高，也符合上海市人多地少的市情。

二、数量指标

上海市基本农田保护区。规划标准：网格大小：林网网格 100 米 × 100 米；主林带：林带宽度一般为 6 米；副林带：林带宽度一般为 4 米。

三、规划内容

上海市农田总面积为 2747 平方千米，林网网格数量为 274700 个，新增农田林网的林带占地面积为 268.1 平方千米，平均树冠冠幅以 6 米计，林带覆盖面积可达 572.7 平方千米以上，森林覆盖率增加 8.32 个百分点。

第四节　重点生态建设区规划

一、规划目的

保护水源，防止两岸水土流失，净化水质，促进疏导。重点生态建设区是在淀山湖、黄浦江上游及太浦河等支流、佘山集中连片的淀泖水源区。根据不同地域生境特点，构建以涵养水源、净化水质为主，包括生物多样性保护、休闲旅游等多种功能的重点生态建设区。

二、数量指标

淀山湖周围及其湖泊，控制林带宽度 1000 米以上；黄浦江中上游及其干流水源涵养林规划设计其林带宽度为两侧各 500 米。

三、佘山 - 淀山湖 - 黄浦江上游重点建设区

佘山 - 淀山湖 - 黄浦江水源涵养林区：该区域主要包括佘山、淀山湖拦路港、东西泖河、斜塘、横潦泾、黄浦江，及其周围河流和湖泊，主要包括太浦河、大蒸港、大泖港、元荡、萪漾荡等，主要是在河流两岸建立大型水源保护林带。具体规划的林带宽度参见表5.3。规划设计的面积为 120 平方千米，其中黄浦江上游水源涵养林为 50 多平方千米，树木成熟林冠宽度按照 6 米计，其森林覆盖面积可超过 150 平方千米以上，森林覆盖率增加 2.37 个百分点。

表5.3 重点生态建设区森林建设情况

河 名	起讫地点		长度（千米）	林带宽度（两侧）（米）	林带面积（平方千米）
黄浦江	竖潦泾	外环线	50	500	25.00
竖潦泾	大泖港	毛竹港	1.83	500	0.92
横潦泾	三角渡	大泖港	5.6	500	2.80
拦路港	淀山湖	泖河	8.89	500	4.45
太浦河	江苏省界	西泖河	14.8	500	7.40
东泖河	拦路港	东塘港	4.09	500	2.05
西泖河	拦路港	东塘港口	4.1	500	2.05
泖河	东塘港口	斜塘	3.56	500	1.78
斜塘	东塘港口	小斜塘	6.94	500	3.47
大蒸港	江苏省界	潮方泾	11.7	500	5.85
园泄泾	潮方泾	三角渡	5.73	500	2.87
胥浦塘	江苏省界	撅石港	8.96	500	4.48
撅石港	胥浦塘	小泖港	4.71	500	2.36
大泖港	小泖港	黄浦江	5.61	500	2.81
淀山湖	—	—	47.5	1000 左右	47.5
元荡	—	—	2.2	1000 左右	2.2
葑漾荡	—	—	1.53	1000 左右	1.53

第五节 重点核心林规划

一、规划目的

根据城市功能分区，本着平衡区域生态环境、保护生物多样性、丰富城市景观、满足人们休闲娱乐的需求，同时考虑生态林的服务半径，根据上海城市总体的发展趋势是面向东南，为了保证向城市输送新鲜的空气。同时与上海市"一城九镇"规划建设相结合，主要考虑重点核心林服务的人口数量，交通的便捷程度，森林分布的均匀性，生境条件的独特性，对大型核心林地的需求性，现有的林业发展基础等方面，选址时尽量靠近规划的新城或新镇，紧邻或接近河流和交通干道，与自然保护区相结合的重点核心林，按自然保护区规划原理进行设计。

多核：在林网、水网中构建结构稳定、达到一定规模的能构成森林环境的各种功能林，使其成为城市森林生态系统中的核心林地，城市森林网络中的结点，包括岛屿、城乡结合部、三类工业工厂外围等根据生态环境建设的需求应建立的各种面积相对集中、能构成森林气候环境的林地。其中污染防护隔离林主要是针对以煤炭为能源的大型企业以及化工企业，通过污染防护隔离林的建立，旨在防止粉尘等颗粒物污染的扩散，以及对有害气体的吸收。岛屿生态林不仅对于岛屿的生态起到直接保护的作用，而且还能直接满足岛内居民的生态休闲的需求。建成区、中心城、中心镇的人口密集度都相对较高，在环城镇周围建设相对较宽的林带，既能在一定程度上净化城市废水，减少对城乡结合部的土地污染，又能够在某种程度上满足居民的休闲需求，使"城在林中"，为城市提供良好的生态背景。

二、数量指标

根据功能定位以及兼顾区域经济发展，相应布局林地。在建城区内一般每块核心林的面积应达 4 公顷以上，而在郊区可根据实际情况建立一定面积，并具有多种功能的核心林，其面积可由几平方千米到数十平方千米。

三、大型生态休闲林规划

在上海市郊发展大型休闲林，充分发挥森林的整体生态效益以及形成稳定的森林生态系统，建设以人为本、人与自然协调发展的生态系统，兼顾生物多样性保护和种质资源保存，满足现代都市人回归自然的生态渴求，发展良好的自然生态伦理道德观念，既满足城市居民休闲、娱乐的需要，又具有改善城市生态环境的作用，同时兼有休闲、旅游度假以及部分教学与科研作用。

在上海中心城区的东南部规划两处生态休闲林，在南汇、浦江设置大型生态休闲林，在北部设置嘉定大型生态休闲林，其中南汇生态休闲林的规划设计面积为 30 平方千米以上，浦江生态休闲林的面积为 60 平方千米，嘉定生态休闲林的面积为 30 平方千米。即生态休闲林总面积 120 平方千米，将为上海市新增森林覆盖率 1.89 个百分点。

四、岛屿生态林规划

崇明岛生态林规划：依托崇明岛东平国家森林公园，扩大和营建生态林，规划设计的面积为 30 平方千米以上；在前哨农场外围规划建设 30 平方千米以上的生态林。

横沙岛生态林规划：在面积为 50 平方千米的横沙岛上遍植森林，把横沙岛建设成体现 21 世纪上海形象的森林生态岛，规划设计的森林覆盖率 80% 计算，则面积为 40 平方千米。

岛屿生态林面积总计 100 平方千米，将为上海市新增森林覆盖率 1.58 个百分点。

五、污染隔离林规划

污染隔离林规划的目的是防止重工业产生的颗粒物、化学工业污染产生的化学污染为主的大型污染防治隔离，以防止污染物扩散和对周边地区的污染，同时兼有吸收污染物的作用。

主要是在金山石化、宝钢等工业区建立污染隔离林，漕泾化学工业区，闵行、桃浦等三类工业区，在工业区主风方向的下方向规划大型隔离林带。三类工业区周围的总长度为 102.1 千米，污染隔离林将占地面积为 6.74 平方千米，林带覆盖面积可达 13.48 平方千米，占全市城市森林覆盖率的 0.21 个百分点。

六、新城、中心镇、建成区核心林地规划

《上海市城市发展总体规划》（1999~2020）规划了 11 个新城，有宝山、嘉定、松江、金山、闵行、青浦、南桥、惠南、城桥及空港新城和海港等，新城总人口 20 万 ~30 万人。还有 22 个中心镇，包括朱家角、四泾、周浦（康桥）、奉城、枫泾、堡城、安亭及罗店等。这 11 城、22 镇要结合城镇体系规划，高标准建设以生态城镇为目标的城镇绿化，绿化指标要高于中心城，增强郊区城镇的可居住性和吸引力，促进中心城人口的疏散。因此在这些新城、中心镇的城郊结合部规划 100~200 米宽的防护林。新城的林地平均宽度为 200 米，中心镇、一般镇平均宽度为 100 米，林地面积为 120 平方千米，平均树冠冠幅以 6 米计，林带覆盖面积可达 140 平方千米以上，占全市森林覆盖率的 2.21 个百分点。这些林地可以作为城市规划的边界，对城镇的环境进行生态补偿和隔离，并为城市导入新鲜空气。在建城区建设能够构成森林气候具有一定规模的核心林，满足城市居民对森林的需求。

规划完成时，新增规划森林面积为 353.84 平方千米，森林覆盖面积为 373.84 平方千米，森林覆盖率增加 5.58%。

第六章 上海现代城市森林树种选择

第一节 上海市绿化利用树种资源现状

一、绿化树种使用情况

上海城市绿化树种资源据 1985 年进行的上海市绿化植物材料普查中发现绿化树种总数为 395 种，其中常见树种约 80 种。1992 年上海植物园、上海师范大学抽样调查 155 个园林植物群落的结果表明，上海城市园林绿化常用树种只有 68 种。20 世纪末根据上海市有关部门估计，城市园林绿化树种总数达到 500 种左右。近些年在引种驯化方面的努力使城市绿化利用树种资源有所增长，但是常用树种数量在这些年来并没有太大的变化（表 6.1）。

表 6.1 上海城市绿化群落中树种的应用频率

频率（%）	树　　种
$30 \leqslant f < 40$	香樟 *Cinnamomum camphora*（L.）Presl，广玉兰 *Magnolia grandiflora* Linn.，瓜子黄杨 *Buxus sinica*（Rend. et Wils.）Cheng
$20 \leqslant f < 30$	棕榈 *Trachycarpus fortunei*（Hook. F.）H. Wendl，雪松 *Cedrus deodara* Loud，红叶李 *Prunus cerasifera* Enrh. F. Atropurpurea（Jager）Rehd.，桂花 *Osmanthus fragrans*（Thunb.）Lour，圆柏 *Sabina chinensis*（L.）Ant.，八角金盘 *Fatsia japonica*（Thunb.）Done. et Lanch.
$10 \leqslant f < 20$	水杉 *Metasequoia glyptostroboide* Hu et Cheng，白玉兰 *Magnolia denulata* Desr.，罗汉松 *Podocarpus macrophilus*（Thunb.）Lour，女贞 *Ligustrum lucidum* Ait.，蚊母树 *Distylium racemosum* Sieb. et Zucc.，夹竹桃 *Nerium indicum* Mill，石楠 *Photinia serrulata* Lindl，山茶 *Camellia japonica* Linn.，紫荆 *Cercis chinensis* Bunge，蜡梅 *Chimonanthus praecox*（L.）Link，海桐 *Pittosporum tobira*（Thuml.）Ait，黄馨 *Jasmminum mesnyi* Hance，金丝桃 *Hypericum chinense* Linn.，凤尾兰 *Yucca gloriosa* Linn.，狭叶十大功劳 *Mahonia fortunei*（Lindl.）Fedde
$5 \leqslant f < 10$	悬铃木 *Platanus acerifolia*（Ait.）Wild，合欢 *Albizzia julibrissin* Durazz，垂柳 *Albizzia julibrissin* Durazz，垂丝海棠 *Malus halliana*（Voss）Kiehue，石榴 *Punica granatum* Linn.，紫薇 *Lagersteromia indica* Linn，金钟花 *Forsythia viridissima* Lindl，雀舌黄杨 *Buxus bodinieri* Levl.，火棘 *Pyracantha fortuneana*（Macim.）Li，南天竹 *Nandina domestica* Thunb.，结香 *Edgeworthia chrysantha* Lindl.，鸡爪槭 *Acer palmatum* Thunb.，大叶黄杨 *Euonymus japonica* Thunb.，胡颓子 *Elaeagnus pungens* Thunb.，东瀛珊瑚 *Aucuba japonica* Thunb.，栀子花 *Gardenia jasminodes* Ellis，枸骨 *Ilex cornuta* Lindl.

（续）

频率（%）	树　　　种
1 ≤ *f*<5	榆树 *Ulmus pumila* Linn.，柳杉 *Cryptomeria fortunei* Hooicrenk ex Otto et Dietr，苦楝 *Melia azedarach* Linn.，臭椿 *Ailanthus altissima*（Mills.）Swingle，梧桐 *Firmiana simplex*（L.）W.F. Wight，枫杨 *pterocarya stenoptera* DC.，朴树 *Celtis sinensis* Pers，黑松 *Pinus thunbergii* Parl，银杏 *Ginkgo biloba* Linn.，侧柏 *Platycladus orientalis*（L.）Franco，樱花 *Prunus serrulata* Lindl.，木绣球 *Viburnum macrocephalum* Fort. f. Keteleeri，桃 *Prunus persica*（L.）Batsch，大叶冬青 *Ilex chinensis* Thunb.，枇杷 *Eriobotrya japonica*（Thunb.）Lindl.，槐 *Sophora japonica* Linn，木槿 *Hibiscus syriacus* Linn，月桂 *Laurus nobilis* Linn，构树 *Broussonetia papyrifera*（L.）Vent.，紫玉兰 *Magnolia liliflora* Desr.，红瑞木 *Cornus alba* L.，小檗 *Berberis thunbergii* DC.，榧树 *Torreya grandis* Fort.
f<1	泡桐 *Paulownia fortunei*（Seem.）Hemsl.，无患子 *Sapindus mukorossi* Gaertn，枫香 *Liquidambar formasana* Hance，七叶树 *Aesculus chinensis* Bunge，枸橘 *Poncirus trifoliata*（L.）Raf.，麻叶绣球 *Spiraea cantoniensis* Lour.，五角槭 *Acer mono* Maxim，山胡椒 *Lindera glauca*（Sieb. et Zucc.）Bl.，杨梅 *Myrica rubra*（Lour.）Sieb. et Zucc，含笑 *Michelia figo*（Lour.）Spreng.

二、常用绿化树种及其应用频率

对上海市部分园林植物群落进行抽样调查，统计常用城市绿化树种及其出现频率见表6.1所示。常用绿化树种为80余种，其中高大乔木约25%，其余为中小乔木和灌木；常绿树种的比例约为40%。调查结果表明，在城市园林植物群落中出现的频率超过30%的绿化树种只有3种，即主要作为群落上层树种的香樟、广玉兰，以及主要为群落中下层树种的瓜子黄杨。出现树种数量较多的频率段在1%~20%，共有57种；其中出现树种最多的频率段为1%~5%，有24种。由于受样本数量的影响，调查中出现频率小于1%的树种数量相对较少，有11种，如无患子、七叶树和杨梅等树种。而出现频率大于10%的树种数量有24种，达到常用树种总数的近1/3左右。因此，总的看来，由于常用树种数量少及部分树种的出现频率高，反映出上海市园林植物群落中树种组成类同性大，缺少组合的丰富和变化。在今后的绿化建设中，除增加常用树种数量这一主要途径外，在常用树种中应在适地适树的前提下适当增加低频率树种的应用。

三、上海市绿化树种资源利用格局

在上海地区，对绿化树种资源的利用主要体现于城镇绿化，尤其是城郊结合地带的园林植物群落具有较高的树种丰富度。郊区乡村绿化仍然没有受到足够的重视，一般还停留为残存自然植物群落，只有极少的乡土树种和经济林树种，主要为苦楝、榆树、构树、水杉、杨柳、早园竹、枇杷、无花果、金橘、桃树等少量树种构成的简单群落。在城市森林建设中，应该结合发展防护绿化和各类生产型园林植物群落，充分利用树种资源，改进乡村绿化面貌，进一步完善城市绿化的城乡一体化格局。

郊区现有树种数量少，树种生长调查只能以城镇公园树种为主进行，对城市适生森林树种选择造成一定困难。城郊森林树种选择，在开展立地条件比较分析的基础上，参照现有树种的生长状况和城镇绿化树种的生长调查结果进行选择规划。

第二节 上海城市森林树种生长适应性分析

一、立地条件区划

由于上海市所在地区绝大部分地域都属于典型的湿地生境，地势低洼平坦，无大的地貌变化，因此森林立地条件特点主要取决于空间位置与地质条件。按地质构造和成陆年代的不同，上海地区森林立地类型可归纳为三大类型，即沙洲岛屿立地类型区、东部滨海平原立地类型区和西部湖沼平原类型区。沙洲岛屿立地类型区主要由长江口的沙洲岛屿组成，而在东部滨海平原与西部湖沼平原之间还存在一狭长的湿地滩脊地带，即今外岗—马桥—漕泾一线，自长江的福山一直伸展到杭州湾畔，又称冈身地区，只有4~8千米宽，面积比例也很小。因此在区划中以之为东部滨海平原与西部湖沼平原之间的空间边界，分属东部滨海平原区和西部湖沼平原区。此外，上海市城市建成区虽然位于东部滨海平原区，但由于长期受到人为干扰，土壤因子多变，单独作一个立地类型区处理。

（1）沙洲岛屿立地类型区。范围为河口三角洲平原，由崇明岛、长兴岛、横沙岛和九段沙等几个长江口的冲积岛屿所组成。土壤类型主要为滨海盐土类和潮土类。有丰富的湿地资源，具有重要的自然保护价值和开发利用前景，所属湿地类型为典型的沙洲岛屿湿地立地类型。

（2）东部滨海平原立地类型区。位于前述冈身以东地区，由潮滩淤涨逐渐成陆。全区地形坦荡，地表沉积物中普遍含有孔虫，并具潮汐层理，为滨海沼泽沉积。范围包括上海市中心区，沿海的宝山、浦东、奉贤、南汇、金山5个区沿江、沿海的50个乡（镇）和宝钢、石化两个工业地区以及14个国有农场、1个部队农场，土地面积180453公顷，占郊区土地面积的29.8%。土壤类型主要为滨海盐土类和水稻土类。

（3）西部湖沼平原立地类型区。本区范围包括闵行、松江、青浦、嘉定4区全部以及宝山、金山等区大部。位于冈身以西地区，与太湖平原毗连，地势低平，区内河港纵横，湖泊众多，最大的湖泊为淀山湖。淀山湖一带曾是陆地，全新世时又曾为海水淹没，冈身形成后，才由滨海沼泽低地演变为目前的湖沼平原。本区地势低平，却集中了上海地域内仅存的一些埋藏山体，有东、西佘山，天马山，大金山，小金山等18座低丘。土壤类型主要为水稻土类和黄棕壤土类。该区典型立地条件为淀泖低地，低湿的立地条件特征成为农业生产的主要生态限制因子，位于该亚区的平原低丘，为上海市目前保留下来的较大面积的半自然森林植被，对于城市生物多样性建设和发展城市生态旅游休闲有着极为重要的意义。

二、不同立地类型区树种生长状况的初步调查

树种选择中的生长适应性指标包括：在不同立地条件上的长势、成活率、保存率、抗旱、抗病虫害、抗冻害能力；地上部分生长指标，如冠幅、分枝数、生物量、枯枝落叶量、高径比、枝叶截流量；地下部分指标，如根幅、根深、根粗、根生长情况、根系分布、固土能力、

根瘤菌及固氮作用等。

根据生长适应性指标与城市森林立地条件区划，对上述4个城市森林立地类型区的现有树种进行生长状况的分区调查，在各调查点记录生境特点、健康状况（病虫害、叶色、叶量等因子）、生长形态，以平均木为观测对象记录胸径、树高和冠幅，综合各点观测记录表格数据对树种分区生长状况、生长适应性进行定性评判，结果详见附表1。

树种分区生长调查，是进行树种规划，实现适地适树的基础前提。通过调查，可以分析上海地区森林立地条件中对树木生长的关键限制因子，可以了解各立地条件类型区的适生种和整个地区的普适树种，为上海城市森林树种选择规划提供科学依据。

三、常见树种生长适应性分析

根据调查结果和研究资料，对上海地区常用绿化树种的生长适应性进行分析，综合各类调查数据，上海地区常用绿化树种中的普适种总结见表6.2。这些树种在调查的立地类型区的大部分调查地点生长表现良好，对上海市的生境表现出良好的适应性。这些树种普遍的习性特点为：喜温而有一定耐寒能力，喜湿润，对土壤条件要求不严或表现出有一定的耐盐碱特性，抗城市污染能力较强，适于在地下水位较高、植物生长土壤条件相对较差的上海城市环境中生长。对于城市森林树种的选择规划，普适树种应作为城市森林建设的骨干树种和景观基调树种。

表6.2 上海地区常见树种中普适种的调查统计

	树种名
普适种	日本花柏 *Chamaecyparis pisifera*（Sieb. et Zucc.），大叶冬青 *Ilex latifolia* Thunb.，皂荚 *Gleditsia sinensis* Lam.，喜树 *Camptotheca acuminata* Decne，槲栎 *Quercus aliena* Bl.，紫茉莉 *Jasminum sambac*（L.）Aitan，细裂叶鸡爪槭 *Acer palmatum* Thunb. cv. Dissectum，黄连木 *Pistacia chinensis* Bunge，蝴蝶绣球 *Viburnum plicatum* Thunb.，木荷 *Schima superba* Gardn. et Champ，无患子 *Sapindus mudurossi* Gaertn.，加杨 *Populus canadensis* Moench，乌桕 *Sapium sebiferum* Roxb.，白栎 *Quercus fabri* Hance，枸骨 *Ilex cornuta* Lindl.，三角枫 *Acer buergerianum* Miq.，五角枫 *Acer mono* Maxim，无花果 *Fucus carica* L.，香椿 *Toona sinensis*（A. Juss. Roem.），桃叶珊瑚 *Aucuba chinensis* Benth，日本柳杉 *Cryptomeria japonica*（L.f.）D.Don，榉树 *Zelkova schneideriana* Hand.–Mazz.，月桂 *Laurus nobilis* L.，东瀛珊瑚 *Aucuba japonica* Thunb.，槐树 *Sophora japonica* Linn.，悬铃木 *Platanus acerifolia*（Ait.）Willd.，法国冬青 *Viburnum awabukik* Koch.，冬青 *Ilex chinensis* Sims，榧树 *Toreya grandis* Fort.ex Lindl.，臭椿 *Ailanthus altissima*（Mill.）Swingle，洒金东瀛珊瑚 *Aucuba japonica* Thunb. var. *variegata* D'Om-Brain，枫杨 *Pterocarya stenoptera* C.DC.，枫香 *Liquidambar formosana* Hance，连翘 *Forsythia suspensa*（Thunb.）Vahl，小叶女贞 *Ligustrum quihoui* Carr.，迎春 *Jassminum nudiflorum* Lindl.，结香 *Edgeworthia chrysantha* Lindl.，木槿 *Hibiscus syriacus* Linn.，元宝枫 *Acer truncatum* Bunge，红瑞木 *Cornus alba* L.，池杉 *Taxodium ascendens* Brongn.，杨梅 *Myrica rubra*（Lour.）Sieb.et Zucc.，蚊母树 *Distylium racemosum* Sieb.et Zucc.，合欢 *Albizzia julibrissin* Durazz.，水杉 *Metasequoia glyptostroboides* Hu et Cheng，鸡爪槭 *Acer palmatum* Thunb.，海桐 *pittosporum tobira*（Thunb.）Ait.，香樟 *Cinnamomum camphora*（L.）Presl

第三节 树种抗逆性分析

一、耐水湿能力

耐水湿能力强的树种有：池杉、旱柳、杞柳、紫穗槐、意杨、榔榆、重阳木、乌桕、河柳、杂交柳、垂柳、枫杨、水蜡树、白蜡树、丝棉木、棠梨、桑树、大叶黄杨、紫薇、龙爪柳、柽柳、石榴、青檀、黄荆条、柘树、豆梨、杜梨、落羽杉。

耐水湿能力较强的树种：水杉、枣、梨、月季、栀子花、白榆、黄连木、小叶杨、毛白杨、黄栀子、棕榈、水松、麻栎、榉树、山胡椒、沙梨、悬铃木、枫香、柿树、紫藤、雪柳、凌霄。

耐水湿能力中等的树种：杉木、侧柏、千头柏、圆柏、湿地松、龙柏、火炬松、槐、香椿、合欢、构树、广玉兰、水竹、夹竹桃、迎春、枸杞、喜树、卫矛、丝棉木。

耐水湿或改土的草本经济植物：生姜、黄豆、萱田草、绞股蓝、水芹、紫云英等。

在本区常见树种中，雪松、刺槐、臭椿、刚竹、悬铃木、苦楝、杜仲、黑松、桃树、葡萄耐水湿能力较弱。

二、耐盐碱能力

土壤含盐量在 0.5%~1% 的重盐碱土壤，如沿海未经开发利用，潮汛时常被海水淹没的滩涂，这类土地只能栽植耐盐、耐湿性强的柽柳。

土壤含盐量在 0.3%~0.5% 的中度盐碱土，如刚开发利用或地势较高的滩涂地，表土经过雨水淋洗后，可以栽植刺槐、苦楝、火炬树、铅笔柏、蜀柏、紫穗槐、沙枣、加杨、小叶榆、槭树类、卫矛、忍冬、大叶黄杨、小叶黄杨、芦竹等。

轻盐土地带，分布在排水条件较好的地段，经过多年的改良，盐分下降，土壤含盐量在 0.1%~0.3%。能耐 0.2%~0.3% 的盐分的树种有乌桕、臭椿、白蜡、枸杞、杞柳、女贞、君迁子、无花果、石榴等；能耐 0.1%~0.2% 盐分的树种有意杨、枫杨、龙柏、千头柏、洒金柏、桧柏、白榆、榔榆、垂柳、旱柳、黄连木、重阳木、丝棉木、盐肤木、毛红椿、香椿、槐树、朴树、黄檀、桑树、厚壳树、合欢、海桐、大叶黄杨、复叶槭、扶芳藤、无患子以及枇杷、杜梨、棠梨、葡萄、乐陵小枣、核桃、银杏等。

脱盐土，分布在大中型河堤、高地及经过多年改良的农田。地下水位较高，排水条件好，土质基本脱盐，含盐量在 0.1% 以下。适生树种如落羽杉、柳杉、水杉、池杉、杉木、榉树、紫薇、喜树、漆树、悬铃木、樟树、泡桐、麻栎、雪松、黑松、杜仲、石楠、马褂木、桂花、珊瑚树、枳壳、桃、梅、李、杏、毛樱桃、柿、南酸枣、薄壳山核桃、板栗、猕猴桃、淡竹、刚竹、桂竹等树（竹）种都可以发展。

三、抗污染能力

1. 抗 SO_2 污染

对 SO_2 污染的抗性最强的树种有蚊母树、珊瑚树、枸骨、山茶、臭椿、构树、香樟、青冈栎、结香、青桐、紫薇、日本女贞、桂花、厚皮香、丝兰、月桂、银杏、刺槐、海桐、龙柏、榔榆、夹竹桃、女贞、大叶黄杨、广玉兰、冬青、棕榈、苏铁、梧桐、加拿大杨、槐树、马尾松、侧柏、罗汉松、桧柏、悬铃木、香椿、垂柳、枫香、石榴、十大功劳、桑树、泡桐、紫穗槐、喜树、丁香、乌桕、合欢、木槿、小叶女贞、柿、旱柳、胡颓子、海州常山、五叶地锦、小叶黄杨、太平花、茶条槭、枫杨、朴树、黄栀子、丝棉木、柑橘、火炬树、珍珠梅、黄金条、核桃、苦楝。

抗性较强的树种有七叶树、桃叶珊瑚、黄杨、油茶、茶树、板栗、日本花柏、蜡梅、柳树、杉木、杜仲、大叶冬青、金银木、玉兰、桑、石楠、黑松、樱花、梧桐、华山松、樟子松、水杉、白蜡。

抗性较弱的树种有六道木、三角枫、鸡爪槭、桃树、梅、杏、重阳木、雪松、紫荆、银杏、金丝桃、迎春、马褂木、紫玉兰、南天竹、椤木石楠、火炬松、黄连木、火棘、龙爪槐、池杉、木绣球、荚、玫瑰、月季、湿地松。

2. 抗氟化物污染

对氟化物污染的抗性最强的树种有桧柏、杜松、湿地松、家榆、加拿大杨、胡杨、复叶槭、白蜡、臭椿、枣树、榆树、山杏、白桦、桑、丁香、女贞、松树、柑橘、泡桐、大叶黄杨、葡萄、月季、海棠、忍冬。

对氟化物污染的抗性较强的树种有沙松、冷杉、毛樱桃、紫丁香、元宝枫、卫矛、皂荚、茶条槭、华山松、旱柳、云杉、白皮松、雪柳、落叶松、紫椴、新疆杨、侧柏。

对氟化物污染的抗性较弱的树种有刺槐、银杏、稠李、暴马丁香、樟子松、油松、小叶杨、榆叶梅、毛白杨。

3. 抗氯化物污染

对氯化物污染的抗性最强的树种有木槿、合欢、黄馨、柳杉、罗汉松、马尾松、南洋杉、黄杨、女贞、银杏、桂花、夹竹桃、杨树、榆树、接骨木、槐树、紫穗槐、油茶、湿地松、水杉、樟树、玉兰、棠梨、十大功劳、杠柳、合欢、五叶地锦、构树、紫荆、紫藤、黄檗、胡颓子。

对氯化物污染的抗性较强的树种有皂荚、桑、加拿大杨、臭椿、侧柏、复叶槭、丝棉木、锦鸡儿。

对氯化物污染的抗性较弱的树种有香椿、红瑞木、枣、桧柏、刺槐、旱柳、金银木、海棠、槲栎、毛樱桃、小叶杨、连翘、栾树、山桃、榆叶梅、黄刺玫、胡枝子、茶条槭、雪柳。

4. 综合抗污染

通过污染生境的部分森林植物的栽培试验，得出综合抗污染能力最强的树种有女贞、山矾、柿、构树、山楂、白背叶、厚朴、珊瑚树、苦楝、夹竹桃、栀子花、枸骨、侧柏。

综合抗污染能力较强的树种有白栎、白檀、黄檀、油茶、木槿、石栎、乌桕、樟树、泡桐、北京杨、紫薇、金银木、白皮松、山桃、山杏。

综合抗污染能力较弱的树种有马尾松、枫香、杉木、柳杉、核桃、复叶槭、榆叶梅、连翘。

第四节　部分树种的环境功能特点分析

根据研究资料，初步对部分森林树种的吸收污染气体、滞尘、杀菌、生态保健和重金属富集能力等方面的功能特点总结如下：

一、部分树种吸收二氧化硫能力分级（表 6.3）

表 6.3 部分树种吸收 SO_2 能力分级表（毫克／千克）

树种	对照	含硫量	吸硫量	等级	树种	对照	含硫量	吸硫量	等级
加拿大杨	3	5.35	2.35	一	稠李	1.89	2.84	0.95	二
新疆杨	2.05	4.23	2.18	一	白桦	3.15	4.06	0.91	二
水榆	1.1	3.12	2.03	一	皂角	1.78	2.63	0.85	二
卫矛	1.82	3.65	1.85	一	沙松	0.48	1.32	0.84	二
玫瑰	2.1	3.51	1.46	一	枫杨	0.98	1.76	0.83	二
水曲柳	2.19	3.46	1.27	一	赤杨	1.67	2.47	0.81	二
雪柳	1.24	3.47	1.23	一	山梨	2.8	3.58	0.78	二
臭椿	1.79	3.6	1.18	一	暴马丁香	2.81	3.52	0.71	二
紫丁香	1.9	3.08	1.18	一	元宝槭	2.23	2.76	0.53	二
山楂	1.63	2.78	1.15	一	连翘	2.17	2.73	0.56	二
旱柳	4.56	5.68	1.12	一	樟子松	1.63	2.1	0.47	三
花曲柳	2.28	3.4	1.12	一	白皮松	0.63	0.96	0.33	三
刺槐	2.29	3.36	1.07	一	茶条槭	1.91	2.22	0.31	三
枣树	2.38	3.39	1	一	银杏	1.76	1.76	0.00	三

二、部分树种吸收氯化物气体污染的能力分级（表 6.4）

表 6.4 部分树种吸收氯化物气体污染能力（毫克／千克）

树种	对照	含氯量	吸氯量	等级	树种	对照	含氯量	吸氯量	等级
紫椴	2.38	7.71	5.33	一	落叶松	3.37	4.18	0.81	二
卫矛	4.19	8.25	4.06	一	皂角	1.87	2.62	0.75	二
京桃	1.87	5.44	3.57	一	赤杨	4.43	5.03	0.6	三
暴马丁香	1.21	4.32	3.11	一	桧柏	3.72	4.29	0.57	三
山梨	1.03	3.99	2.96	一	黄波罗	8.41	8.97	0.56	三
水榆	1.5	3.57	2.07	一	紫丁香	3.31	3.82	0.51	三
山楂	0.93	2.77	1.84	一	茶条槭	1.47	1.95	0.48	三
山杏	1.67	3.38	1.71	一	油松	1.75	2.22	0.47	三
白桦	1.84	3.52	1.68	一	稠李	3.12	3.53	0.41	三
榆树	3.68	5.31	1.63	一	银杏	2.31	8.71	0.4	三
糖槭	2.01	3.61	1.6	一	沙松	1.37	1.68	0.31	三
花曲柳	4.62	6	1.38	二	垂柳	1.68	1.94	0.26	三
连翘	3.49	4.78	1.29	二	日本赤松	3.02	3.43	0.23	三
糠椴	2.26	3.46	1.2	二	水曲柳	3.45	3.46	0.19	三
枣树	4.96	6.04	1.08	二	云杉	2.31	2.49	0.18	三
枫杨	2.53	3.57	1.06	二	辽东栎	0.99	1.16	0.17	三
文冠果	3.21	4.08	0.87	二	麻栎	1.26	1.38	0.12	三

三、部分树种吸收氟化物气体污染的能力分级（表 6.5）

表 6.5　部分树种吸收氟化物气体污染能力（毫克 / 千克）

树种	对照	含氟量	吸氟量	等级	树种	对照	含氟量	吸氟量	等级
枣树	0.22	1.6	1.38	一	白皮松	0.11	0.42	0.31	二
榆树	0.26	0.97	0.71	一	雪柳	0.06	0.35	0.29	二
臭椿	0.15	0.44	0.29	一	落叶松	0.24	0.5	0.26	二
山杏	0.21	0.81	0.6	一	紫椴	0.05	0.31	0.26	二
白桦	0.14	0.72	0.58	一	侧柏	0.08	0.28	0.2	二
桑树	0.11	0.59	0.48	一	红松	0.1	0.29	0.19	二
沙松冷杉	0.07	0.49	0.42	二	京桃	0.19	0.38	0.19	二
毛樱桃	0.09	0.51	0.42	二	桧柏	0.11	0.3	0.19	二
紫丁香	0.08	0.46	0.38	二	新疆杨	0.11	0.29	0.18	二
元宝槭	0.06	0.42	0.36	二	加拿大杨	0.24	0.39	0.15	二
卫矛	0.13	0.48	0.35	二	刺槐	0.21	0.35	0.14	三
皂角	0.08	0.41	0.33	二	银杏	0.12	0.25	0.13	三
茶条槭	0.19	0.52	0.33	二	稠李	0.19	0.31	0.12	三
华山松	0.11	0.43	0.32	二	暴马丁香	0.18	0.29	0.11	三
旱柳	0.39	0.7	0.31	二	樟子松	0.06	0.17	0.11	三
云杉	0.05	0.36	0.31	二	油松	0.18	0.21	0.03	三

四、部分树种滞尘能力分级（表 6.6）

表 6.6　部分森林树种滞尘能力分级

等　级	树种名
强	构树、侧柏、桂花、泡桐、木芙蓉、悬铃木、泡花树、丁香、紫薇、锦带花、天目琼花、榆叶梅、桧柏、毛白杨、元宝枫、银杏、槐树、水青冈、栎树、千金榆、杨树、刺槐、松树、冷杉、云杉、桑、黄槿、黄槐、夹竹桃、七里香、鸡蛋花、刺桐香、香樟、女贞、海桐
中	棣棠、月季、金银木、紫荆、臭椿、栾树、石栗
弱	小叶黄杨、紫叶小檗、白蜡、油松、垂柳

五、部分树种杀菌能力分级（表 6.7）

表 6.7　部分森林树种杀菌能力分级

等　级	树种名
强	油松、早园竹、白皮松、紫叶李、侧柏、金银木、桧柏、黄栌、洒金柏、紫丁香、桑树、苦楝、紫穗槐、核桃、珍珠梅、火炬松、柳杉、柏木、龙柏、雪松、金钱松、桂花、蔷薇、月季
中	华山松、构树、银杏、涤柳、馒头柳、榆树、元宝枫、小叶黄杨、北京丁香、蜡梅、石榴、紫薇、紫荆、金叶女贞
弱	加拿大杨、太平花、毛白杨、樱花、玉兰、榆叶梅、玫瑰、山楂

六、部分树种的生态保健功能（表6.8）

表6.8 生态保健树种

树种	生态保健功效	树种	生态保健功效
日本海棠	祛风湿和脾敛肺	凌霄	抗癌
银杏	润肺、养心	三尖杉	抗癌
喜树	抗癌	粗榧	抗癌
白玉兰	湿散风寒、清脑	贴梗木瓜	抗癌
雪松	祛风止血、润肺	木瓜	抗癌
湿地松	祛风止血、润肺	肉桂	抗癌
龙柏	安神调气镇痛	柑橘	抗癌
桧柏	安神调气镇痛	山茱萸	抗癌
广玉兰	湿散风寒	山楂	抗癌
女贞	清肺止咳、抗癌	柘树	抗癌
枇杷	安神明目	苏铁	抗癌
蜡梅	止咳平喘	瑞香	抗癌
丁香	止咳平喘	卫矛	抗癌
木槿	清热解毒	无花果	抗癌
结香	舒筋活络解毒	连翘	抗癌
月季	活血消肿、抗癌	八角	抗癌
玫瑰	解郁调经、抗癌	核桃	抗癌
木香	补脾固涩	绿叶胡枝子	抗癌
香樟	祛风行气	金银花	抗癌、芳香
桂花	平肝益肾	辛夷	抗癌
枸骨	净血、退虚热	厚朴	抗癌
金丝梅	去湿、利尿	十大功劳	抗癌
茶花	止泻祛痰清积	桑	抗癌
月桂	清脑安神	芍药	抗癌
栀子	清热解毒、抗癌	牡丹	抗癌
阔叶十大功劳	滋阴润肺	人参	抗癌
八仙花	理气解痛	七叶一枝花	抗癌
八角金盘	抗癌	黄檗	抗癌
木芙蓉	清热解毒消肿、抗癌	半夏	抗癌
黄杨	行血祛风止痛	海桐	抗癌
小檗	清热解毒	桔梗	抗癌
含笑	清热解毒	杜仲	抗癌
胡颓子	收敛止泻平喘	枸橘	抗癌
猕猴桃	抗癌	杏	抗癌
臭椿	抗癌	梅花	抗癌
木通	抗癌	桃花	抗癌
合欢	抗癌	槐树	抗癌
秋枫	抗癌	香柏	抗癌
重阳木	抗癌	五加皮	抗癌
山茶花	抗癌	五加	抗癌
茶	抗癌	川楝	抗癌

七、部分树种富集重金属能力比较

在上海重金属污染地带采集树木样品，用 ICP 测定其重金属含量见表 6.9。综合各树种枝、叶植物样品的重金属含量数据及其分析，并结合各树种的综合生长状况，在重金属污染厂区的绿化树种中，法国冬青、紫薇、木芙蓉、女贞和龙柏等树种富集重金属能力较强，

表 6.9　上海地区部分树种重金属元素富集能力比较分析（毫克 / 千克）

种　类	器官	Cd	Cr	Cu	Pb	Zn	Mn
构树	叶	0.138	2.946	9.546	6.048	37.32	27.85
	枝	0.06	2.168	5.639	3.685	12.98	9.3
	根	0.093	5.123	7.606	2.946	17.29	50.79
刺槐	叶	0.193	3.362	5.585	8.206	43.2	26.81
	枝	0.018	2.658	3.908	2.023	17.24	3.56
	根	0.65	3.697	4.256	3.012	21.325	18.9
水杉	叶	0.188	4.512	9.723	9.957	53.28	121.76
	枝	0.113	1.63	7.781	4.803	23.82	43.11
	根	0.077	1.448	13.844	2.815	27.48	27.43
女贞	叶	0.463	2.935	11.081	9.051	93.89	61.11
	枝	0.199	17.219	8.452	10.279	49.88	25.01
海桐	叶	0.324	1.594	8.1551	4.039	48.31	39.07
	枝	0.443	8.826	13.75	7.547	49.34	43.9
夹竹桃	叶	0.39	0.854	10.856	8.173	51.72	61.63
	枝	0.558	2.419	8.499	4.003	49.81	14.65
棕榈	叶	0.099	37.106	7.757	7.241	42.43	53.08
	枝	0.401	37.05	11.762	16.457	67.25	44.56
龙柏	叶	0.17	10.403	8.969	14.15	49.95	48.14
	枝	0.418	9.144	12.057	22.087	83.1	41.24
蚊母树	叶	0.042	1.31	4.556	4.971	16.05	36.75
	枝	0.062	2.939	9.662	6.396	22.86	10.86
小叶黄杨	叶	0.12	2.119	4.75	7.839	26.39	38.84
	枝	0.355	20.194	12.621	26.085	69.14	49.98
法国冬青	叶	1.043	0.919	7.934	6.68	73.62	45.74
	枝	1.834	5.968	9.369	9.091	81.87	25.62
紫荆	叶	0.188	3.3	5.848	11.281	30.18	79.98
	枝	0.077	9.9	5.826	6.095	39.96	26.29
石楠	叶	0.105	0.891	8.401	7.952	25.73	32.56
	枝	0.202	3.009	11.763	11.339	30.26	7.75
木芙蓉	叶	0.483	2.117	10.842	13.769	63.51	91.91
	枝	0.207	2.968	25.134	6.63	40.8	20.73
紫薇	叶	0.3	1.314	14.254	8.177	35.25	191.5
	枝	0.314	7.822	11.205	19.501	49.35	88.34

且生长状况较为良好，最适宜作为重金属污染厂区的生态防护绿化的主要树种；而蚊母树、夹竹桃和石楠等植物种类虽然富集重金属能力较低，但有较强的耐性，能良好生长，也适宜作为污染区绿化美化树种。海桐、棕榈、小叶黄杨生长较差，可选择适量应用。富集能力明显较差而又生长差的植物种类，如丝兰，则不适宜作为污染区主要绿化材料。

综合试验研究和相关文献，上海地区适用重金属污染生态防护绿化植物有水杉、法国冬青、刺槐、女贞、香樟、夹竹桃、紫薇、木芙蓉、石楠、蚊母、山茶、桑树、接骨木、加拿大杨、大叶黄杨、构树、板栗、糠椴、五角枫、皂角、悬铃木、榆树、石榴等木本植物。草本植物有狗牙根、高羊茅等。

此外，黄银晓等曾经对北京地区主要绿化植物，测定植物体内的重金属含量以及江西、广东等地少量树种的研究数据，平均值见表6.10所示，可作为重金属污染防护树种选择时参照。

表6.10　其他地区测定的部分树种重金属元素富集能力参照（毫克/千克）

种类	Zn	Cu	Cd	Pb	Ni
泡桐	39.075	40.225	0.214	4.327	3.51
臭椿	39.170	18.087	2.485	8.879	5.419
毛白杨	75.064	19.60	4.401	8.498	4.811
加拿大杨	71.800	14.503	4.020	2.796	9.088
刺槐	32.367	15.833	2.719	3.537	3.898
银杏	18.200	12.300	0.159	2.493	6.152
白蜡	30.000	14.880	0.070	5.366	2.656
旱柳	60.030	11.933	0.287	3.268	6.120
榆树	19.730	10.067	0.021	2.492	0.463
五角枫	30.367	16.167	0.087	4.601	3.435
桑树	40.200	16.600	0.181	5.553	4.946
核桃	25.533	12.267	0.042	4.313	3.200
朴树	46.900	18.200	0.411	3.157	6.536
卫矛	34.56	10.880	0.078	2.911	4.717
悬铃木	20.930	17.267	0.086	1.789	9.085
槐树	24.436	12.727	0.175	5.130	3.400
油松	22.237	19.655	0.065	4.384	0.677
侧柏	34.477	25.431	0.258	5.803	1.835
桧柏	24.498	21.300	1.138	5.198	2.159
白皮松	26.743	9.371	0.022	5.274	0.596
雪松	18.333	29.667	0.033	3.124	2.083
云杉	28.400	19.650	0.028	3.144	1.575
紫薇	26.460	17.720	0.358	5.329	3.847
榆叶梅	39.000	12.200	0.342	2.923	3.083
黄刺玫	20.933	11.833	0.097	2.719	1.412
紫穗槐	40.160	18.200	0.065	5.308	3.709

（续）

种类	Zn	Cu	Cd	Pb	Ni
丁香	32.600	9.511	0.047	3.983	3.554
连翘	36.200	14.222	0.056	4.428	4.736
木槿	30.800	18.900	0.062	2.361	3.973
小叶黄杨	21.600	17.800	0.020	2.824	4.212
大叶黄柏	24.800	16.000	0.026	0.888	8.795
多花蔷薇	24.300	10.250	0.131	2.540	4.795
贴梗海棠	30.600	17.000	0.606	4.891	5.108
海棠	24.400	12.400	0.042	2.121	6.110
珍珠梅	21.467	14.200	0.178	4.557	4.348
甜储	12.79	1.38	0.044	0.419	—
苦	14.295	1.717	0.045	0.343	—
青冈	11.25	2.04	0.087	0.349	—
长叶石栗	12.05	2.158	0.088	0.958	—
石栗	11.31	0.555	0.051	0.084	—
樟	14.96	0.935	0.151	0.512	—
木荷	9.65	1.142	0.059	0.647	—
枫香	27.96	2.002	0.098	0.632	—

第五节　树种间生长状况的关联分析

一、关联分析方法

关联系数（association coefficients）是根据两个实体出现或不出现某种属性特征的关联关系而设计的相似性系数。通过列出两个实体的 2×2 列联表，就可以定量表示两个实体的关联关系。关联分析方法在针对自然植物群落的生态学研究中应用比较广泛。下面拟通过关联分析，反映树种间在生境适应上的相似性，以及由于生态习性等引起的可能的种间影响。具体方法是，在调查城市人工植物群落中的植物生长状况的基础上，将植物生长状况归并为生长中等以上和生长差两大类型，树种两两间列 2×2 列联表，计算多种关联系数。当两树种间共同出现频次太少时，不作统计计算。分析时主要参照 Yates 修正 X^2 系数，以适应样本量较小的要求。统计量及计算公式如下：

$$X^2 = \frac{(ab-bc)^2\,(a|b|c|d)}{(a+b)\,(c+d)\,(a+c)\,(b+d)}$$

$$X^2c = \frac{[\,|ad-bc|-0.5\,(a|b|c|d)\,]^2\,(a|b|c|d)}{(a+b)\,(c+d)\,(a+c)\,(b+d)}$$

由于 X^2 分布是连续的，对于离散的 X^2 系数常常进行 Yates 的连续性修正。关联有两种类型，即正关联和负关联。对于 X^2c 系数，若 $a>(a+b)(a+c)/(a+b+c+d)$，为正关联；反之，为负关联。种间联结性的强弱由 X^2c 系数确定，若 $X^2c \geq 3.841$，则表示种对间联结性显著；若 $X^2c \geq 6.635$，则表示种对间联结性极为显著。

关联系数 AC（association coefficients） 若 $ad \geq bc$，则 $AC=(ad-bc)/(a+b)(b+d)$；若 $bc>ad$ 且 $d \geq a$，则 $AC=(ad-bc)/(a+b)(a+c)$；若 $bc>ad$ 且 $d<a$，则 $AC=(ad-bc)/(b+d)(d+c)$。AC 的值域为 $[-1,1]$，AC 值越趋近于 1，表明物种间的正联结性越强；相反，AC 值越趋近于 -1，表明物种间的负联结性越强；AC 值为 0，物种间完全独立。

共同出现百分率 PC（percentage co-occurrence）：

$$PC = a/(a+b+c)$$

PC 的值域为 $[0,1]$，其值域越趋近于 1，则表明物种间的正联结性越强。

点相关系数 PCC（point correlation coefficient）：

$$\psi = \frac{ad-bc}{\sqrt{(a+b)(a+c)(b+d)(c+d)}}$$

Ochiai 指数：$OI=a/\sqrt{(a+b)(a+c)}$

Dice 指数：$DI=2a/(2a+b+c)$

二、实例分析

表 6.11　香樟与若干树种的生长状况关联分析

物种对	香樟-蜡梅	香樟-桂花	香樟-珊瑚树	香樟-棕榈	香樟-银杏	香樟-瓜子黄杨	香樟-洒金桃叶珊瑚
联结性	−	−	−	+	+	+	+
$-X_2$	−0.24	−0.225	−0.110	−2.012	−3.428	−4	−14
Yates-X_2	−0.960	−0.730	−1.996	−0.449	−0.381	−0.444	−38.769
AC	−1	−1	−1	0.106	0.429	1	1
PC	0.667	0.766	0.857	0.529	0.857	1	1
PCC	0.2	0.09	0.072	0.325	0.655	1	1
Ochiai 指数	0.8	0.833	0.923	0.728	0.926	1	1
Dice 指数	0.8	0.88	0.923	0.692	0.923	1	1

简要分析：香樟喜光稍耐阴，不耐寒，对土壤要求不严以微酸性黏质土为好，耐湿不耐旱，在瘠薄和盐碱土则长势不良；根系发达，但在地下水位高的平原生长则扎根浅，易遭风害；萌芽力强，耐修剪，适应城市环境能力强。蜡梅喜光略耐阴，生长于香樟下若光照不足则长势不佳，另外，蜡梅虽耐旱，但忌水湿，在含水量较高的湿润土壤中生长不良。桂花喜湿润并且排水良好的砂质壤土，在黏重土壤、涝地上长势不良。瓜子黄杨喜半阴，喜温暖湿润气候和肥沃的中性至微酸性土壤，与香樟相似。洒金桃叶珊瑚性耐阴，喜温暖湿润气候和肥沃的湿润土壤，符合香樟的生长环境条件，并且少病虫害，对烟害抗性强，是林下配置的良好的绿化树种。

表 6.12　雪松与若干树种的生长状况关联分析

物种对	雪松 - 云南黄馨	雪松 - 旱柳	雪松 - 红叶李	雪松 - 鸡爪槭	雪松 - 桂花	雪松 - 狭叶十大功劳	雪松 - 棕榈	雪松 - 火棘	雪松 - 蜡梅
联结性	−	−	−	−	−	+	+	+	+
$-X^2$	−1.322	−0.75	−0.667	−0.6	−0.545	−0.75	−1.333	−1.333	−2.333
Yates−X^2	0	−0.188	−0.333	−0.15	−0.136	−0.188	0	0	−0.036
AC	−1	−1	−1	−1	−1	1	0.333	1	1
PC	0	0	0	0.5	0.583	0.5	0.5	0.667	0.667
PCC	0.577	0.5	0.408	0.316	0.213	0.5	0.577	0.577	0.577
Ochiai 指数	0	0	0	0.671	0746	0.707	0.707	0.816	0.816
Dice 指数	0	0	0	0.667	0.737	0.667	0.667	0.8	0.8

简要分析：雪松为阳性树种，耐旱力强，喜土层深厚排水良好的土壤。能生长于微酸性和微碱性的土壤上，亦能生于瘠薄地和黏土地，但忌积水地点。云南黄馨性喜湿润，最宜栽植于水边驳岸，因而在雪松林下长势不良。旱柳性喜湿，不耐庇阴，雪松林下生长不良。狭叶十大功劳性耐阴，常绿灌木，喜温暖气候及肥沃和排水良好的土壤；适生条件与雪松相似，生长较好。棕榈耐阴力强，适生条件与雪松类似，此外对不良环境及有毒气体抗性强，能更好地适应环境。火棘在排水条件好的土壤上长势良好。蜡梅为落叶丛生灌木，耐干旱，忌水湿，土壤选择以深厚肥沃排水良好的砂质壤土为佳。在郁闭度较低的雪松林下长势校好。

表 6.13　罗汉松与若干树种的生长状况关联分析

物种对	罗汉松 - 杜鹃	罗汉松 - 白玉兰	罗汉松 - 黄杨	罗汉松 - 桂花	罗汉松 - 构树
联结性	−	−	−	+	+
$-X^2$	−0.75	−0.75	−0.444	−1.332	−3
Yates−X^2	−0.188	−0.188	−0.444	0	−0.188
AC	−0.25	−1	−1	0.333	1
PC	0.333			0.5	1
PCC	0.5	0.5	0.333	0.571	1
Ochiai 指数	0.5	0	0	0.707	1
Dice 指数	0.5	0	0	0.667	1

简要分析：罗汉松较耐阴，是半阴性树种，喜排水良好、湿润的砂质壤土，耐寒性差，抗病虫毒气能力强。杜鹃耐阴性差，喜酸土忌碱性黏质土壤。罗汉松枝叶繁密时，对其生长影响较大。构树喜光，适应性强，能耐北方干冷和南方湿热，耐干旱瘠薄，也能生长在水边。喜钙质土，也可在酸性、中性土壤中生长。抗有毒气体，少病虫害。

表 6.14　棕榈与若干树种的生长状况关联分析

物种对	棕榈 - 洒金桃叶珊瑚	棕榈 - 水杉	棕榈 - 八角金盘	棕榈 - 香樟	棕榈 - 珊瑚树	棕榈 - 桂花
联结性	−	−	−	+	+	+
$-X^2$	−0.832	−0.598	−0.321	−2.012	−1.527	−1.925
Yates−X^2	−0.052	−0.096	−0.502	−0.449	−0.031	−0.088
AC	−1	−1	−1	0.106	0.127	1
PC	0.4	0.571	0.667	0.529	0.636	0.7
PCC	0.408	0.207	0.189	0.325	0.357	0.418
Ochiai 指数	0.577	0.740	0.802	0.728	0.798	0.837
Dice 指数	0.571	0.727	0.8	0.692	0.728	0.824
物种对	棕榈 - 雪松	棕榈 - 红叶李	棕榈 - 蜡梅	棕榈 - 杜鹃	棕榈 - 银杏	棕榈 - 龙柏
联结性	+	+	+	+	+	+
$-X^2$	−1.333	−1.875	−2.222	−2	−3	−4
Yates−X^2	0	−0.052	−0.312	−0.188	−0.188	−0.444
AC	0.333	0.375	1	1	1	1
PC	0.5	0.75	0.67	1	1	1
PCC	0.577	0.612	0.667	1	1	1
Ochiai 指数	0.707	0.866	0.816	1	1	1
Dice 指数	0.667	0.857	0.8	1	1	1

简要分析:棕榈耐阴性强,喜温暖湿润气候,土壤以排水良好、湿润肥沃的黏质壤土为佳。在充足阳光下生长良好。洒金桃叶珊瑚性喜阴,在郁闭度较低的棕榈林下生长不良。杜鹃喜光,但在枝下高较高而株距较大的疏林下栽植亦生长繁茂。银杏对土壤条件适应范围广,石灰土(pH 值 =8.0)中亦长势良好。

龙柏喜光,耐阴性强,对土壤要求不严,抗旱抗湿抗各种有害气体。棕榈耐阴性强,喜土层深厚排水良好的土壤,pH 值适应范围较广,耐旱又耐水湿,共植生长良好。

表 6.15　红叶李与若干树种的生长状况关联分析

物种对	红叶李 - 水杉	红叶李 - 雪松	红叶李 - 桂花	红叶李 - 八角金盘	红叶李 - 棕榈	红叶李 - 旱柳
联结性	−	−	+	+	+	+
$-X^2$	−1.333	−0.677	−1.2	−1.333	−1.875	−2
Yates−X^2	0	−0.333	0	0	−0.052	0
AC	−1	−1	1	1	0.375	1
PC	0.25	0	0.6	0.667	0.75	1
PCC	0.577	0.408	0.447	0.577	0.612	1
Ochiai 指数	0.408	0	0.774	0.816	0.866	1
Dice 指数	0.4	0	0.75	0.8	0.857	1

简要分析：红叶李喜温暖湿润气候以及肥沃湿润的黏质土壤，对土壤 pH 值要求不严，但不耐干旱瘠薄。水杉为阳性树，土壤黏重共植长势不良。旱柳喜光，喜水湿，不耐阴，湿润土壤中长势良好。八角金盘、棕榈耐阴性好，共植长势较好。

表 6.16　桂花与若干树种的生长状况关联分析

物种对	桂花 - 黄杨	桂花 - 杜鹃	桂花 - 散尾葵	桂花 - 石榴	桂花 - 蜡梅
联结性	−	−	+	+	+
$-X^2$	−2.4	−0.194	−0.833	−1.875	−6
Yates−X^2	−0.15	−1.215	−0.052	−0.052	−0.96
AC	−1	−1	1	0.375	1
PC	0	0.714	0.5	0.75	1
PCC	0.632	0.167	0.408	0.612	1
Ochiai 指数	0	0.833	0.707	0.866	1
Dice 指数	0	0.833	0.667	0.857	1

简要分析：桂花喜光，稍耐阴，喜温暖通风良好的环境，不耐寒，喜湿润排水良好的砂壤土，忌涝地、碱地和黏重土壤。黄杨喜半阴，桂花下长势差原因有待进一步分析。蜡梅喜光稍耐阴，也喜深厚肥沃排水良好的砂壤土，耐旱性极强。

表 6.17　银杏与若干树种的生长状况关联分析

物种对	银杏 - 八角金盘	银杏 - 桂花	银杏 - 香樟	银杏 - 棕榈
联结性	−	+	+	+
$-X^2$	−0.312	−0.813	−3.428	−3
Yates−X^2	−0.703	−0.052	−0.381	−0.188
AC	−1	0.167	0.429	1
PC	0.6	0.5	0.857	1
PCC	0.25	0.408	0.655	1
Ochiai 指数	0.75	0.707	0.926	1
Dice 指数	0.75	0.667	0.923	1

简要分析：银杏为阳性树，适生于中性至微酸性土壤中，要求土壤为湿润排水良好的深厚砂质壤土。八角金盘性喜阴，不宜植于落叶乔木林下。棕榈耐阴性强，对土壤酸碱度要求不严，耐旱且耐水湿，共植长势良好。

表 6.18　水杉与若干树种的生长状况关联分析

物种对	水杉 - 红叶李	水杉 - 八角金盘	水杉 - 棕榈	水杉 - 夹竹桃
联结性	−	−	−	+
$-X^2$	1.333	−0.312	−0.598	−0.833
Yates−X^2	0	−0.703	−0.096	−0.052
AC	−1	−1	−1	0.167

（续）

物种对	水杉 - 红叶李	水杉 - 八角金盘	水杉 - 棕榈	水杉 - 夹竹桃
PC	0.25	0.6	0.571	0.5
PCC	0.577	0.25	0.207	0.408
Ochiai 指数	0.408	0.75	0.740	0.707
Dice 指数	0.4	0.75	0.727	0.667

简要分析：水杉是阳性树，喜温暖气候，喜酸性土，在微碱性土上也可生长；不耐旱不耐涝。红叶李喜温暖气候，在土壤含水量较高的地方与水杉共植长势不良。夹竹桃喜暖湿气候，耐旱；对土壤适应性强，性强健，管理粗放，少病虫害；生长不受水杉影响。

表 6.19　八角金盘与若干树种的生长状况关联分析

物种对	八角金盘 - 桂花	八角金盘 - 枸骨	八角金盘 - 女贞	八角金盘 - 金丝桃
联结性	+	+	+	+
$-X^2$	-6.462	-3	-4	-4
Yates-X^2	-1.123	-0.188	-0.444	-0.444
AC	0.462	1	1	1
PC	0.923	1	1	1
PCC	0.679	1	1	1
Ochiai 指数	0.961	1	1	1
Dice 指数	0.96	1	1	1

简要分析：八角金盘性喜阴，喜温暖湿润气候，不耐干旱。枸骨喜光，稍耐阴，也喜温暖湿润气候，对环境适应力强，对有害气体抗性强，长势好。女贞是常绿小乔木，对有毒气体抗性强。八角金盘在其下长势良好。金丝桃性喜光，略耐阴，喜生于湿润的河谷或半阴坡地，与八角金盘共植长势良好。

表 6.20　白玉兰与若干树种的生长状况关联分析

物种对	白玉兰 - 八角金盘	白玉兰 - 罗汉松	白玉兰 - 桂花	白玉兰 - 黄杨
联结性	−	−	−	+
$-X^2$	-0.75	-0.75	-0.312	-0.75
Yates-X^2	-0.188	-0.188	-0.703	-0.188
AC	-1	-1	-1	1
PC	0.333	0	0.6	0.5
PCC	0.5	0.5	0.25	0.5
Ochiai 指数	0.5	0	0.75	0.707
Dice 指数	0.5	0	0.75	0.667

简要分析：白玉兰性喜光，稍耐阴，喜肥沃而排水良好的弱酸性土壤，畏水淹。八角金盘喜阴，白玉兰的非营养生长期内在林下长势不良。罗汉松为半阴性树，配植树种在落叶

期内生长不好。黄杨性喜阴，在无庇阴处生长叶常发黄，长势一般。

表 6.21　鸡爪槭与若干树种的生长状况关联分析

物种对	鸡爪槭 - 八角金盘	鸡爪槭 - 桂花	鸡爪槭 - 黄杨
联结性	−	−	+
$-X^2$	−0.194	−0.194	−1.333
Yates−X^2	−1.215	−1.215	0
AC	−1	−1	0.333
PC	0.714	0.714	0.667
PCC	0.167	0.167	0.577
Ochiai 指数	0.833	0.833	0.816
Dice 指数	0.833	0.833	0.8

简要分析：鸡爪槭为弱阳性，耐半阴，喜暖湿气候和肥沃湿润排水良好的土壤，酸土、中性土、石灰土均可适应。八角金盘喜半阴，不宜植于落叶乔木之下。黄杨喜半阴，适生条件与鸡爪槭相似，长势良好。

表 6.22　云南黄馨与若干树种的生长状况关联分析

物种对	云南黄馨 - 鸡爪槭	云南黄馨 - 桂花	云南黄馨 - 蜡梅
联结性	−	−	+
$-X^2$	−0.75	−0.832	−0.75
Yates−X^2	−0.188	−0.052	−0.188
AC	−1	−1	1
PC	0.333	0.4	0.5
PCC	0.5	0.408	0.5
Ochiai 指数	0.5	0.577	0.707
Dice 指数	0.5	0.571	0.667

简要分析：云南黄馨喜光稍耐阴，喜湿润，对土壤要求不严，盐碱地、洼地处均可栽植生长。鸡爪槭为弱阳性，耐半阴，夏季孤植于阳光直射处易遭日灼之害。蜡梅喜光，略耐阴，在湿润土壤上长势良好，极耐干旱。

表 6.23　夹竹桃与若干树种的生长状况关联分析

物种对	夹竹桃 - 海桐	夹竹桃 - 黄杨	夹竹桃 - 八角金盘
联结性	−	+	+
$-X^2$	−0.75	−0.444	−0.75
Yates−X^2	−0.188	−0.444	−0.188
AC	−1	0.111	1
PC	0.333	0.333	0.5
PCC	0.5	0.333	0.5
Ochiai 指数	0.5	0.577	0.707
Dice 指数	0.5	0.5	0.667

简要分析：夹竹桃喜光，喜温暖湿润气候，不耐寒，耐旱力强；抗烟尘和有毒气体能力强。对土壤适应性强，碱土上也能生长。海桐喜光，不择土壤，抗性强，但在庇阴处长势不良。八角金盘耐阴性强，在郁闭度较高的夹竹桃下长势良好。

表 6.24 构树与若干树种的生长状况关联分析

物种对	联结性	$-X^2$	Yates-X^2	AC	PC	PCC	Ochiai 指数	Dice 指数
构树 - 桂花	+	−2	0	1	1	1	1	1
构树 - 罗汉松	+	−3	−0.188	1	1	1	1	1

简要分析：构树喜光，能耐干冷和湿热，喜钙土，也可在酸性和中性土壤上生长，浅根性；抗烟尘和有毒气体，少病虫害。桂花喜光，稍耐阴；在温暖湿润通风排水较好的环境下长势良好。罗汉松为半阴性常绿乔木，在排水良好而湿润的砂壤土中长势良好，抗有害气体、病虫害能力强。

表 6.25 旱柳与若干树种的生长状况关联分析

物种对	联结性	$-X^2$	Yates-X^2	AC	PC	PCC	Ochiai 指数	Dice 指数
旱柳 - 雪松	−	−0.75	−0.188	−1	0	0.5	0	0
旱柳 - 红叶李	+	−2	0	1	1	1	1	1

简要分析：旱柳喜光，不耐庇阴，喜水湿而又耐旱；对土壤要求不严，以肥沃疏松的潮湿土壤为宜，在板结与黏重的土壤和重盐碱地上生长不良。雪松喜光，有一定的耐阴力。喜土层深厚、排水良好的土壤环境，在积水处长势不好。红叶李性喜温暖湿润气候，与旱柳栽植长势好。

表 6.26 洒金桃叶珊瑚与两个树种的生长状况关联分析

物种对	联结性	$-X^2$	Yates-X^2	AC	PC	PCC	Ochiai 指数	Dice 指数
洒金桃叶珊瑚 - 瓜子黄杨	+	−0.75	−0.188	0.25	0.5	0.5	0.707	0.667
洒金桃叶珊瑚 - 桧柏	+	−3	−0.188	1	1	1	1	1

简要分析：桧柏喜光，耐阴性强，既耐寒又耐热。对土壤要求不严，可生长于酸性、中性以及石灰质土壤中，能抗寒、抗潮，深根性。洒金桃叶珊瑚性喜阴，喜温暖湿润气候和肥沃湿润排水良好的土壤；抗性强，最宜作林下配植。

简要分析：瓜子黄杨耐阴，在阳光直晒下长势不良，喜温暖湿润气候和深厚肥沃、排水良好的土壤，耐旱不耐湿。洒金桃叶珊瑚性耐阴，适生土壤条件与瓜子黄杨相似，两者共植长势良好。

结果表明：物种对香樟 - 银杏、棕榈、瓜子黄杨、洒金桃叶珊瑚；雪松 - 蜡梅；棕榈 - 杜鹃、银杏、龙柏；罗汉松 - 构树；圆柏 - 洒金桃叶珊瑚；广玉兰 - 罗汉松；红叶李 - 旱柳；构树 - 桂花、罗汉松；八角金盘 - 桂花、枸骨、女贞、金丝桃；桂花 - 蜡梅；棕榈 - 香樟、桂花、红叶李、珊瑚树；雪松 - 棕榈、火棘；罗汉松 - 桂花；鸡爪槭 - 黄杨；桂花 - 黄杨、石榴，呈显著的正联结；说明两两物种间，对气候、土壤等环境条件的习性较相似，光因子条件的生态习性有较大差异性，较适宜共植。

　　树木生长状况受到多因子影响，利用树种间生长状况的关联分析是综合多因子的结果，虽然只是一种模糊的分析手段，但若有足够的调查数量，并在调查中对群落结构因素如密度因子进行良好的控制，在分析时结合主导立地因子和树种习性，可能成为人工群落树种配置量化分析的一种有效手段，对于发展人工植物群落树种配置方法有一定的积极意义。

第六节　上海现代城市森林植物规划

一、上海城市森林树种规划的一般原则

1. 适地适树原则

优先选择生态习性适宜及抗逆性强的树种。

2. 生态功能优先原则

在确保适地适树的前提下，以优化各项生态功能为首要目标，尤其是主导功能。

3. 乡土树种与外来树种结合原则

以乡土树种为主，适当引进外来树种，满足不同空间、不同立地条件下的城市森林建设要求，实现地带性景观特色与现代都市特色的和谐统一。

4. 景观价值原则

实现树种观赏特性多样化，充分考虑上海市的城市总体规划目标，扩大适宜观花、观形遮阴树种的应用范围，为完善城市森林的观赏游憩价值，最终建成生态园林城市奠定坚实基础。

5. 生态经济原则

与建设环保型城市的目标相适应，生态功能与景观效果并重，适当兼顾经济效果。

6. 生物多样性原则

丰富物种、品种资源，提高物种多样性和基因多样性。丰富植物生态型、植物生活型，乔、灌、藤、草本植物综合利用，比例合理。速生树种与慢生树种相结合。

二、植物材料选择规划方法

1. 树种选择规划途径

我国城市森林建设的兴起，与现代林业以及城市园林绿化的快速发展有密切的联系，但又具有独特的内涵。城市森林，是传统林业的发展和延伸，但与传统林业所不同的是与城市环境相联系，其功能目标更为多样化，突出强调其改善城市环境的生态功能。我国的城市森林建设与城市园林绿化正日趋融合，但在包括功能目标侧重、规划尺度、经营管理、景观的自然属性等方面也有一定的区别。因此，城市森林树种的选择规划，应充分借鉴传

统林业和城市园林绿化树种选择规划的方法和经验，并形成自己的特点，才能满足城市森林建设发展的需要。

林业树种选择规划方面，我国已有大量的研究与实践，如通过立地分类和立地质量评价的方法，造林对比试验的方法，以及根据对干旱、盐碱的逆境条件的耐性或抗性来进行树种的选择规划等，主要目标是通过选择对生境条件具有最佳生长适应性的造林树种来提高森林的生物生产力和经济效益，两者间有较好的一致性。

城市绿化树种规划，历来较偏重树种的观赏特性及其景观功能，目前正朝着景观功能与生态功能并重的方向发展，在选择规划过程中，生长适应性作为功能基础而加考虑，注重树木生长状况与形态对实现其功能目标的影响。

城市森林建设的功能目标多种多样，既强调城市生态环境服务功能，有良好的景观功能，又要求有一定的物质生产和经济效益能力。因此，城市森林树种的选择规划，与园林绿化树种的选择规划相比较，要更加重视生长适应性基础；而与林业树种选择规划相比较，则应更多地考虑如何适应多功能目标的综合要求。综上所述，城市森林树种的选择规划应是重视以树种生长适应性为基础，同时考虑多功能适应性的综合规划。理想规划途径如图 6.1 所示。

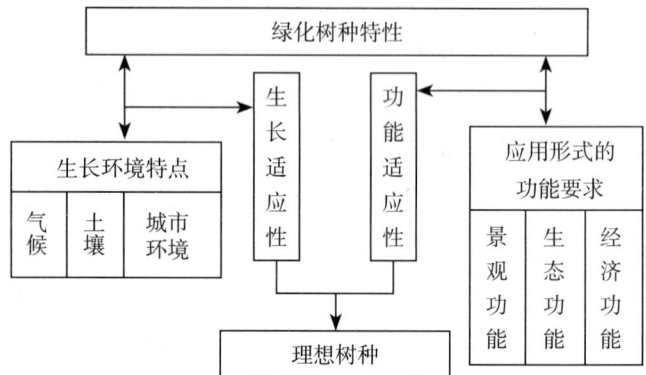

图 6.1　树种选择规划途径示意图

综合规划要在单因子规划的基础上进行，并突出关键限制因子的作用以及主要功能目标的要求。单因子适宜种类较多，规划中主要应满足对起关键作用的限制因子的生长适应性要求，关键单因子或少数多因子选择规划可以合理充分利用绿化树种资源，丰富树种应用形式。单因子生态适宜树种规划，一般针对特定的生境或功能目标。根据绿化树种对综合生境的整体生长适应性表现可选择规划普适种，普适种类的规划选择可以为确定城市森林中的主栽树种奠定基础和提供依据。在功能适应性规划中，主要包括景观、生态、经济 3 大方面，每一方面仍然要根据实际情况选择具体指标进行单因子选择规划，如不同的观赏特性和生态功能指标。在城市森林建设中，树种的选择应用实际就是在生长适应性和功能适应性规划基础上权衡利弊综合选优的结果。

2. 植物材料筛选技术路线

植物材料筛选技术路线如图 6.2 所示。在森林立地类型区划基础上，调查树种生长状况，以综合生长适应性为依据，选取各立地类型上现有代表性植物。同时，开展对主要树种的吸污抗污（SO_2、Pb、Cd、氟化物）能力、滞尘防噪、水源涵养以及景观功能特征的测定与综合评价。综合树种功能特性和各类立地条件下的生长适应性，根据城市森林类型的功能目标特点进行各类森林树种的选择。

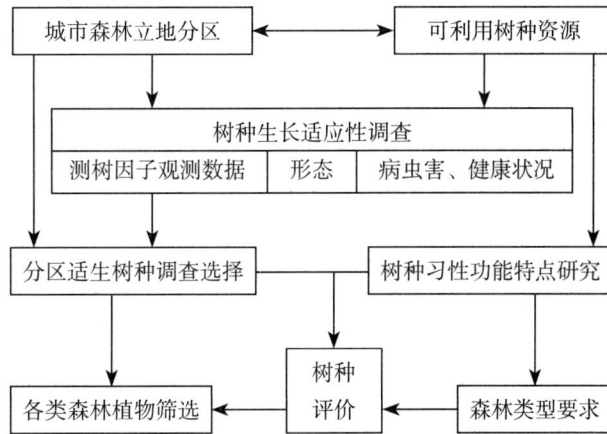

图 6.2　植物材料筛选技术路线示意图

三、上海地区城市森林适生树种初选

上海地区城市森林建设，其普适树种初步筛选详见表 6.2。分区适生森林树种的筛选，在普适树种分析基础上，参照附表 1。

1. 上海地区各类城市森林树种的规划初选

在树种生长适应性调查分析结果的基础上，根据上海城市森林"三网一区多核"的结构规划布局，对空间区位及其立地条件、功能目标相对具体的城市森林构成单元进行树种的初步选择规划，包括"三网"中道路林网、农田林网、水系林网中的沿海防护林和河道水系防护林，以及"一区"中的佘山森林公园、黄浦江上游水源涵养林和淀山湖湖沼湿地防护林、岛屿休闲生态林树种等类型。

对每一类型，在相关调查与收集相关资料的基础上，初步规划选择其主栽造林基调树种和骨干树种，部分类型补充主要配置树种。其中，主栽造林基调树种，是与城市森林功能类型最相匹配、与树木立地条件中关键影响因子最相适宜的可大量应用造林的适生乔木树种；骨干树种是为保持多样性，作为主栽树种补充，且各方面综合适宜的乔木树种；主要配置树种是为合理配置群落，实现城市森林功能综合优化的各类树种，各类树种规划详见附表 2。

2. 道路林网树种选择规划

规划目标：形成优美的道路景观和宜人的道路小气候环境，对道路交通污染有良好的隔离防护和吸收净化功能。

关键技术指标：有较好的观赏特性，乔木高大通直，冠形良好，符合道路景观要求；夏季遮阴，能有效调节道路小气候；对二氧化硫、氮氧化物、氟化物和重金属污染有较强抗污染特性和吸污能力；色彩变化而不繁杂，有利于交通安全。

规划选择的主栽基调树种有香樟、雪松、广玉兰、龙柏、金合欢、黄山栾树、青桐、榉树、合欢、银杏等符合关键技术指标要求的树木种类（详见附表 3）。

可以选择的骨干树种有银木、女贞、杨属树种、浙江天竺桂、五角枫、水杉、石楠、枫香、红叶李、珊瑚树、桂花、杜英、喜树、榆树、悬铃木、无患子。

其他树种与配置树种：中山柏、金钱松、木芙蓉、紫叶小檗、石榴、火棘、金叶女贞、小叶黄杨、紫薇、栀子花、三角枫、南天竹、七叶树、迎春、桧柏、龙爪槐、核桃、臭椿、铺地柏、珍珠梅、毛樱桃、锦鸡儿、猬实、舟山新木姜子、棣棠、杜英、大叶黄杨、红瑞木、四季桂、罗汉松、重阳木、枸骨、月季、红花檵木、八角金盘等满足具体应用立地条件要求的树种。

3. 农田林网树种规划选择关键技术指标

目标：充分利用农田四旁隙地田塍，与农田水渠、耕道绿化相结合，形成高密度林网生态网络体系，实现有效的农田生态环境防护，形成具有国际大都市特色的城郊现代田园风光，并实现农业经济效益优化的综合目标。

关键技术指标：耐水湿能力强；速生，能快速形成林网化；乔木树种干形通直，树形宜观赏；树冠紧抱或窄小，减少遮阴面积；须根发达，抗风倒能力强；乡土景观特色树种；适生经济树种。

根据上海农田生境特点和树种生态习性等，规划选择的主栽基调树种有池杉、落羽杉、水杉、女贞、棕榈、榆树等符合关键技术指标要求的树木种类（详见附表3）。

根据具体立地和功能要求可以选择的骨干树种有杨属树种、桧柏、香椿、苦楝、梨、柿、樱桃、枣、青檀、旱柳、河柳、天竺桂等适合于上海地区生长的树种。其他树种可以配合选择桑、石榴、蜀桧柏、木槿、四季桂、广玉兰、桂花、苏铁、李、夹竹桃、木芙蓉、构树、金叶女贞、红瑞木、大叶黄杨、杜仲、栀子花、枸杞、无花果、紫穗槐、白蜡、杞柳、榉树、朴树等树种。

配置草本植物可考虑苜蓿（*Medicago sativa* Linn）、黑麦草、黄花菜（*Hemerocallis citrina* Baroni）、紫云英等。

4. 水系林网树种规划选择

根据规划，水系林网主要包括沿海防护林和各级河道的防护林带。

规划目标：以沿海、沿江的固堤护岸和气候灾害、洪涝灾害的生态防护为主要目标，并形成城市特色沿海风貌带，以及沿江、沿河滨水景观。

关键技术指标：耐水湿；根系固土能力强，有较强防风、固堤护岸能力；能形成亲水性特色景观；沿海防护林树种考虑不同盐碱程度的树木生境，进行不同耐盐碱能力的树种配置。

规划选择的沿海防护林主栽基调树种有铅笔柏、刺槐、女贞、柳杉、水杉、黄连木、乌桕、红楠、湿地松、桧柏等满足关键技术指标要求的树种（详见附表3）。

沿海防护林骨干树种有香樟、柽柳、火炬树、白蜡、苦楝、黑松、珊瑚树、欧美杨、江南桤木、重阳木、旱柳、榆树等。

根据具体立地条件要求，河道水系林网骨干树种有枫香、广玉兰、池杉、杨属树种、重阳木、乌桕、垂柳、杜梨、丝棉木、榔榆、大叶樟、梨、枣、早园竹、金合欢、棕榈等符合生态和功能要求的树种（详见附表3）。

水系林网其他树种可以选择迎春、云南黄馨、枸杞、君迁子、无花果、石榴、意杨、龙柏、千头柏、洒金柏、榔榆、垂柳、丝棉木、盐肤木、毛红椿、香椿、槐树、朴树、黄檀、桑树、厚壳树、合欢、杞柳、海桐、大叶黄杨、扶芳藤、枇杷、杜梨、棠梨、核桃、银杏、紫穗槐、龙爪柳、石榴、青檀、黄荆条、水杉、栀子花、小叶杨、侧柏、湿地松、火炬松、香椿、构树等适合上海地区生长的树木种类。

耐水湿经济或改土草本植物：生姜、黄豆、萱田草、绞股蓝、水芹、紫云英等。

5. 黄浦江水源涵养林树种选择规划

目标：形成以水源涵养功能为主导、兼具乡土景观特色与观赏游憩功能、生态稳定安全的城市水源涵养生态林。

关键技术指标：树冠持水能力强、蒸腾速率大；根系发达，固土能力强；有较强的渗滤吸污能力；水源保护地树种极少病虫害；乡土化树种。

规划选择的水源涵养主栽基调树种包括红楠、枫香、湿地松、青冈栎、苦槠、麻栎、栓皮栎、马尾松、柏木、杨梅等满足关键技术指标要求的树种（详见附表3）。

根据具体立地和功能要求，可以选择的其他树种有香樟、香榧、水杉、池杉、落羽杉、刺槐、紫穗槐、枫杨、悬铃木、构树、乌桕、旱柳、垂柳、泡桐、喜树、梧桐、木油桐、苦楝、湿地松、核桃、板栗、杉木、杨属树种、胡枝子等在上海地区生长良好的树种。

6. 佘山森林公园树种选择规划

规划目标：根据佘山现存的次生植被特点，通过生态造林，形成具有地带性植被特点的城效森林景观，具备景观游憩、科普教育和城市生物多样性保育功能。

关键技术指标：地带性植被中的建群种或演替阶段中的优势种；近似于地带性植被的生活型结构，如常绿树种与落叶树种的比例；近自然生态系统恢复和生物多样性保护的关键种。

规划选择的主栽基调树种有红楠、木荷、苦槠、青冈栎、舟山新木姜子、栲树、槲栎、白栎等满足关键技术指标要求的树木种类（详见附表3）。可供选择的骨干树种，根据具体立地条件和生态功能要求，选择猴樟、大叶樟、黑壳楠、细叶香桂、香榧、槲栎、栓皮栎、麻栎、枫香、三尖杉、天竺桂、浙江天竺桂、朴树、柳杉等能够在上海地区正常生长的树种。

7. 淀山湖区森林树种选择规划

目标：以湿地保护、水源涵养、水质净化和湖滨景观建设为综合目标。

关键技术指标：有较好的水源涵养能力；有较强的吸收渗滤以改善水质的功能；滨水景观树种；耐水湿能力强。

规划选择的淀山湖主栽基调树种有浙江天竺桂、红楠、香樟、青冈栎、枫杨、落羽杉、棕榈、水松、池杉、女贞等满足关键技术指标要求的树种（详见附表3）。

根据具体立地条件和功能要求，可以选择的骨干树种有雪松、舟山新木姜子、苦槠、侧柏、水杉、旱柳、杨属树种、重阳木、乌桕、垂柳、杜梨、丝棉木、榔榆、椤木石楠、麻栎、元宝枫等在上海地区生长良好的树种。

其他树种与水系林网树种相同。

8. 岛屿休闲生态林树种选择规划

目标：以岛屿生态保护，形成休闲游憩环境为主要目标。

关键技术指标：生态防护树种和生态保健树种；滨水景观树种和优良绿化观赏树种；耐水湿的能力较强、抗风。

规划选择的主要基调树种有广玉兰、圆柏、棕榈、柳杉、柏木等满足关键技术指标要求的树种（详见附表3）。

第七章　上海现代城市森林典型模式设计

第一节　人工森林植物群落现状研究

上海城市植被以人工群落为主，随着城市建设的不断推进，城市人工植物群落由原来的城市建成区中的游憩观赏型园林绿化植物群落向城郊、郊区的生态型人工森林植物群落的方向发展。近年来，随着城郊森林建设和研究的深入，上海市已建成了一批郊野型生态森林，其中以外环线 100 米绿化带、崇明东平国家森林公园、青浦淀山湖等最为典型。为了对上海城市森林典型模式的研究提供依据，对上述地方进行了植物群落学方面的调查研究。

一、研究方法

研究方法包括样地调查方法和多样性测度方法。

采用法瑞学派的典型样地记录法（releve method），记录内容包括：①样地面积：估计调查样地的面积，一般不应大于最小面积；日期；植物群落名称；地理位置；生境条件。②群落结构：群落结构主要是指群落的垂直分层，特别是指同化作用部分所处的高度。分层记录其高度和盖度，当需分亚层时，分别记录亚层高度和盖度。分别记录它们的多盖度、聚生度、生活力等。

物种多样性是一个群落结构和功能复杂性的度量。物种多样性指数反映群落结构和功能复杂性以及组织化水平，能比较系统和清晰地表现各群落的一些生态学习性，利用物种丰富度指数（S）、度量群落优势度的 Simpson 指数（D）、反映群落多样性高低的 Shannon-Weiner 指数（H'）和反映群落中不同物种多度分布均匀程度的 Pielou 均匀度指数（J_{sw}）作为样地物种多样性的测度指标，物种多样性以各个物种在群落各个层次的重要值综合指标计算。

物种重要值 N：

$$N（\%）=（相对多度 + 相对频度 + 相对盖度）/3$$

物种丰富度指数（S）：

$$S= 出现在样地中的物种数$$

Shannon-Weinner 指数（H'）：

$$H' = -\Sigma P_i \ln P_i$$

Simpson 指数（D）：

$$D = 1 - \Sigma N_i(N_i - 1)/N(N - 1)$$

Pielou 均匀度指数：

$$J_{sw} = H'/\ln S$$

公式中，N_i 为第 1 个物种的重要值，N 为群落中各层次所有物种的重要值之和；$P_i = N_i/N$，为第 i 个物种的相对重要值。

二、研究结果

通过研究，得出上海市主要植物群落类型及其多样性状况，见表 7.1。

表 7.1　上海市主要植物群落类型及其多样性分析

群落名称		生境类型	层次	S	D	H'	J_{sw}
I 竹林	1. 刚竹 - 狭叶十大功劳	平地	T	1	0.000	0.000	—
			Sh	1	0.000	0.000	—
	2. 孝顺竹 - 白三叶	平地	T	1	0.000	0.000	—
			G	1	0.000	0.000	—
	3. 刚竹 - 紫竹	低湿地	T	1	0.000	0.000	—
II 针叶林	4. 水杉	低湿地	T	1	0.000	0.000	—
	5. 蜀桧柏 - 玉簪	低湿地	T	1	0.000	0.000	—
			G	1	0.000	0.000	—
	6. 湿地松	低湿地	T	1	0.000	0.000	—
	7. 池杉 - 金盏菊	低湿地	T	1	—	0.000	—
			G	1	0.000	0.000	—
III 针阔叶混交林	8. 水杉 + 垂柳	低湿地	T	2	0.476	0.598	0.863
	9. 水杉 + 七叶树 - 白三叶	低湿地	T	5	0.848	1.545	0.960
			G	1	0.000	0.000	—
	10. 水杉 - 桂花 - 爬行卫矛	低湿地	T	1	0.000	0.000	—
			Sh	1	0.000	0.000	—
			G	1	0.000	0.000	—
	11. 意杨 + 水杉 - 八角金盘	低湿地	T	4	0.806	1.311	0.946
			Sh	2	0.667	0.693	1.000
	12 . 香樟 + 水杉 - 白三叶	低湿地	T	3	0.607	0.900	0.819
			G	1	0.000	0.000	—
	13. 青桐 + 水杉 - 火棘	平地	T	2	0.536	0.662	0.954
			Sh	2	0.535	0.662	0.954
	14. 垂柳 + 水杉 - 马尼拉	低湿地	T	4	0.778	1.332	0.961

（续）

群落名称	生境类型	层次	S	D	H'	J_{sw}
		G	3	1.000	1.099	1.000
15. 银杏 + 水杉 - 马蹄莲	高坡地	T	5	0.861	1.523	0.946
		G	2	1.000	0.693	1.000
16. 泡桐 + 水杉 - 黄馨 - 马尼拉	低湿地	T	2	0.600	0.693	1.000
		Sh	1	—	0.000	—
		G	3	1.000	1.097	0.999
17. 女贞 + 池杉 - 鸢尾	平地	T	3	0.727	1.090	0.992
		G	2	0.571	0.683	0.985
18. 柳杉 + 香樟 - 橘 - 美人蕉	平地	T	4	0.643	1.074	0.774
		Sh	2	1.000	0.693	1.000
		G	2	0.500	0.541	0.780
		Sh	1	—	0.000	—
19. 榆树 + 蜀桧柏 - 黄馨	低湿地	T	2	0.533	0.637	0.918
		Sh	2	0.667	0.637	0.918
20. 无患子 - 湿地松 - 萱草	高坡地	T	2	0.400	0.500	0.722
		Sh	3	1.000	1.097	0.999
		G	2	1.000	0.693	1.000
21. 无患子 - 湿地松	平地	T	1	0.000	0.000	—
		Sh	1	0.000	0.000	—
22. 雪松 + 香樟 - 结香 - 鸢尾	平地	T	2	0.533	0.636	0.918
		Sh	2	0.667	0.693	1.000
		G	2	0.600	0.673	
23. 水杉 + 意杨	平地	T	2	0.571	0.683	
24. 水杉 + 女贞 + 枸骨	低湿地	T	2	0.476	0.598	0.863
		SH	1	0.000	0.000	—
		G	1	0.000	0.000	—
25. 水杉 + 香樟	平地	T	2	0.533	0.636	0.918
		SH	1	0.000	0.000	—
26. 垂柳 - 黄馨 - 马尼拉	低湿地	T	1	0.000	0.000	—
		Sh	1	0.000	0.000	—
		G	1	0.000	0.000	—
27. 栾树 - 黄馨	低湿地	T	1	0.000	0.000	—
		Sh	2	0.600	0.673	0.971
28. 刺槐 - 木芙蓉	平地	T	1	0.000	0.000	—
		Sh	2	0.571	0.683	0.985

Ⅲ 针阔叶混交林 （对应群落 15–25）

Ⅳ 落叶阔叶林 （对应群落 26–28）

（续）

群落名称	生境类型	层次	S	D	H'	J_{sw}
29. 榆树 - 虎耳草	低湿地	T	1	0.000	0.000	—
		G	2	1.000	0.693	1.000
30. 合欢 - 白三叶	低湿地	T	1	0.000	0.000	—
		G	2	0.500	0.562	0.811
31. 合欢 - 迎春 - 菊	平地	T	1	0.000	0.000	—
		Sh	2	0.667	0.637	1.000
		G	1	—	0.000	—
32. 槐树 - 火棘	低湿地	T	3	0.524	0.796	0.725
		Sh	1	0.000	0.000	—
33. 泡桐 - 迎春 - 菊	平地	T	1	0.000	0.000	—
		Sh	1	0.000	0.000	—
		G	1	0.000	0.000	—
34. 意杨 - 爬行卫矛	平地	T	1	0.000	0.000	—
		G	1	—	0.000	—
35. 鸡爪槭 - 锦带 - 鸢尾	低湿地	T	1	0.000	0.000	—
		Sh	1	0.000	0.000	—
		G	2	0.533	0.637	0.918
36. 垂柳 - 爬行卫矛	低湿地	T	2	0.333	0.451	0.650
		G	1	—	0.000	—
37. 悬铃木	平地	T	1	0.000	0.000	—
38. 合欢 + 枫杨 - 白三叶	低湿地	T	2	0.500	0.562	0.811
		G	1	—	0.000	—
39. 石榴	低湿地	T	1	0.000	0.000	—
40. 银杏 - 臭牡丹	平地	T	4	0.750	1.213	0.875
		Sh	2	0.667	0.637	0.918
41. 悬铃木 - 木槿	平地	T	1	0.000	0.000	—
		Sh	1	—	0.000	—
42. 枣树 - 月季	低湿地	T	4	0.693	1.242	0.896
		Sh	2	0.667	0.636	0.918
43. 白榆	低湿地	T	1	0.000	0.000	—
44. 无患子 - 木芙蓉	低湿地	T	3	0.800	1.055	0.960
45. 喜树 - 结缕草	平地	T	2	1.000	0.693	1.000
		G	1	0.000	0.000	—
46. 马褂木 - 野蔷薇	平地	T	2	0.600	0.673	0.971
		Sh	1	—	0.000	—

（最左侧合并单元格）Ⅳ 落叶阔叶林

（续）

群落名称		生境类型	层次	S	D	H'	J_{sw}
Ⅳ落叶阔叶林	47. 香樟 + 红叶李 - 黄馨 - 鸢尾	低湿地	T	2	0.476	0.598	0.863
			Sh	2	0.600	0.673	0.971
			G	1	0.000	0.000	—
Ⅴ常绿、落叶阔叶混交林	48. 喜树 + 女贞 - 栀子 - 鸢尾	高坡地	T	2	0.477	0.598	0.863
			Sh	1	0.000	0.000	—
			G	2	0.538	0.662	0.954
	49. 槐树 - 狭叶十大功劳	平地	T	1	0.000	0.000	—
			Sh	1	0.000	0.000	—
			G	1	0.000	0.000	—
	50. 意杨 - 栀子	低湿地	T	1	0.000	0.000	—
			Sh	3	0.733	1.097	1.000
	51. 悬铃木 - 八角金盘	高坡地	T	1	0.000	0.000	—
	52. 栾树 - 十大功劳 - 鸢尾	平地	T	1	0.000	0.000	—
			Sh	1	—	0.000	—
			G	2	0.533	0.636	0.918
	53. 银杏 + 刺槐 - 栀子	高坡地	T	2	0.533	0.636	0.918
			Sh	2	0.533	0.636	0.918
	54. 柿树 - 橘	平地	T	3	0.600	0.868	0.780
	55. 青桐 + 刺槐 - 海桐	平地	T	2	0.571	0.683	0.985
			Sh	2	0.571	0.683	0.985
	56. 青桐 - 八角金盘	平地	T	1	0.000	0.000	—
			Sh	2	0.477	0.598	0.863
	57. 银杏 - 栀子 - 二月兰	平地	T	1	0.000	0.000	—
			Sh	1	0.000	0.000	—
	58. 意杨 + 红叶李 - 栀子	平地	T	2	0.477	0.598	0.863
			Sh	1	0.000	0.000	—
	59. 意杨 + 红叶李 - 海桐	平地	T	2	0.533	0.636	0.918
			Sh	2	0.600	0.673	0.971
	60. 梧桐 - 夹竹桃 + 二月兰	高坡地	T	1	0.000	0.000	—
			Sh	1	0.000	0.000	—
			G	1	0.000	0.000	—
	61. 刺槐 + 棕榈 - 海桐	平地	T	2	0.477	0.598	0.863
			Sh	3	0.694	1.061	0.966
	62. 梧桐 - 八角金盘	低湿地	T	1	0.000	0.000	—
			Sh	1	0.000	0.000	—

（续）

群落名称	生境类型	层次	S	D	H'	J_{sw}
63. 梧桐 - 栀子	平地	T	1	0.000	0.000	—
		Sh	1	0.000	0.000	—
64. 梧桐 - 狭叶十大功劳	低湿地	T	1	0.000	0.000	—
		Sh	1	0.000	0.000	—
65. 合欢 - 栀子 - 鸢尾	平地	T	1	0.000	0.000	—
		Sh	3	0.607	0.900	0.819
		G	1	0.000	0.000	—
66. 意杨 - 冬青	平地	T	1	0.000	0.000	—
		Sh	3	0.712	1.078	0.981
67. 银杏 - 栀子	高坡地	T	1	0.000	0.000	—
		Sh	2	0.477	0.598	0.863
68. 刺槐 - 海桐	平地	T	1	0.000	0.000	—
		Sh	1	0.000	0.000	—
69. 香樟 + 青桐 - 八角金盘	平地	T	2	0.536	0.662	0.954
		Sh	1	0.000	0.000	—
70. 刺槐 - 火棘	平地	T	1	0.000	0.000	—
		Sh	1	0.000	0.000	
71. 青桐 - 狭叶十大功劳	平地	T	1	0.000	0.000	—
		Sh	1	0.000	0.000	—
72. 青桐 - 栀子	平地	T	1	0.000	0.000	—
		Sh	1	0.000	0.000	—
73. 栾树 - 八角金盘	低湿地	T	1	0.000	0.000	—
		Sh	2	0.476	0.598	0.863
74. 刺槐 - 栀子	低湿地	T	1	0.000	0.000	—
		Sh	1	0.000	0.000	—
75. 香樟 - 十大功劳 - 鸢尾	低湿地	T	1	0.000	0.000	—
		Sh	1	0.000	0.000	—
		G	1	0.000	0.000	—
76. 香樟 - 黄馨	高坡地	T	1	0.000	0.000	—
		Sh	2	0.600	0.693	1.000
77. 香樟	平地	T	1	0.000	0.000	—
78. 香樟 - 鸢尾	低湿地	T	1	0.000	0.000	—
		G	1	0.000	0.000	—
79. 女贞 - 杜鹃 - 鸢尾	平地	T	1	0.000	0.000	—
		Sh	2	0.667	0.693	1.000

（V 常绿、落叶阔叶混交林：群落 63～75；VI 常绿阔叶林：群落 76～79）

（续）

群落名称	生境类型	层次	S	D	H'	J_{sw}
		G	2	0.533	0.636	0.918
80. 女贞 - 茶花 - 鸢尾	平地	T	1	0.000	0.000	—
		Sh	3	0.667	0.965	0.878
		G	1	0.000	0.000	—
81. 广玉兰	高坡地	T	1	0.000	0.000	—
		SH	1	0.000	0.000	—
82. 桂花	平地	T	1	0.000	0.000	—
		G	1	0.000	0.000	—
83. 香樟 - 十大功劳 - 鸢尾	平地	T	1	0.000	0.000	—
		Sh	1	0.000	0.000	—
		G	1	0.000	0.000	—
84. 香樟 - 夹竹桃	平地	T	1	0.000	0.000	—
		Sh	2	0.600	0.673	0.971
85. 香樟 - 栀子	平地	T	1	0.000	0.000	—
		Sh	1	0.000	0.000	—
86. 香樟 - 鸢尾	平地	T	1	0.000	0.000	—
		G	1	0.000	0.000	—
87. 女贞 - 迎春 - 菊	平地	T	1	0.000	0.000	—
		Sh	2	1.000	0.693	1.000
		G	1	—	0.000	—
88. 女贞 + 枇杷	高坡地	T	2	0.533	0.637	0.918
		Sh	1	—	0.000	—
		G	2	0.667	0.637	0.918
89. 女贞 + 杜英 - 紫荆 - 鸢尾	高坡地	T	4	0.714	1.153	0.832
		Sh	2	1.000	0.693	1.000
		G	2	0.667	0.637	0.918
90. 香樟 - 月季 - 菊	平地	T	1	0.000	0.000	—
		Sh	2	0.667	0.693	1.000
		G	1	0.000	0.000	—
91. 香樟 - 木芙蓉 - 爬行卫矛	低湿地	T	2	0.500	0.562	0.811
		Sh	1	0.000	0.000	—
		G	1	0.000	0.000	—
92. 杨梅	低湿地	T	1	0.000	0.000	—

Ⅵ 常绿阔叶林

三、研究意义

上海人工植物群落现状分析为上海城市森林典型模式的设计提供了依据，在城市森林的规划设计中，应参考上海潜在植被和现状自然植被的群落构成和植被特征，根据不同的地理、水文、土壤等具体条件，进行针对性的配置，以期建立生态稳定、关系和谐、自我维持的可以反映上海地带性和非地带性植被特色的近自然人工植物群落模式。

上海地区的森林植物群落的配置基本上贯彻了生态造林的理念，植物空间结构上相对比较合理，植物配置较好的考虑植物的生态习性和植物间的关系，其中体现了一些较为成功的人工群落，对城市森林典型模式的研究具有借鉴意义。

不足之处是：有些植物群落基本上还是延续了传统园林绿化的手法，植物群落中树种相对较为单一，多样性较低，林下灌木层较为单一，更多的配置手法是在林缘种植灌木，林中为乔木和地被层，地被层植物也较为缺乏。

上海地势总体较低，水位较高。因此，植物和植物群落的设计要充分和地形地势结合，尤其是要注重湿生植物群落的设计，创造多样化的湿生植物群落景观。

第二节　上海城市森林道路林网典型模式设计

道路林网是构成上海城市森林网络的重要组成部分，道路林网的模式设计首先必须满足道路交通功能的基本要求，在此基础上，充分发挥道路林带的隔离防护、生态维持以及彩化美化的功能。

一、模式设计原则

1. 满足道路交通功能

道路绿带是道路建设的一部分，道路绿带必须首先满足交通功能，包括视线诱导、遮光和缓冲种植等。

2. 满足隔离防护的功能

道路绿化具有隔离噪声、降尘、吸收污染气体等生态防护功能，模式设计中必须充分考虑。

3. 景观优化原则

道路是形成城市景观的主要通道，道路两侧的林带设计要体现地域特色和城市风格，成为城市的景观走廊。

4. 生态优化原则

道路林带除了具有上述功能外，还是城市重要的生态廊道，对维持城市生态平衡、城市生物多样性的建立具有积极的作用。

二、模式数量特征

快速干道（含轨道）每侧最小宽度为 24~32 米，主要道路每侧最小宽度为 12~24 米，次要道路每侧最小宽度为 6~12 米，乡村道路每侧最小宽度为 4~6 米。

三、道路林网典型模式设计

按照上海郊区的道路绿化的实际情况和主导功能需求，可将城郊道路绿带分为景观生态林带和生态防护林带两大类型。

景观生态林带是将城市道路绿化的景观功能与生态功能相结合，在保障基本生态功能的基础上，适当增加景观观赏效果，多选择既有好的观赏效果，又有较高的生态价值的植物，达到彩化美化与生态建设相结合。

生态防护林带是将突出林带的隔离防护、生物多样性保护（为目标种提供迁移（传播）、居住等提供保障）；降低城市自然灾害等相结合，突出林带的生态功能，营造舒适的生活空间、提高城市的生态内涵和环境水平，设计以体现自然、野趣、生态稳定、关系协调、功能高效为目标。

1. 快速干道景观生态型林带模式（24~32 米）

以高大乔木形成背景，以中小乔木形成中景，以观花观叶等灌木构成前景，乔灌木采用常绿落叶、针阔叶混交的方式，在植物选择上可根据道路特色的需要选择观叶观花等景观树种，形成一定的景观序列。

2. 快速干道生态防护型林带模式（24~32 米）

以具有防护和生态效益高的植物构成异龄复层混交群落，群落内部以斑块混交或株间混交的模式，构成多样化的群落空间，突出群落的自然、野趣和生态价值。植物选择突出其隔离防护功能、生态防护功能和生物多样性的特点。

3. 主要道路景观生态型林带模式（12~24 米）

以高大乔木形成背景，以中小乔木形成中景，以观花观叶等景观树种构成前景，乔灌木采用常绿落叶、针阔叶混交的方式，在植物选择上可根据道路特色的需要选择观叶观花等树种，形成一定的景观序列。

4. 主要道路生态防护型林带模式（12~24 米）

以具有防护和生态效益高的植物构成异龄复层混交群落，群落内部以斑块混交或株间混交的模式，构成多样化的群落空间，突出群落的自然、野趣和生态价值。植物选择突出其隔离防护功能、生态防护功能和生物多样性的特点。

5. 次要道路景观生态型林带模式（6~12 米）

以具有一定观赏功能的乔木为主体，形成复层混交群落，在乔木林缘点缀观花观叶灌木和地被，形成富有郊区特色的景观道路。

6. 次要道路生态防护型林带模式（6~12 米）

以具有防护和生态效益高的植物构成异龄复层混交群落，群落内部以斑块混交或株间混交的模式，构成多样化的群落空间，突出群落的自然、野趣和生态价值。植物选择突出其隔离防护功能、生态防护功能和生物多样性的特点。

7. 乡村道路林网与农田林网相结合

具体模式设计方法参照农田林网模式。

第三节　上海城市森林水系林网典型模式设计

上海地区水网发达，水系密集，沿水系布局林网是实现"林水相依、林水相连、以水建林、以林涵水"的主要举措，也是体现上海城市森林特色的重要方面。

利用和完善现有治涝排灌工程设施较好的有利条件，根据立地条件特点因地制宜选择适生树种，充分发挥林木强大的生物排水、固土护堤作用，建设具有固土护堤、水源涵养生态功能的防护林带，以覆盖保护土壤、阻滞径流、涵养水源，防止水土流失，固土护堤，实现改善生态环境和减灾防灾的目标。在生态防护林建设中，通过合理地选择树种与群落配置，常绿与落叶、乔木与灌木、观赏用材树种与经济树种相结合，形成生态、景观与社会经济功能优化的群落结构，以实现综合功能的优化。

以高标准护堤岸林带为主体，带动两侧农田林网配套建设与经济生态林建设，以线带面形成具有综合多功能效益的生态林体系，并注重与道路绿化生态工程和村落绿化的联系与空间配置。

一、水系林网模式设计原则

1. 网络化原则

根据上海不同区域水系分布特点，使得水系贯通、林网相连，将全市范围内的水系通过林网化形成一个相互连接、互相沟通的网络体系，构筑上海城市森林的网络骨架。

2. 生态功能优先原则

水系林网的主要功能是涵养水源，提高城市生态稳定和生态安全的水平，为城市生物多样性的建立提供基础支持，因此，必须把生态功能放在首位。

3. 多目标兼顾原则

水系林网以实现生态目标为主导，兼顾经济生产、观光休闲等辅助目标的实现。

4. 群落稳定性原则

模式设计必须同时考虑水系林网的功能要求和特殊的立地条件的适应性，建立相对稳定的人工森林群落。

二、水系林网的数量特征

市管一级河道每侧最小宽度为 24~32 米，区县级河道每侧最小宽度为 12~24 米，次要河道每侧最小宽度为 6~12 米，乡村河道每侧最小宽度为 4~6 米。

沿海防护林带的建设主要根据台风登陆的频率不同，设置林带宽度，在迎风主风向地段建设范围一般为 1500 米的海岸带；迎台风次方向地段建设范围一般为 500 米的海岸带，其他地段一般为 300 米的海岸带。防护林带之间的间距宽度为 100 米，林带的宽度为 6 米。

三、水系林网模式设计

水系林网模式根据水系等级和功能需求以及多目标兼顾的原则，划分为以下几种模式：

1. 模式一：市管一级河道生态林模式（24~32 米）

本模式重点强调河道林带的生态功能，沿水系设置生态防护林带，以复层群落配置方式营造混交林。主要群落配置模式为沿水栽植固坡涵养能力强的灌木或藤本植物，如黄馨、扶芳藤、络石等；从驳岸边依次配置常绿、落叶混交林和针阔叶混交林，郁闭度在 0.8 左右，林下种植耐阴灌木或多年生草本植物，形成异龄复层多种植物混交的林带结构，充分发挥河道林带的生态功能。

2. 模式二：市管一级河道景观生态林模式（24~32 米）

在城郊景观节点或与景观要素相连接的河道沿岸的林带设计，将其生态功能与景观功能相结合，植物配置中除了考虑群落的防护功能外，还适当选择具有适应能力的观赏性较强，或具有一定文化功能的植物，以形成一定的景观效果。如适当点缀红枫、青枫、火棘以及鸢尾等开花地被。

3. 模式三：市管一级河道林 - 果复合经济生态林模式（24~32 米）

在河道一侧配置最小宽度为 12 米宽的乔木林带，以复层混交或斑块式混交的方式进行配置，在另一侧配置 12~20 米宽左右的果树，形成林 - 果复合经济生态林模式。

4. 模式四：市管一级河道林 - 牧复合经济生态林模式（24~32 米）

在河道一侧和沿田一侧分别配置最小宽度为 6 米宽的高大乔木，形成株间混交或斑块混交的复层群落，中间为 12~20 米宽的牧草带，形成林 - 牧复合的经济生态林模式。总体郁闭度在 0.4 左右。

5. 模式五：市管一级河道林 - 农复合经济生态林模式（24~32 米）

林 - 农复合模式在林带上层配置高大乔木，以斑块混交的形式形成乔木层，乔木层郁闭度在 0.6 左右，下层配置多年生可以食用或药用的地被，如：萱草、枸杞、白芨、珍珠菜、紫苏、鸢尾等。

6. 模式六：区县级河道生态林模式（12~24 米）

沿水系设置生态防护林带，以复层群落配置方式营造混交林，形成异龄复层多种植物混交的林带结构，充分发挥河道林带的生态功能。

7. 模式七：区县级河道林 - 果复合经济生态林模式（12~24 米）

在河道一侧配置最小宽度为 8 米宽的乔木林带，以复层混交或斑块式混交的方式进行配置，在另一侧配置 4~16 米宽左右的果树，形成林 - 果复合经济生态林模式。

8. 模式八：区县级河道林 - 竹复合经济生态林模式（12~24 米）

沿河道一侧种植最小宽度为 6 米宽的林带，另一侧种植 6~16 米宽的笋用竹，形成林 -

农复合经济生态林模式。

9. 模式九：次要河道经济防护林模式（6~12米）

以具有防护功能的经济树种为主体，如柿树、枣树、梨树、猕猴桃等，林下种植食用药用等多年生草本植物，形成经济、生态功能并举的河道经济防护林模式。

10. 乡村河道水系林网建设与农田林网相结合

具体模式见农田林网模式设计一节。

11. 沿海防护林典型模式设计

沿海防护林林带宽度为最小宽度为6米，每100米设置1条，主林带以高大乔木为主，由多个树种组成，副林带以中、小乔木为主，高度在3米左右，以利于空气的流通。全为疏透结构。

在植物群落配置上，在一、二线大堤及平台应选择抗风、耐盐碱的乔灌木，采取乔乔、乔灌或块状混交方式，形成结构稳定，防护性能强的绿色立体生态屏障。配置方式主要有：水杉、池杉、落羽杉 - 夹竹桃、海桐、海滨木槿群落；香樟、蜀桧柏、龙柏 - 红叶李、紫薇、日本珊瑚群落；女贞、合欢 - 小叶女贞、紫荆群落等。

在主栽造林树种选择上，一、二线大堤平台部分以种植耐湿、耐盐碱的池杉为主栽树种，堤坡种植常绿树种柳杉为主栽树种，坡顶路一侧，乔木层为单行棕榈与柳杉的株间混交，中下层树种以女贞、蚊母树、海桐等有较强耐盐碱树种。

在二线大堤以后的区域，土壤脱盐和熟化程度较好，防护林带的建设与水系林网与农田林网相结合，具体设计模式可参考相关研究结果。

第四节　上海城市森林农田林网典型模式设计

上海地处东南沿海，林业气候灾害频繁，除阴雨、低温、旱涝之外，还常常遭受热带气旋带来的暴风雨袭击。因此林业生态建设应以改善农业生态环境、发展农村社会经济为主体目标，通过重点建设以骨干道路、河道护路、护堤岸林为主框架的农田防护林生态网络体系，形成控制整体区域的林网生态场，以有效调节温度、湿度和风等小气候因子，创造高效农业发展的有利生态环境，减少低温、风及其他灾害性气候的影响，实现减灾防灾，增产增效。在构建林网生态场的规划建设过程中，同时充分利用区域资源优势，积极发展经济林和其他配套经济产业，促进三大效益的综合优化。

一、农田林网模式设计原则

1. 系统性原则

在规划理念与规划原则上重视系统性与整体性，以道埂乡村、沟渠二侧植树为基础，结合农村村落四旁绿化和庭院经济绿化，以村为单位营建林网化村，实行统一规划，分期实施，最终农田林网将农田规划设计成联结局部、覆盖控制整体的生态网络系统。

2. 多功能复合原则

农田林网规划设计在突出农田防护主导功能的基础上，与形成多样化的田园风光和发展农村经济相结合，形成多功能的农田林网模式。

3. 生态优化原则

按照适地适树的原则合理配置农田防护林网，在空间上布局合理，在时间上快慢结合，形成生态优化的林网模式。

4. 多样性原则

农田林网除了乡村道路、沟渠外，还包括四旁树和庭院绿化，根据区域特点和地方特色，形成多样化的具有地方色彩的农田林网风格，构筑富有个性的田园风光。

二、农田林网数量特征

以农田网格为背景，以乡村道路、沟渠为骨架建设农田林网，包括四旁树和庭院绿化，农田林网的主林带宽度最小为 6 米，副林带宽度最小为 4 米。

三、农田林网设计模式

农田林网模式根据立地条件（道路、沟渠）和功能需求划分为以下几种模式：

1. 模式一：景观乡村道路农田林带模式（6 米宽）

景观乡村道路农田林带模式是在发挥林带农田防护功能的基础上，兼顾道路绿化的景观功能，将生态和观赏相结合，成为构筑特色乡村和田园风光的组成部分。

模式设计：景观乡村道路农田林带模式在植物配置的空间格局上又可以分为 2 种类型，即水平复合式：水平复合式以高大乔木形成背景树、以中小乔木形成中景、以灌木地被形成前景；垂直复合式：上层为多排落叶乔木，中下层布置耐阴小乔木或灌木。

2. 模式二：林 - 果复合乡村道路农田林带模式（6 米宽）

林 - 果复合乡村道路农田林带模式是在发挥林带农田防护功能的基础上，配置一定的经济林木，形成林果结合，产生直接的经济效益。

模式设计：在沿道路一侧规划两排落叶高大乔木，沿农田一侧栽植 1 排经济林木。

3. 模式三：林 - 圃复合乡村道路农田林带模式（6 米宽）

林 - 圃复合乡村道路农田林带模式是将农田林带的防护功能和苗木的培育功能相结合，充分利用防护林地，发展苗木培育，提高农田防护林带的直接经济效益。

模式设计：上层为高大乔木，郁闭度控制在 0.6~0.8，下层种植常绿树种的小规格苗木，一般高度在 50~150 厘米。

4. 模式四：水源涵养乡村河渠农田林带模式（6 米宽）

水源涵养乡村河渠农田林带模式是在乡村一些对水质要求比较高或河渠水体需要涵养的地段的农田林带设计模式。模式设计将农田防护和水源涵养相结合。

模式设计：乔、灌、草混交，上层为深根性耐水湿高大乔木（郁闭度 0.8）、中层为固土涵养能力强耐阴的小乔木或灌木，下层为固土涵养能力好的藤本植物和多年生草本植物。

5. 模式五：林 - 农复合乡村河渠农田林带模式（6 米宽）

林 - 农复合乡村河渠农田林带模式是将林带的农田防护功能和农业生产功能相结合，在林下或林缘种植蔬菜、瓜果等。

模式设计：模式设计又可分为 3 种类型：①即垂直复合模式，上层为高大乔木，一般为耐水湿落叶乔木或针、阔，常绿、落叶混交，下层种植适生蔬菜或草药等；②沿河农 - 林模式，沿田一侧种植 2~3 排耐水湿乔木，沿河一侧种植耐湿蔬菜或水生蔬菜，如水芹、茭白、藕等；③沿田农 - 林模式，沿农田一侧的林缘种植蔬菜或中草药，沿河一侧种植 3 排乔木，乔木多为耐水湿植物。

6. 模式六：乡村道埂副林带模式（4 米宽）

乡村道埂副林带模式为：在道埂上种植 1~2 排以须根性为主的乔木（棕榈、水杉、池杉、落羽杉等），构成以常绿为主的常绿或常绿、落叶混交林带，下层以草本地被为主。

7. 模式七：乡村沟渠副林带模式（4 米宽）

乡村沟渠副林带模式为：沿乡村沟渠和农田之间种植 1~2 排以常绿为主的具有一定耐水湿能力的乔木，如香樟、女贞、杨树等。

8. 模式八：乡村四旁绿化模式

乡村四旁绿化结合乡村特色，选择种植景观树种、苗木树种和果木树种等。生态效益、经济效益和社会效益相结合，可选择的植物有：桂花（各品种）、广玉兰、香樟、棕榈、水杉、柿树、柑橘、枇杷等。

9. 模式九：乡村庭院绿化模式

郊区庭院一般在 50 平方米左右，可供绿化的空间是有限的，绿化布局时还应留出一定的活动空间。因此，应合理利用每一个空间，在房后可栽植高大的乔木，如水杉、香樟、银杏等，起到阻挡寒风的作用，在房屋的西侧以及南侧都应考虑栽植一些遮阴效果好的乔木，但同时考虑到冬季不影响采光和采暖，可考虑种植一些落叶乔木，如合欢、榉树、乌桕等，小的庭院中树木的选择应以一些中、小乔木为主，否则会产生压抑感。绿化布局中要考虑植物的背景、中景和前景的关系。

庭院是一个小空间，植物选择不宜过多，否则会显得凌乱和混杂，选择 2~3 种乔木，再配置一些花灌木和地被植物。选择的植物力求色彩丰富，同时可考虑选择芳香型植物如蔷薇、木香、桂花、含笑、栀子等。庭院绿化中的果木类植物有柑橘、柿子、枇杷、杨梅等。药用植物如杜仲、银杏、垂盆草、千日红、枇杷等。

庭院绿化要与村落的整体绿化相结合，形成一街一景，一街一个风格。

第五节　上海城市森林重点生态建设区典型模式设计

重点生态建设区包括佘山森林公园、淀山湖周围及其湖泊，控制林带宽度最小为 1000 米以上；黄浦江中上游及其干流水源涵养林，规划设计其林带宽度为两侧最小各 500 米。

一、佘山森林公园典型模式设计

佘山位于上海市西南。佘山地区有 12 座山，俗称"九峰十二山"。佘山地区为上海目前唯一保留有半自然植被的地区，典型地带性植被类型应为亚热带常绿阔林，为佘山国家旅游度假区、佘山国家森林公园和佘山自然保护区所在地。1994 年，林业部命名佘山林场为国家级森林公园，1995 年，国务院批准建立佘山国家旅游度假区，区域规划面积 64.08 平方千米，前期核心开发 10.88 平方千米。上海市政府把佘山总体规划建设目标定位为"回归自然、休闲度假"，以自然保护为依托，以度假休闲和现代娱乐为重点，高起点、高质量地建设集休闲度假、旅游观光、宗教朝圣、科普教育功能为一体的综合性旅游度假区。

1. 模式设计对策

（1）景观区划与分区管理对策。在自然保护区的管理中，为达到既有利于保护又有利于利用的目的，常采用进行分区管理的方法，如将自然保护区区划为外围过渡缓冲区、试验区和核心区等区域，对不同的区域实施不同的目标管理，制订和采取不同的措施。根据总体规划的多方面功能目标要求，对佘山地区景观区划为旅游活动区、过渡缓冲区与试验区、核心保护区等区域来制订管理措施，进行景观管理及其多功能开发利用。

（2）人工建筑的规划控制。人工建筑的增加是佘山景观及其生物多样性被破坏的重要影响因素之一。目前人工建筑的增加主要是因为旅游等开发利用设施的建设。要减轻人工建筑对佘山景观的影响程度，一方面要控制开发利用规模，减少人工景点的基础设施建设，减少人工建筑的数量与面积；另一方面要采取适当的建筑形式，减轻人工建筑的负面影响，减轻对自然景观的压力，达到人与自然景观合理和谐共存的目标。

（3）生态旅游措施与人为干扰控制。为使景观尤其是自然景观得到有效的保护，必须控制旅游开发利用规模，节制游客流量。结合景观分区管理，控制旅游开发利用对自然景观的干扰范围，减少对过渡缓冲区、试验区的影响，保障核心保护区的自然恢复。在旅游活动区，制订及宣传提倡生态旅游措施，减少人为破坏，控制人为干扰。

（4）植被景观的整体规划。在植被景观现状的基础上，进行植被景观的整体规划，形成植被景观的整体特点。确定植被景观中人工植被景观与自然植被景观的面积比例，进而确定各类森林植物群落在景观中的面积比例。根据佘山地区景观总体规划目标及相应原则，植被景观的整体规划中应控制人工植被景观的面积比例，努力恢复自然植被的面积比例，增加自然特色，尤其是要考虑恢复适当面积比例的典型地带性植物群落类型，如白栎群落、苦槠群落等群落类型的面积比例，恢复地带性特点。

（5）植被封育和人工促进天然更新措施。在分区区划管理的基础上，积极开展封山育林，充分考虑植被的自然演替动态特点，利用自然恢复能力恢复自然森林植被。适当辅助于增加地带性植物种源或林下补植地带性植物幼苗等人工促进天然更新措施，如在香樟、黑松人工林和以白栎、榆树等为优势树种的次生林中补植红楠、青冈栎、苦槠等常绿阔叶树种的幼苗，根据相似地域的地带性植物群落类型的物种构成特点，促进景观中自然植被演替后期阶段优势树种的生长发育与种群复壮，加快次生植被的自然恢复过程。

（6）生物多样性保护措施。佘山地区景观具有较为丰富的生物多样性，是城市生物多样性维护建设的重要基地。在生物多样性保护中，首先加强主要植物群落类型的保护，恢复一定的面积比例，通过群落类型的保护来恢复濒危高等植物的种群大小，保存动物生境以及林下植物、低等植物的生长环境，保护、恢复和发展群落的物种多样性。对于濒于绝迹的一些植物种类，尤其是关系到典型植物群落结构功能恢复的关键种和地区特色种类，提出重点保护名录，如苦槠、白栎、麻栎、紫弹树、糙叶树和佘山羊奶子等。对于动物生物多样性的保护，不仅要保护其典型生境类型，适当恢复发展其典型生境类型的面积，而且应该通过景观规划方法，优化景观空间格局，加强典型生境类型拼块间的连通性，来缓和生境破碎化带来的可能影响。

（7）景观美学质量管理。以保持和提高景观美学质量为目标加强抚育管理。开展卫生伐，伐除长势不良的树木和枯死木，为下层林、次生林生长创造条件。做好病虫害的预测预报和防治工作。对遭受破坏林相较差的疏林地进行人工改造，以地带性植被为参照，规划设计近自然人工风景林，创造美学质量良好的森林植被景观。

（8）加强人文景观资源保护。佘山地区有着悠久的历史积淀，蕴含丰富的文化古韵。50多年来，上海市已经出土25处古文化遗迹，佘山地区就占了7处。"九峰十二山"人文景观十分丰富，有许多著名的泉溪、洞壁，还有许多名人旧址遗迹和大量的著名宗教建筑。位于西佘山的远东著名圣母大殿，1871年由法国传教士始建，1935年建成，整幢建筑有"四无"之称，即无木无钉无钢无梁，为佘山风景区增添了一处有很高审美观赏价值的人文景观。其他如天主教中堂、十四处苦路像、佘山天文台、殉道者塔等景观奇特，引人入胜。董其昌曾有"九点芙蓉堕森茫茫"的生动描绘，清康熙帝南巡曾到佘山，品尝了佘山竹笋后，又赐名为"兰笋山"。这些丰富的人文景观资源是森林旅游功能的重要基础，因此在开展森林植被生态恢复和生物多样性保护的同时，必须重视人文景观资源的保护。

2. 佘山近自然林群落模式：

（1）模式一：青冈、木荷、豆梨 - 青冈、红楠 - 紫金牛等。

（2）模式二：红楠、榔榆 - 小蜡、海桐 - 油麻藤等。

（3）模式三：苦槠、白栎、化香、黄连木、朴树、柿树 - 枸骨、野蔷薇 - 鸡血藤等。

（4）模式四：青冈、黄连木、乌桕 - 小果蔷薇、枸骨、胡颓子 - 紫金牛、络石等。

二、淀山湖周围及其湖泊生态林模式设计

1. 数量特征

淀山湖周围及其湖泊生态林控制宽度最小为1000米以上。

2. 模式设计

在淀山湖周围地区人类活动频繁，土地利用和开发强度大，农舍村庄较为密集，林带必然是间断块状分布。根据青浦的自然环境状况和人文资源条件，确定以下几种主要的森林模式：

（1）模式一：休闲旅游景观苗木生态林模式。以旅游观光、森林休闲、苗木生产等功能为目标，营造生态保健、观赏、文化、生产等功能的植物群落类型。

（2）模式二：观光果园生态林模式。将林果生产和休闲观光相结合，建立休闲观光、园艺参与、林果生产相结合的观光果园生态林模式。

在原有农田水利工程基础上，与农田林网防护林相结合，规划建设果园防护林系统，为了改善果园小气候，环园设置 6 米宽防护林带，以树冠开张、叶片宽大浓郁、相对耐湿的枇杷果树品种为主要树种，适当配置早园竹和绿篱树种枸橘、法国冬青等，形成防护绿带。

以水蜜桃等优良桃树品种为主要栽培树种，形成鲜明的果园景观特色和文化特色。适当小面积配植临猗梨枣、曙光油桃、田中枇杷、矮化樱桃、美国金太阳杏、黑琥珀李、日本甜柿等国内外优良名特水果品种，作为补充与调节。

（3）模式三：自然保护生态林模式。以自然保护、生物多样性维护和建立为目标，建立稳定的人工植物群落和生态系统。树种选择及其群落构成主要有以香樟、小叶女贞、瓜子黄杨为建群种的常绿阔叶林群落；以石楠、海桐为建群种的常绿阔叶林群落；以浙江樟、蚊母树、凤尾兰为建群种的常绿阔叶林群落；以刚竹、箬竹为建群种的竹林群落；以慈孝竹、华东箬竹为建群种的竹林群落；以广玉兰、夹竹桃为建群种的常绿、落叶阔叶混交林群落；以女贞、枇杷、泡桐为建群种的常绿、落叶阔叶混交林群落；以厚皮香、珊瑚树、糙叶树为建群种的常绿、落叶阔叶混交林群落；以罗汉松、火炬漆为建群种的针阔叶混交林群落；以香榧、化香为建群种的针阔叶混交林群落；以侧柏、刺槐为建群种的针阔叶混交林群落；以桧柏、日本花柏为建群种的混交林群落；以雪松、蜀桧柏为建群种的混交林群落等。

（4）模式四：生态苗圃模式。打破苗圃常规的行列式和规则式种植的传统模式，按照苗木的生态学习性，依照自然生境中植物群落模式，阳性、耐阴、地被植物合理搭配，形成具有复合结构的多层次多功能高效的植物群落体系。

（5）模式五：淀山湖全系列、半系列生态系统生态修复模式。淀山湖是上海地区重要的水源地和生物多样性中心，全系列包括陆生生态系统、湿生生态系统和水生生态系统构成的完整的水路交错的生态系统，半系列是指在没有条件实现全系列的情况下，以湿生和水生生态系统恢复为主的生态系列。通过全系列与半系列生态系统修复，保障淀山湖生态系统的质量与功能，维持中度以上的生物多样性水平，达到生态系统的稳定与可持续发展。

① 陆生生态系统关键种选择与生物群落修复模式。以植物、动物、鸟类的生物多样性保护、水源涵养、水土保持和水陆交错带的岸线生态防护、景观风貌建设等为综合目标，根据地形地貌、土壤等立地因子，以地带性植被群落组成成分和群落结构为参照，合理选择适生植物种类，构建植物种类丰富多样的常绿阔叶混交植物群落。

主要群落类型有：湿地松 - 木荷 - 红楠群落；青冈栎 - 苦槠 - 白栎群落；枫香 - 朴树 - 栲树群落；香樟 - 杜英 - 天竺桂群落等。

② 湿生生态系统关键种选择与生物群落修复模式。湿生生态系统修复区主要位于水岸

交错带，是生物多样性保护、改善水质、滨水植物景观建设、水土保持和堤岸防护的重要地段。以湿生乔、灌木树种和湿生草本植物构建层次递进的植物群落类型，从空间和演替序列上形成较为完整的湿生生态系统。

主要群落类型有：池杉、杞柳群落；落羽杉、赤杨群落；垂柳、紫穗槐群落；柿树 - 扶芳藤群落，无花果 - 辟荔群落；苦楝 - 蚊母树群落；合欢 - 八角金盘群落；栾树、白蜡群落；池杉、女贞群落；落羽杉、石楠群落；枫杨、枸杞群落；女贞 - 小叶女贞群落等。

③ 水生生态系统关键种选择与生物群落修复模式。水生植物生态系统以形成合理食物链，满足水生生态系统生物多样性保护培育，并有利于水质改善为重点目标。

挺水植物群落：芦苇群落；水烛群落；蒲草群落；灯芯草群落；茭笋群落。

浮水植物群落：睡莲群落；荷花群落；菱、芡群落；荇菜、眼子菜群落；萍蓬草群落等。

沉水植物群落：竹叶眼子菜 - 黑藻 - 苦草群落；马来眼子菜 - 黑藻 - 苦草群落。

生态性原则：深入研究太湖湿地特征，模拟天然湿地类型（淡水湖泊），修复、重建太湖湿地。

功能多样性原则：注重湿地重建的生态修复功能和生态建设与景观环境建设相结合。

展示性原则：示范与观赏、推广相结合。

科教性原则：通过湿地公园的工程设计，为湿地和科学普及提供一个良好的基地。

系统性原则：合理布局湿地公园内的各功能区，实现功能区内部和功能区之间的优化组合，总体布局上注重整体性。

三、黄浦江中上游及其干流水源涵养林模式设计

1. 设计原则

（1）涵养水源、固着水土的原则。通过设置相当宽度的林带，起到有效的保持水土的作用，并且能够对沿岸两侧的污水、农药、化肥等进入河流，起到有效的阻止、过滤和吸收的作用，保持水体清洁卫生。

（2）生态景观建设与经济效益相结合的原则。涵养水源用地，过去都是农业用地，地势平坦、具有良好的可耕性。因此，在退耕还林时，在造林树种的选择上，可适当考虑其经济效益，如将水源涵养和苗圃相结合，水源涵养和林果生产相结合，通过生态治理和经济效益的结合，促使水源涵养林经营的良性运转。

2. 数量特征

沿黄浦江中上游及其干流水源涵养林规划设计林带最小宽度为两侧各 500 米。

3. 模式设计

（1）模式一：黄浦江中上游水源涵养林 - 果（竹）复合生态林模式。沿水源两侧种植最小宽度为 500 米的水源涵养林带，其中靠近河流两侧的 200 米为生态防护林带，主要以大型的乔木和灌木、地被结合种植为主，其他 300 米为特色经济林带，种植优质果木。

（2）模式二：黄浦江中上游水源涵养林 - 牧复合生态林模式。最小 20 米宽的林带和 20 米宽的牧草间隔种植，林带采用常绿落叶、针阔叶混交的方式，形成复层异龄混交群落。

（3）模式三：黄浦江中上游水源涵养风景游赏生态林模式。在非上海地区一级水源保护区，结合区域特征和景观游赏的需要，将水源涵养林的生态功能与景观游赏功能相结合，设计水源涵养景观生态林。

模式设计中以高大乔木形成背景，斑块式组合，结合森林游赏、保健休闲、运动娱乐等功能，合理配置风景游赏生态林模式。

第六节　上海城市森林核心林地典型模式设计

一、生态休闲林

1. 模式设计原则

（1）系统性原则。按照生态休闲林土地性质和区域功能特征，合理规划森林生态布局和相应的游憩休闲功能布局，将生态游、森林游、园艺参与等亲近自然的休闲游憩项目融会贯通到大的森林生态背景中去，取得结构上的完整性和功能上的高效性。

（2）生态性原则。营建舒适健康的生态环境，创造丰富多彩的植物群落，以达到植物与植物之间、植物与其他生物之间、生物与环境之间关系和谐、系统稳定、功能高效的目的。

（3）游憩性原则。以自然、野趣的景观，科学、生态的技术，将山水田园风光融入其中，营建现代化的"人与自然和谐共处"的休闲生态林的景观格局。

（4）经济性原则。通过合理科学地选择植物类群，将苗木生产、林果生产和休闲观光、田园别趣结合起来，实现林木的直接经济效益，提升区位经济功能。

2. 模式设计

（1）模式一：森林保健和森林浴模式。森林保健和森林浴生态林为游人提供林阴散步、娱乐、小憩的场所，使得游人通过肺部吸收森林中散发出的具有药理效果的芳香物质，达到稳定精神，调节内分泌，改善身体状态，清醒大脑，提高运动能力，促进身心健康的作用。

森林保健和森林浴的植物配置要求形成空气新鲜、不含有毒物质、无菌、无尘，绿树成阴，形成林间小道有落叶覆盖，树叶树干能挥发出各种杀菌物质。

模式群落有：香樟、银杏-含笑、栀子群落；湿地松-十大功劳-龙柏球群落；香榧、罗汉松-栀子群落、白玉兰、枇杷-结香、栀子群落；龙柏-罗汉松-铺地柏群落；银杏-桂花、含笑-金丝桃群落。

（2）模式二：风景游赏林模式。以短暂的森林观光为主要休闲目的，为游人提供丰富多彩的森林景观空间，满足游人观光型旅游的短期需求，通过加强观赏性植物的组合达到这一目标。

模式群落有：枫香、香樟-红枫、石楠-石蒜、鸢尾群落；白玉兰、广玉兰-杜鹃、南天竺、火棘群落;银杏 - 山茶、锦带花 - 黄馨群落;木荷、乐昌含笑 - 垂丝海棠、含笑 - 八仙花群落等。

（3）模式三：野营野餐休闲林模式。野营野餐休闲林为游客在林地中提供野营野餐的理想场所。此类场所应卫生、安全、清净、安谧、有吸引力，林地是平坦、干燥、通风的林间隙地。

模式群落：猴樟、榉树 - 八角金盘、八仙花 - 结缕草群落;雪松 - 五角枫、海棠 - 萱草群落;青桐、红楠 - 石榴、梨树群落;竹类群落等;枇杷等果树林群落。

（4）模式四：科普教育林模式。知识型旅游是观光型旅游的高级阶段，人们在森林旅游中获得知识，提升旅游的文化内涵和旅游价值。科普教育型林模式设计主要通过培育具有特殊功能和特殊价值的植物，以及通过展示自然规律和生态知识的群落模式而实现的。如药用植物、保健植物、珍稀濒危植物、表达一定自然现象或自然规律的植物（如植物为适应逆境而形成的特殊器官或形态、植物的生存竞争模式、植物的生态位展示、植物的适应能力和适应机制等）。

模式群落有：建立如木兰园、珍稀植物园、芳香植物园、百草园、名花园等类别的群落模式。

（5）模式五：文化展示林模式。通过将一些和历史、传说、宗教、习俗、社会文化、人类发展相关的具有人文色彩的植物组合在一起，形成文化展示林，提高生态休闲林的文化品位和游赏趣味性。

模式群落有选择的植物如：松、竹、梅;玉（白玉兰）、棠（海棠）、富（牡丹）、桂（桂花）;蜡梅、桂花、朴树、榉树、石榴、月桂、桑树、梓树等。

二、工业污染隔离防护林模式

根据不同的工业污染源的污染物的种类和污染程度，选择抗污耐污吸污的植物进行群落配置，以起到生态防护的目的。

模式群落:香樟、白榆 - 夹竹桃、大叶黄杨 - 凤尾兰群落;水杉、女贞 - 海桐、八角金盘群落;棕榈 - 小棕榈、凤尾兰群落;臭椿、苦楝、龙柏 - 山麻杆、珊瑚树群落;龙柏、枫杨 - 枸骨、海桐群落等。

三、岛屿生态林模式

形成与当地立地条件相适应的、相对稳定的、以木本植物为主体的生态系统，为人们提供开展休闲度假和森林生态旅游、科研、科普等多种功能的、融生态防护、环境塑造、旅游开发为一体的新型城市森林生态系统。在规划中贯彻生物多样性、景观多样性原则，同时森林植被可以自我维持、持续发展、永续利用。除了考虑森林的环境效应、生态功能外，还应考虑到与区域的旅游功能相适应，实现多目标兼顾;按一次规划、分期实施和滚动发展的实践程序，成为上海市独具特色的休闲度假、游览观光、科研、科普的基地。

岛屿生态林群落模式可参考生态休闲林模式和沿海防护林模式等。

四、新城、中心镇、建成区城市森林模式

首先以发挥其生态功能、完善城市中的自然系统、维护城市生物多样性为主；森林建设规模大、森林覆盖率高是城市森林的重要组成部分，规划建设时必须考虑其开展森林旅游和游憩休闲的作用。按照林带建设和块状林地的建设相结合，实现以带带块，带块结合。林带设计注重生态效益、经济效益的良好结合，主要由较为自然、稳定的植物群落组成，具有多样性的生境和较高的生物多样性，同时结合经济林木的开发建设，实现模式建设和经营的良性运转。

第八章　上海现代城市森林综合评价

第一节　城市森林综合评价指标体系的研究进展

一、森林可持续经营的标准与指标体系的研究

森林可持续经营思想已为有关世界林业组织和许多国家政府所接受，而且一些世界林业组织和国家正在探索着以其指导林业实践活动，因此明确"森林可持续经营"（sustainable forest management）的目标，并提出衡量它的标准与指标以及度量、测定各项标准和指标的方法，并据此对一个森林集中区、一个林区乃至一个国家的森林经营现状和达到可持续经营的目标作出恰当的评估，已成为世界上多数研究工作者共同兴趣所在，形成了森林可持续经营标准与指标体系的研制高潮，但对其实验性的实施仍处于试点示范的阶段。

20世纪80年代末到90年代国际上几个大的行动和组织已形成了一批标准和指标体系，如：

国际热带木材组织（ITTO）

国际水平的：森林资源基础（5），"流"的连续性（8），环境调控水平（3），社会经济效益（4），体制框架（7）。

森林经营单位水平的：资源安全性（5），木材生产的连续性（8），动植物区系保护（2），环境危害能承受的水平（4），社会经济效益（2），规划和经验调查（2）。

蒙特利尔行动

生物多样性保护（9），森林生态系统生产能力的维持（5），森林生态系统健康和活力的维持（3），水土资源的保持和维护（8），森林对全球碳循环贡献的维持（3），满足社会需求的长期多种社会经济效益的保持和加强（19），森林保护和可持续经营的法规、政策和经济体制。

赫尔辛基行动

1994年曾提出6个标准27个定量指标，1995年又提出一个具101个定性指标的标准体系。

1994年的指标体系是森林资源的维持和适当的增长（5），森林生态系统健康和活力的保持（7），森林生产功能（木材和非木材产品）的维持和鼓励（3），森林生态系统生物多

样性的保持、保护和适当的增强（7），森林管理（特别是土壤和水）方面防护功能的保持和适当增强（2），其他社会经济功能和条件的保持（3）。

亚马孙行动（Amazonian Process）

国家水平的：社会经济效益（16），政策与法规（4），可持续森林的生产（5），森林覆盖和生物多样性保护（8），水土资源的保护和综合管理（4），科学和技术的支撑（6），改进可持续经营的体制能力（8）。

经营单位水平的：法规和体制框架（3），可持续森林生产（5），森林生态系统保护（6），地方社会经济效益（9）。

全球服务水平的：经济、社会和环境服务（7）。

各行动和组织的森林可持续经营的标准和指标虽然大同小异，但侧重点不同，细致程度不同。以上标准和指标大多数是在国家水平上，少数包含森林经营单位的标准和指标，也有包含区域和全球水平的标准。由于各国的森林面积、质量和类型以及所有制、社会、经济条件差异极大，因此有些指标只适应于一些特定的国家和区域，而不适应于其他国家和区域。

我国学者刘璨等结合国内外经验提出了我国林业可持续发展评价指标体系，突出了时间和空间的观念，但有些指标数据的获得必须扩大现有的资源监测范围，目前操作起来有一定的难度。苏喜友等认为评价森林资源可持续发展指标分为状态指标和技术经济指标两类，状态指标用其承载力、生产力、稳定性、持续性、多样性、调控力来识别，技术经济指标包括森林资源的结构、功能、效益等几乎包罗万象的指标，操作起来难度很大。

谢金生等在对国内外相关研究的基础上，根据我国国情林情，提出了适宜我国的区域可持续林业评价指标体系和标准。他们具体提出了县域可持续林业评价指标体系。指标构成为：①社会指标：人均森林面积、人均森林蓄积、人均木材占有量、系统商品化程度、系统就业满足度、林业科技贡献率。②经济指标：林业部门社会总产值年增长率、木材综合利用率、林农人均收入年增长率、系统价值产投比、林业系统产业结构、造林保存率、林地生产力、林地生产力变化率、林地利用率、各龄组面积比。③自然生态指标：森林覆盖率、森林覆盖率增长率、森林采伐量与生长量之比、针阔面积比、混交林比例、濒危种保护率、单位面积蓄积量、森林火灾面积占森林总面积比、森林病虫害防治面积与发生面积比、造林成活率、环境质量提高率、水土流失治理率、沙漠化土地治理率、森林蓄积变化率。

朱永法、冯金明等（1998）还从森林资源的角度提出了森林生态系统本身可持续发展指标体系，基本上也是从生态效益、经济效益和社会效益三个方面构建。

李朝洪等从中国森林资源可持续发展描述指标体系和评价指标体系两个角度分别作了研究。他们认为构建森林资源可持续发展指标体系应依据四个方面的基本要素：经济效能可持续水平、社会效能可持续水平、生态效能可持续水平和可持续发展能力。四个基本要素可以归结为两大方面：一是可持续发展水平的描述，包括前三个基本内容；一是对可持续发展能力的描述，即第四个要素。

我国南方的林业建设一般是以县（包括县级林场）为单位组织进行，何汉杏、何华春（2001）运用立题专项研究成果，从剖析生态－经济－社会复合生态系统的结构和功能及效益相互关系着手，采取层次分析法（AHP）、综合分级评分法（Delphi）以及专家评分法（ES）相结合的方法，建立我国南方县级国有林场可持续林业的评价标准和指标体系。作者除了给出指标体系外，还通过研究给出了我国南方县级林场可持续林业评价指标体系评分标准。

二、不同类型森林环境功能效益计量指标体系研究

森林生态功能是无形的，无法通过市场交换实现其价值，但是森林生态功能既有营林成本，又是营林收入，需要对其进行正确评价。国内外学者多从生态经济的角度从事较多研究。郭玉文等以朱亭小流域为例对森林涵养水源、保护土壤、纳碳释氧等生态功能进行评价，并对森林生态功能评价存在的问题提出自己的看法，为森林资源资产核算提供有益的科学资料。

其后，洪涛、刘发明（1997）在对甘肃省张掖地区农田防护林生态效益研究的基础上，首次提出区域防护林生态效益的评价指标，并用灰色局势决策方法计算生态效益综合指数，建立评价体系，从而动态地、综合地评价防护林区域生态效益的差异，指导防护林体系建设。王鸣远（1998）从现代林业经营的环境价值属性出发，提出我国林业经营类型系统，主要包括自然保护区经营、林业生态工程、林区经营和城市林业经营等，并针对不同林业经营类型的环境功能特征进行了林种划分。在此基础上，提出不同林业经营类型的环境功能评价指标体系。他分别给出了森林和野生动植物自然保护区经营的环境功能评价指标体系、林业生态工程建设的环境功能及其评价指标体系、林区经营的环境功能及其评价指标体系、城市（镇）林业和森林公园的环境功能及其评价指标体系。

作为防护林分支之一的水源涵养林堪称森林生态大系统中的重要基石，苑金玲、周学安（1998）认为水源涵养林既具有保护和维持水资源的调节与平衡功能，又因为它位处水源源头周围、又踞海拔高处，不仅起养水蓄水清泥作用，同样起防风护坡固土作用，兼具其他防护林分支的功能。又鉴于它属于高位治水，是治本的焦点。所以，水源涵养林本身即是一个森林生态系统。通过研究，他们提出水源涵养林效益计量指标的确定则应对应于其总效益与诸多分支效益，可以由四级指标组成体系。其I级指标，为总指标称聚合指标（即总效益指标）1个，II级指标为分类指标，又称性质指标（即分效益指标）3个，III级指标为具体指标，又称体现指标（即准效益指标）共16个，IV级指标为结构指标，又称效益构成指标（即计算效益的基础指标）计49个。总计为69个指标。

对于生态林业工程的效益评价指标体系，雷孝章等（1999）做出了较为周详而细致的研究，他们通过分析研究世界各国的森林持续发展的评价指标体系，结合中国生态林业工程的发展状况，运用软系统方法（SSM）、综合集成法（SIM）、定性中的广义归纳法和系统工程（SE）的知识，针对森林系统及其效益评价系统均为软系统，形成了软系统综合集成法（SSMII），作为评价指标体系建立的软件支撑，利用专家知识库和实测数据库，建立了生

态林业工程评价指标体系。

李卫忠等还具体针对生态公益林建设效益评价指标体系专门进行了研究，初步构建了我国生态公益林效益评价指标体系框架。

三、林农复合生态系统评价指标体系的研究

我国的林农复合生态系统有着悠久的历史、多种类型和丰富的管理经验。50年来，在全国各地，开展了规模宏大的生产和科研活动，尤其在系统评价方面更是进行了大量的探索。向成华（1994）从林农复合生态系统的结构、功能、效益出发，建立了包括结构评价、功能评价、效益评价的评价指标体系，并探讨了林农复合生态系统评价指标体系设置的原则和方法。孔令省等（1996）则更具体详细地研究了具体指标的含义和算法。范志平等（2001）针对东北地区农田防护林高效多功能经营的指标体系及标准开展了深入研究，他们从单条林带和林网两个尺度出发，建立了农田防护林高效多功能经营的指标体系，并通过分析各个指标之间的机理关系，提出了9个主要评价指标。对于单条林带，用林带疏透度、有效防护距离、初始防护成熟龄、防护成熟期、林带产投比、更新方式等可作为度量林带经营状态的指标；对于林网体系，用林网带斑比、林网连接度、环度、林网优势度等可作为度量林网经营状态的指标；依据主要指标的数量化界定，提出了农田防护林高效多功能经营的标准，可进行综合评价。这些评价指标及其标准，在宏观上确定了主要林网体系的布局，在微观上确定了单条林带的结构，成为衡量是否可持续经营的依据，为其高效多功能经营提供了导向。

四、森林生态体系总体以及分类指标体系和标准的研究

现代林业指标体系力求从社会对林业的需求出发，并根据必要性与可能性，在宏观层次上描述和评价现代林业进程的主体框架。吕柳、温作民（1997）从宏观层面构建了综合指标体系，进而分解出经济、环境、科技、社会4个指标子系统，并从可持续与评价的角度对每一指标状态进行补充，以期为中国现代林业的实践提供一种具体的衡量标准。陆兆苏等（2000）则提出了一套高效林业评价的可操作性强的综合指标体系，他们认为：森林资源的状况是衡量林业成效的基本尺度；生态指标的设定要考虑可操作性；经济指标的选择要兼顾动态指标和静态指标；社会效益的评估不可忽视；要分别不同层次的评估对象设计相应的指标体系。根据上述思路，分别为林业发展模式、林业经营模式、林木培育模式选择了可操作的指标，构成了高效林业的指标体系。蔡剑辉（2000）从特征评价和协调性评价方面，在界定比较完备的森林生态体系内涵的基础上，尝试性地构造了评价指标体系及其评价方法，并指出需要进一步研究的几个问题。

林业分类经营是原林业部（现国家林业局）提出的一项深化林业改革的重要措施，如何科学合理地划定公益林与商品林，是当前实施林业分类经营战略迫切需要解决的问题。林进（1999）从系统、可行、科学的角度对森林功能性分类系统，划分公益林与商品林的分类指标体系及技术标准进行了探讨。研究提出将森林按主导功能分为3个层次，分为公益

林和商品林 2 大类 5 个亚类 21 个森林类型；公益林选用生态脆弱性等级与生态重要性等级两个复合指标，商品林选用投资利润率、净现值、森林蓄积生长量和地利等级四个指标构成分类指标体系；并分别森林类型确定了技术标准。

另外，在森林资源资产的界定和经营评价方面也都有相关研究人员分别提出了指标体系。

五、城市森林相关的评价与指标体系研究

直接针对城市森林的综合评价指标体系虽不多，但也已有了一些初步的研究。王木林、缪荣兴（1997）通过研究国内外的相关资料，根据城市森林的主要功能、所处位置、经营管理的一致性及与城市规划和习惯接轨等因素，将城市森林划分为防护林、公用林地、风景林、生产用林地和绿地、企事业单位林地、居民区林地、道路林地和其他林地、绿地等子系统。这为对城市森林的评价打下了良好的基础。贺建林（2000）针对城市森林的经营目标与价值也做了一定的阐述。叶镜中（2000）从森林调节气温、平衡大气二氧化碳（CO_2）和氧气（O_2）含量、净化大气等方面综述了城市林业的生态功能，并就边缘效应、地理景观、整体性与系统性、多功能性与开放性等原则阐述了城市林业建设规划的意见。张秋根等（2001）直接针对城市林业生态环境功能进行了研究，并阐述了构建城市林业生态环境功能评价指标体系的基本思路、基本框架及基本内容，并提出了实施过程。薛达（2001）从城市园林角度，从探索城市园林绿化总量的指标着手，借鉴国外园林绿化发展过程中的有益经验，并结合对山西省城市园林绿化实际的空间布局与绿化效能等的比较分析，提出建立符合中国特色的城市园林绿化理论观念的指标体系和政策措施。

综上所述，如果说对森林的各种评价与指标体系在国内外已有了较多研究，而在其中地位日显重要的城市林业的相关研究则尚处于启蒙阶段，尽管有与之密切相关的城市环境影响评价、城市自身的可持续发展的评价以及一般森林的有关研究可供借鉴，但其评价的理论和技术体系尚处于发展阶段，需要更进一步的研究完善。

第二节　评价指标建立的基本原则

根据城市森林建设将作为上海市实现可持续发展、建成国际性的一流生态城市的根本保证，作为环境与发展相统一的关键和纽带的总要求，在准确把握现代城市森林的概念和内涵及其功能和效益特征的前提下，在总结城市森林生态服务功能及其生态、社会和经济效益研究成果的基础上，建立一个涵盖生态、经济、社会等多因子的现代城市森林综合评价指标体系。城市森林系统及其评价指标体系是一个复杂的软系统，现代城市森林的建设和经营必须能保障森林综合效益的永续和最大发挥，为整个城市的社会、经济的持续发展创造条件，这就要求城市森林自身能在人们一定程度的干预下可持续稳定的发展。因此在选择评价指标时，既要能体现城市森林本身的发生、发展规律，还要体现其对生态、经济、社会环境的保护、增益和调节功能，同时要结合上海的城市化程度高、林地资源

十分紧张的实际情况，为政府确定整个城市森林的建设在城市总体发展规划中的决策等提供科学依据和准确数据，因此评价指标必须具备典型性、代表性和系统性，同时必须遵循以下原则：

1. 科学性原则

具体指标的选取建立在充分研究的科学基础上，物理意义明确，测算方法标准，统计方法规范，客观和真实地反映现代城市森林建设的主要目标实现的程度。

2. 系统性原则

指标体系作为一个有机整体，要求能全面、系统地反映现代城市森林建设的各要素的特征、状态和各要素之间的关系，并能反映其动态变化和发展趋势。指标间应相互补充，充分体现城市森林生态系统的一体性和协调性。

3. 层次性原则

现代城市森林建设是一个复杂而庞大的系统工程，对其进行综合评价的指标体系应具有合理而清晰的层次结构，评价指标在不同尺度、不同级别上都能反映或辨识城市森林的属性。

4. 独立性原则

为降低信息冗余度，各指标间应保持相互独立。各指标不能由其他指标替代，也不能由其他同级指标换算得来，各指标应尽量避免包含关系。

5. 实用性原则

指标体系中的各项指标应简单明了，含义确切。每项指标都必须是可度量的，所需数据比较容易获取，每项指标也有与之相对应的评价标准，即具有较强的可测性和可比性。同时要避免指标过多，体系过于庞大。

第三节　评价指标建立的过程

一、评价对象的界定

城市森林这一概念的提出已有 30 多年的历史，对其定义也各不相同。1962 年，美国肯尼迪政府在户外娱乐资源调查报告中，首次使用"城市森林"（urban forest）这一名词。1965 年，加拿大 Erik Jorgensen 教授首次完整提出"城市林业"（urban forestry），引起很多国家重视，不少学者对城市森林的概念和内涵，从不同角度进行探讨。国内有关学者将城市周围或附近一定范围内以景观、旅游、运动和野生动物保护为目的的森林称为城市森林。我国台湾高清教授认为城市森林研究的范围包括："庭园木的建造，行道树的建造，都市绿化的造林与都市范围内风景林与水源涵养林的营造。"美国学者 Miller 认为城市森林是人类密集居住区内及周围所有植被的总和，它的范围涉及市郊小社区直至大都市，尤其是中心区域，由于很少有大面积的森林绿地存在，普遍表现为稀疏种植的单株树木或小面积的人工绿化群落。因此城市森林具有与自然森林不同的特点。自然森林主要是从结构方面来定义的，它指的是一大片树木，在功能上主要表现为经营木材；而城市森林不能单纯地考虑其结构，它所发挥的生态效益才是问题的关键。因此，城市森林的定义应注重其功能方面的内涵。我们认为城市森林是在功能上发挥巨大生态效益，位于人类聚居区内及周围的所有植被。

城市森林所研究的内容主要有五个方面：①城市森林结构分析。研究在人口高度密集的城市环境中，森林生态系统在植物物种组成、种群结构与动态、层片结构、空间布局等结构特征。与自然环境中的森林相比，由于强大的人类活动影响，城市森林及其植物从生理、个体结构、种群结构到群落结构都要受到强烈的影响，因此其结构必然发生很大变化。②城市森林的生态服务功能。研究城市森林净化环境、服务城市的生态价值。分布于密集居住区的森林，对城市污染物有吸收、降解作用，同时能改善城市小气候，减轻或消除城市热岛效应，改善市区内的碳氧平衡，满足市民美学需求，提高人类身心健康。③城市森林生态规划与设计。运用生态学的基本原理，并结合城市森林的特点，因地制宜，以一个具体城市为案例，从空间布局和群落结构两方面对城市森林进行布局规划与结构设计，使之获得较好的生态效益。④城市森林的维护和管理。城市森林由于其所处的自然环境相当恶劣，人为因素干扰很大，因此表现得非常脆弱。搞好城市森林的维护工作，加强城市森林的管理，制定出相关的法律法规是城市森林生态学所研究的一项重要内容。⑤城市环境对城市森林的影响。城市环境以人类活动为中心，人口密集、交通拥挤、环境污染等一系列问题不可避免地会对城市森林造成影响，使城市树木呈现各种受害症状，甚至枯萎死亡。

二、评价指标要解决的问题

评价指标体系的建立最终是要为城市森林的建设、经营的决策服务，综合相关研究成果及上海建设城市森林的现实需要，指标体系应能综合评价上海现代城市森林结构与功能（三大效益），并能指导其规划、建设与管理，旨在为上海现代城市森林的规划布局、发展模式与建设标准的确定、群落植物选择与配置、土地及奖金筹措及管理等提供科学依据。因此概括起来说评价指标体系的目标应主要解决以下两个方面的问题：

1. 判断城市森林的结构、布局是否合理

在人口高度密集的城市环境中，森林生态系统在植物物种组成、种群结构与动态、层片结构、空间布局等结构特征都有所特化。与自然环境中的森林相比，由于强大的人类活动影响，城市森林及其植物从生理、个体结构、种群结构到群落结构都要受到强烈的影响，因此其结构必然发生很大变化，而这些结构上的特点将对现代城市森林的持续发展和经营产生较大影响。另外，对一个特定的具体的城市来说，城市森林的规划布局和空间结构设计能否自觉运用生态学的基本原理，遵循城市森林的一般规律，并结合城市当地立地特点，做到因地制宜、切合实际、和谐合理也将对城市森林能否发挥最大生态效益，能否可持续发展起到重大影响。

2. 判断城市森林在功能上是否能满足需要

城市森林的主要功能是为城市的持续发展提供生态屏障作用，为市民提供一个美化和优化的城市生态环境城市森林的生态服务功能。具体来说，分布于密集居住区的森林，对城市污染物有吸收、降解作用，同时能改善城市小气候，减轻或消除城市热岛效应，改善市区内的碳氧平衡，满足市民美学需求，提高人类身心健康。那么就某一个具体城市来说，比如上海建设的城市森林的净化环境、服务城市的生态价值应与上海的城市发展规模相适应，与上海的经济发展规模相适应，与上海的人口发展规模相适应，也就是说现代城市森林的建设应能满足城市的实际需要。

三、评价指标建立的步骤

城市森林评价指标体系属于复杂软系统范畴，课题组认真分析了软系统方法（SSM）、综合集成法（SIM）、定性中的广义归纳法和系统工程（SE）的知识，同时结合森林效益评价指标体系研究以及相关文献的报道认为：① SSM法是一个已感知的期待改善问题的开始，未包括问题的发现与形成这一前期阶段。且SSM目标在于探索与改进问题，其变革现实部分比较笼统。② SIM法也如此，但它难于掌握解决问题的"度"，其研究结论通常缺乏量的规定与可操作性；但它能得到有针对性的对策或行动方案，使SSM中失于笼统的变革部分具体而可操作，对剩下的难于结构化的问题也可用SSM法改进。③ SE工程偏于硬系统，解决良性结构问题。因此，只有把SSM、SIM、SE和定性研究四种方法有机结合起来，逻辑上才完善，也才能覆盖各种系统。其次，这些方法本身的特点是互补的，因定性研究擅于发现问题，提出问题和开发概念，SSM法有可能使整个问题或其部分结构化后成为目标明确的良结构系统，从而用SE求得问题的解决；再由定性研究→SSM→SIM→SE，定量研究色彩越来越浓，对专家经验体系的利用越来越弱。因此，本研究根据相关文献报道，采用将SSM、SIM、定性研究和SE这四种方法有机融合起来形成的软系统归纳集成法（SSMII），作为评价指标体系建立的方法和软件支撑。SSMII的逻辑程序由四个相互关联部分组成：①任务目标分析阶段。接受了解决目标不明确、结构模糊的复杂软系统问题后，要通过对系统的环境、功能、组成要素、结构与运行、输入与输出、历史与现状等进行调研与分析，来构想问题情景，挑选专家与样本（或典型）。基本上采用广义归纳方法，以专家会议或咨询形式，形成对研究问题明白的、公认的表述形式系统（以后可以再修正）。通过结构化分析分别转入第二或第四步。②用SSM处理不良结构问题使其科学化阶段。在问题系统更新以后，或者再用SSM改进问题提法，或者再作结构化分析并分别转入第三或第四步。③用SIM处理半结构化问题，尽管对这种问题的全部我们不一定能把握，但总可以找到供我们行动决策的（当时当地）相对满意方案。④用SE处理良结构问题，一般可求得这部分问题的最优解。

要说明的是第二、三、四步都需要对解决问题的认识与行动方案，要通过数据模拟结果的效益评价与风险（或可靠性）分析，并通过专家组的审议，满意后才能付诸行动，否则要返回重新用SSM定义问题或者再进行更基础的抽象归纳，以修正原问题系统。

（1）资料研究。除了全面收集研究城市森林的相关材料以及研究文献外，课题组还收集分析了一般森林的评价指标体系的大量研究文献（如前文综述所及），同时根据所获上海市现有城市森林的现状资料和环境背景特征，以及课题组进行实地勘测所得数据，提出需要解决的主要问题，尽可能多地收集影响城市森林建设和管理的关键因子，采取宁多勿缺的原则，搜集评价指标151个。

（2）指标识别。根据建立指标体系的若干原则，确立指标体系的框架，筛选、初步确定若干指标。评价指标筛选是根据 K.J 法、Delphi 法、会内会外法。用专家咨询表的定量信息和定性信息进行统计分析，如果有 1/3 以上的专家认为某项指标一般或不重要，该指标即被淘汰。此外，对于权重很小的指标，并入相近指标中。经过四轮专家咨询，直到 70% 以上的专家认同，才列入指标体系，形成评价指标。

评价指标权重确定方法主要有 Delphi 法、AHP 法、AHP-Delphi 法、把握度 - 梯度法和最大熵 - 最大方差法。首先请专家填写 3 种咨询表格。第一种咨询表请专家对每一待定指标按很重要、重要、一般、不重要 4 个等级填写；第二种咨询表请专家直接综合该指标的权重；第三种咨询表由专家按递阶层次结构对每一个上级指标，按其所辖的下级指标两两比较其重要程度，用 5 等 9 级法得出判断矩阵。

课题组尽量利用已积累的各评价单元的各选定指标的观测数据，得出单元评价数据矩阵 $X_{n \times m}$。同时课题组的专家们对各评价单元给出模糊评价判断矩阵 R。会外请专家填咨询表，对指标框架和各级指标的构成进行表态，按"赞成、基本合理、需修改、不恰当"4 项，同时对指标的重要性进行表态，按"很重要（4）、重要（3）、一般（2）、次要（1）和无法表态（0）"填写咨询表格。

课题组通过会内专家对指标的评判和专家咨询表统计分析。若专家赞成某项指标的人数大于 60% 时，该指标作为保留指标；对于补充指标，在会上提出，请专家表态，若 60% 以上的人赞成增补的，作为保留指标，由此把课题组整理提出的指标进行调整和归并，并构成第二轮评价指标体系。

对第二轮评价指标，运用头脑风暴法和会内会外法对指标框架和各级指标进行归并、补充和重要性表态经统计、分析、整理，凡评价指标有 70% 以上的专家赞成的，均作为保留指标，同时课题组成员又根据专家的定性和定量信息对指标的重要性和权重进行分析构成第三轮评价指标体系。以第三轮评价指标为基础，根据上海市生态、经济特点，按照 SSMII 法的要求，邀请 11~12 名专家和高层管理人员，请他们对指标重要性进行表态和指标两两比较。

对于通过上述方法确定删除的指标，课题组采用会内会外法再次决定是否保留，由此形成第四轮评价指标体系。

（3）指标测定。根据各指标特点和意义，进行现状数据的收集或测定。

（4）数据处理及解释。对指标体系进行评价，根据评价结果进行调整。

（5）重复（3）、（4）直至满意为止。

第四节 综合评价指标体系的建立

一、指标体系

整个城市森林的综合评价作为第一层，然后从城市森林的结构、城市森林的功能、城市森林的协调性三个方面所获得的指标作为第二层。第二层的三个方面根据各自的性质和特点，再分别划分为若干个方面作为第三层。城市森林结构主要考察4个指标，分别为森林覆盖率、乔灌草结合程度、乔灌木物种丰富度、叶面积综合指数；城市森林功能分为林地空气污染减少率、土壤年侵蚀模数、负氧离子浓度、降温效应指数、景观游憩吸引度五个方面进行考察；城市森林协调性考察3个指标：水网林网结合度、路网林网结合度、景观布局协调度。

指标体系结构如图8-1所示。

二、各指标的内涵

1. 森林覆盖率

在单位土地面积内，森林树冠在地面上的垂直投影面积称为森林覆盖率。由于森林在保护水土、调节气候、净化大气、防治噪声、维持自然界的生态平衡上有重要作用，所以，在国际上常用森林覆盖率来衡量一个国家自然保护事业发展的状况。

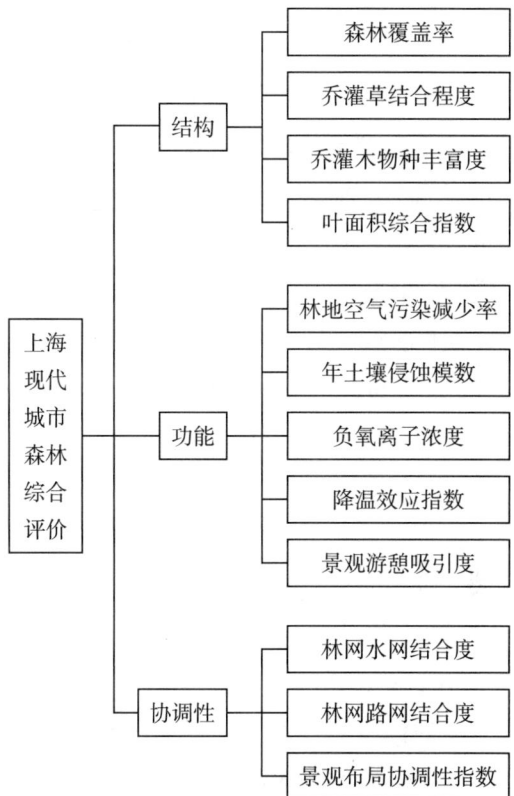

图 8-1 指标体系结构图

2. 乔灌草结合度

表征上海城市森林中乔木、灌木、草本植物配置合理程度的指标，主要从乔、灌、草的种类组成比例，乔、灌、草的比例与森林类型所应发挥的功能是否协调，与城市森林的立地条件是否符合等几方面进行判断。具体评价方法采用专家评分法。

大体上可根据以下标准来进行等级划分：

Ⅰ级：乔灌草结合度好。乔、灌、草种类比例配置合理，乔、灌、草的比例与具体森林类型的功能发挥相协调适应，与城市森林的具体立地条件的要求相符合。

Ⅱ级：乔灌草结合度较好。乔、灌、草种类比例配置较合理，乔、灌、草的比例与具体森林类型的功能发挥基本协调适应，与城市森林的具体立地条件的要求基本符合。

Ⅲ级：乔灌草结合度一般。各类型城市森林中均有乔、灌、草种类结合，乔、灌、草的比例与具体森林类型的功能发挥不完全协调，与城市森林的具体立地条件的要求不完全符合。

Ⅳ级：乔灌草结合度较差。大多数城市森林未按乔、灌、草相结合的方式配置，乔、灌、草的植物配置与功能发挥的需要和立地条件的要求差距较大。

Ⅴ级：乔灌草结合度极差。未按乔、灌、草结合的方式配置，没有考虑植物配置与功能发挥和立地条件的关系。

Ⅰ~Ⅴ级评分范围：分数在 0.80~1.00 分评为Ⅰ级；

分数在 0.60~0.80 分评为Ⅱ级；

分数在 0.40~0.60 分评为Ⅲ级；

分数在 0.20~0.40 分评为Ⅳ级；

分数在 0~0.20 分评为Ⅴ级。

3. 乔灌木物种丰富度

指城市森林建设中所选用的乔灌木植物种数。该项指标用来表征整个城市森林所选用植物的多样性。

4. 叶面积综合指数

叶面积指数指林地植物叶片面积之和与林地面积之比值。此处叶面积综合指数为不同类型林地的典型样地叶面积指数的平均值。该项指标可用来表征森林植物的叶量大小。

$$LAI = \frac{\sum_{i=1}^{n} LAI_i}{n}$$

式中：LAI 为叶面积综合指数；

LAI_i 为第 i 种林地的叶面积指数。

4. 林地空气污染减少率

林地空气污染减少率是指城市森林空气中各有害气体（SO_2、NO_x）的含量比非林地中有害气体减少的程度的加和。

$$D = \sum_{i=1}^{n} D_i$$

式中：D 为林地空气污染减少率；

D_i 为第 i 种有害气体林地含量比非林地含量减少的程度。

$$D_i = \frac{C_{非i} - C_{林i}}{C_{非i}}$$

式中：$C_{非i}$ 为非林地第 i 种有害气体浓度；

$C_{林i}$ 为林地第 i 种有害气体浓度。

6. 年土壤侵蚀模数

表征水土流失、土壤侵蚀程度的指标。单位面积内受侵蚀土壤的量，单位为：吨／平方千米。

7. 负氧离子浓度

负氧离子浓度表示单位体积空气中负氧离子含量。此处指标的取值为各林型典型样地观测值的平均值。

8. 降温效应指数

该指标为非林地年平均温度与有林地年平均温度之比。表征城市森林对缓解热岛效应贡献的大小。

9. 景观游憩吸引度

该指标为城市森林年接待游人量与城市年总接待游人量之比，表征城市森林景观发挥生态旅游的服务功能的大小。据前苏联相关研究表明，城市中适宜的人均森林面积应达到60平方米。同时城市森林中只有60%的森林可以开发景观游憩功能。

10. 林网水网结合度

表征森林中林带与水体结合程度的指标。大体可按以下标准进行等级划分：

Ⅰ级：结合程度高。河流、湖泊岸边均有具一定规模，且结构合理的林带分布，沿水体的林带与其他林带及片林之间有合理的林带廊道相连。

Ⅱ级：结合程度较高。河流、湖泊岸边75%以上分布有结构较为合理的林带，沿水体的林带与其他林带及片林之间有一定数量的林带廊道相连。

Ⅲ级：结合程度中等。河流、湖泊岸边50%以上分布有结构较为合理的林带，沿水体的林带与其他林带及片林之间的林带廊道相连较好。

Ⅳ级：结合程度较差。河流、湖泊岸边林带分布较少，结构简单，与其他林带及片林之间连接度较差。

Ⅴ级：结合程度差。河流、湖泊岸边林带分布少，结构单一，沿水体的林带与其他林带及片林之间连接度差。

Ⅰ~Ⅴ级评分范围：分数在0.80~1.00分评为Ⅰ级；

分数在0.60~0.80分评为Ⅱ级；

分数在0.40~0.60分评为Ⅲ级；

分数在0.20~0.40分评为Ⅳ级；

分数在0~0.20分评为Ⅴ级。

11. 林网路网结合度

表征森林中林带与城市路网结合程度的指标。大体可按以下标准进行等级划分：

Ⅰ级：结合程度高。不同等级道路两旁均有达到相应规模要求，且结构合理的林带分布，且与其他林带及片林之间有合理的林带廊道相连。

Ⅱ级：结合程度较高。75%以上道路林网规模达到要求，结构较为合理，且与其他林带及片林之间有一定数量的林带廊道相连。

Ⅲ级：结合程度中等。50%以上道路林带达到相应要求，结构较为合理，与其他林带及片林之间的连接度较好。

Ⅳ级：结合程度较差。道路林带分布较少，结构简单，与其他林带及片林之间连接度较差。

Ⅴ级：结合程度差。道路林网分布少，结构单一，与其他林带及片林之间连接度差。

Ⅰ~Ⅴ级评分范围：分数在0.80~1.00分评为Ⅰ级；

分数在0.60~0.80分评为Ⅱ级；

分数在0.40~0.60分评为Ⅲ级；

分数在0.20~0.40分评为Ⅳ级；

分数在0~0.20分评为Ⅴ级。

12. 森林景观布局协调度指数

表征城市森林景观与它所处的背景、相邻景观是否协调和谐的指标。森林布局的和谐协调主要指内部协调和谐性及外部和谐协调性，鉴别这种因子主要从线条与色彩、结构以及其他美学因子相互组合上入手，大体上可根据以下标准来进行等级划分：

Ⅰ级：极和谐、协调。景观和周围环境及内部结构上，线条过渡自然，色彩融合，结构合理。

Ⅱ级：协调。景观与周围环境在形态上有相似或相容性，色彩无明显对比性变化。

Ⅲ级：较协调。景观在形态，结构上与周围环境存在明显过渡，色彩变化不大。

Ⅳ级：不协调。景观与周围环境过渡不自然，有较强的线条破坏整体，色彩成对比性变化，风格不一致。

Ⅴ极：极不协调。景观周围有破坏景观整体效果的其他环境存在。色彩对比刺眼，风格变化极不相称。

Ⅰ~Ⅴ级评分范围：分数在0.80~1.00分评为Ⅰ级；

分数在0.60~0.80分评为Ⅱ级；

分数在0.40~0.60分评为Ⅲ级；

分数在0.20~0.40分评为Ⅳ级；

分数在0~0.20分评为Ⅴ级。

第五节　上海城市森林的评价

一、评价指标的权值、现值和目标值

根据专家咨询确定了各评价指标的权值，三级指标的现值和目标值是根据相关文献并结合专家咨询方法确定（表8.1）。

表 8.1　评价指标体系各指标的权重及三级指标值

一级指标	二级指标	权重	三级指标	权重	现状值	目标值
城市森林综合评价	城市森林结构	0.5	森林覆盖率	0.4	10.4	35.4
			乔灌草结合度	0.3	0.5	0.9
			乔灌木物种丰富度	0.1	66	140
			叶面积综合指数	0.2	3	6
	城市森林功能	0.2	林地空气污染减少率	0.3	—	—
			土壤年侵蚀模数的倒数［吨 /（千方千米·年）］	0.2	1/450	>1/200
			负氧离子浓度	0.3	—	—
			降温效应指数	0.1	1.7	3.4
			景观游憩吸引度	0.1	0.4	0.9
	城市森林协调性	0.3	水网林网指数	0.5	0.3	0.9
			路网林网指数	0.2	0.6	0.9
			景观布局协调性指数	0.3	0.3	0.9

二、各评价指标值的计算方法

1. 三级评价指标值的计算

三级评价指标数值（V_{3i}）是城市森林综合评价的基础，其计算公式如下：

$$V_{3i} = \frac{目标值}{现状值} \times 100\%$$

2. 二级评价指标值的计算

二级指标指数是根据其所属下一级指标数值乘以各自的权重后进行加和，计算公式如下：

$$V_{2i} = \sum_{i=1}^{n} V_{3i} W_i$$

式中：V_{2i} 为二级指标的数值；

V_{3i} 为 V_{2i} 所属下一级指标数值；

W_i 为相应指标的权重；

n 为 V_{2i} 所属下一级指标项数。

3. 城市森林综合评价指标的计算

城市森林综合评价指标（UFI）是将各二级指标值乘以各自的权重，再进行一次加和，计算公式如下：

$$UFI = \sum_{i=1}^{n} V_{2i} W_i$$

式中：UFI 为城市森林综合评价指数；

V_{2i} 为二级指标数值；

W_i 为某二级指标的权重；

n 为二级指标的项数。

三、评价结果

根据上面的评价指标框架以及已确定的各评价指标的权值、三级指标的现值和目标值（对暂未能获得的指标值先按专家咨询意见拟定一个初设值，用下划线表示），对上海城市森林的 2020 年建设规划计算出各评价指标值，见表 8.2。

表 8.2　上海城市森林的评价指标值

一级指标	指标值	二级指标	权重	指标值	三级指标	权重	指标值
城市森林综合评价	2.602	城市森林结构	0.5	2.51	森林覆盖率	0.4	3.40
					乔灌草结合度	0.3	1.8
					乔灌木物种丰富度	0.1	2.1
					叶面积综合指数	0.2	2
	2.602	城市森林功能	0.2	1.783	林地空气污染减少率	0.3	1.5
					土壤年侵蚀摸数[吨/（千方千米·年）]	0.2	2.25
					负氧离子浓度	0.3	1.5
					降温效应指数	0.1	2
					景观游憩吸引度	0.1	2.33
		城市森林协调性	0.3	3.3	水网林网指数	0.5	3
					路网林网指数	0.2	1.5
					景观布局协调性指数	0.3	3

从计算结果可以看出，如果规划目标能够实现，2020 年上海市城市森林的综合状况将优于现值的 2.602 倍，其中结构、功能和协调性分别提高到现在的 2.51、1.783、3.3 倍，城市森林综合质量将有较大提高。从具体指标来看，在森林覆盖率、乔灌木植物种数、水土保持、景观游憩吸引度、水网林网化、景观布局协调性等方面增量较大。这也揭示出这几个方面的工作较为重要，在规划、建设与管理中应该给予更大的关注。

第九章 上海现代城市森林建设管理及保障措施

第一节 上海现代城市森林建设面临的主要问题

一、林地落实问题

上海现代城市森林按照规划要求，森林覆盖率达到 30%~35%。尽管考虑节省耕地，采取林网化、水网化的基本建设格局，但仍有较大比重的耕地转变为林地。这涉及土地利用规划的用地指标安排、形态布局落实、土地费用补偿、部分农业劳动力转移等一系列问题，这是发展上海现代城市森林的一大难点。

二、农民安置问题

把耕地转为林地，一部分农户可转岗到由上海现代城市森林产生的都市林业产业中去，另一部分农户将失去土地这一基本生产资料和基本社会保障。为维护农村稳定，保障农户合法权益，必须妥善解决剩余劳动力出路、失地农民的社会保障等安置问题，这是发展上海现代城市森林的前提条件。

三、资金筹措问题

上海现代城市森林的发展，需要一大笔资金投入，不仅落实林地、安置农户需要巨额资金，而且造林的一次性投入和养护的持续投入都有沉重的压力。上海地方政府的公共财政虽有相当实力，但目前还不能完全负担这笔资金。这是发展上海现代城市森林的一大瓶颈。为化解资金筹措上的矛盾，上海现代城市森林的建设在保证生态公益林居主导地位的前提下，适度发展多功能林和商品林，多渠道筹措资金，进行分类建设和管理。

第二节 上海现代城市森林建设管理的保障原则

上海现代城市森林的建设和管理，面临林地落实、农民安置、资金筹措等诸多难点和矛盾，还需要协调各种复杂的关系，这些问题的解决应有价值合理的科学理念作为指导，并确定相应的原则。上海现代城市森林的建设和管理，须遵循的原则主要有：网络建设原则，分类建管原则，职能分离原则和持续发展原则。

一、网络建设原则

网络建设是上海现代城市森林建设的重要原则。遵循这个原则，就是以林网化、水网化为主基调，通过林网、水网的构建，发展上海现代城市森林生态网络系统。

国外一些大都市的城市森林以大型甚至特大型片林为主体，这种城市森林形态有很好的景观效应和生态效应。发达国家的城市森林能够采取这种形态，缘于具备相应的条件：林地一般都由政府出资买下，城市森林列入社会公益事业；政府的公共财政实力雄厚，能够对城市森林建设进行高强度支持。上海郊区人多地少，农村就业压力和对农业土地的生产性功能要求仍很大，超大规模地发展城市森林，将大量耕地转化为生态林地，存在多方面的压力。在相当长的一个时期，上海现代城市森林须肩负环境生态与经济生产的双重使命。

我国耕地资源极其稀缺，这个矛盾在上海尤为突出。上海不仅土地匮乏而且地价昂贵，将耕地转为林地还涉及农民的权益。因此必须协调林地与农地的用地比例、造林绿化与发展郊区农业生产之间的关系。如果将大片农地转化为林地，势必影响农业生产和农民收入，加大城乡差别，在土地利用和城乡发展方面造成矛盾。

通过林网化、水网化发展上海现代城市森林，可以节省大片农地和其他用地，而且水网化、林网化造林在总体上与其他环境因素共同构成生态系统，即森林生态网络体系，能够很好地发挥保护和改善城市生态环境、城市人文景观等方面的作用。

林网化、水网化为建设上海现代城市森林提供了一条经济有效的途径。突出林网、水网的建设，尽可能减少完全失去耕地的农户数量，使相当数量的农户在城市森林的建设中仅减少少量耕地。上海不是粮食主产区，粮食生产已放开，减少少量耕地不致对农户的基本生活构成严重影响。林网化、水网化不仅分散了耕地的占用，而且提高了土地的利用效率。按生态要求设置适宜宽度的林带，在林带的基础上配置和形成环、楔、廊、园、片，可形成高效率的城市森林生态系统。

从存量看，上海的林网有相当的基础。农田林网、道路林网都已形成一定规模。上海的水系四通八达，遍布各个角落，按水系网络布局的植树造林，在上海城市森林存量中占据不小的比重。

从增量看，上海发展现代城市森林以林网化、水网化为主基调也具有可行性。农田防护林、水源涵养林、道路廊道林、工业污染隔离林、环城林带等，都有条件构成林网化和水网化的基本格局。

目前，上海积极进行大树移植，开展城市绿化的景观生态研究，注重道路、水系的绿化廊道建设，城市外环森林绿化带已粗具雏形，这些都为建设城市森林生态网络体系创造了有利条件，也增强了林网化、水网化的可行性。

林网化、水网化的实质是建设森林生态网络系统。上海现代城市森林要以道路和水系为框架，以大型片林建设为重点，通过林网化、水网化构造上海现代城市森林生态网络系统，改善和提高城市生态环境质量，实现社会、经济、生态效益的统一，推进上海城市的可持续发展。

二、分类建管原则

上海现代城市森林的发展必须走分类建设、分类管理的道路，这不仅在理论上是合理的，而且也有实践上的现实需要。

1. 分类建管的理论依据

对于森林可以进行各种不同的分类。以成林方式为分类标准，可以划分为原生林、次生林、人工林；以生长期为分类标准，可以划分为幼龄林、中龄林、近熟林、成熟林、过熟林等。不同的分类体系满足不同的要求。从建设和管理角度出发，森林包括城市森林，也需要进行相应的分类。

世界各国的森林建设和管理分类不尽相同，但基本上都以主导功能为标准进行分类。依据主导功能，有的国家采用"二分法"，有的国家采用"三分法"，也有的国家采用"多分法"。世界主要林业国家森林建设和管理分类详见表 10.1。

表 10.1　世界主要林业国家森林建设和管理分类

类	国家（地区）	划分的森林类型（占有林地的 %）				
二类林	新西兰 澳大利亚 菲律宾 美国（1992） 印度 泰国 瑞典	商业性林（18%） 生产林（23%） 生产林 生产林（66.5%） 生产林 商业性林 生产林	非商业性林（82%） 非生产林（77%） 非生产林 非生产林（33.5%） 社会林 公益性林 社会林			
三类林	法国 加拿大 苏联（1983）	木材培育林 偏远森林 保护林（17.7%）	公益森林 生产林 少林区森林（8.2%）	多功能森林 非生产林 多林区森林（74.1%）		
多类林	中国（用材林含竹） 奥地利	用材林（69.1%） 用材林（64.5%）	防护林（12.5%） 山地防护林（30.7%）	经济林（12.5%） 环境林（3.6%）	特用林（2.6%） 休闲林（1.1%）	薪炭林（3.3%） 平原农防林（0.1%）

城市森林建设和管理的分类，宜以产品的公共经济学特征为依据。在公共经济学中，社会产品被分为私人产品、公共产品和混合产品。私人产品具有排他性和竞争性。一个人一旦购买了私人产品，便可排除他人消费。同时，只有减少他人对该私人产品的消费，才能增加自己的消费。公共产品不具有排他性也不具有竞争性。公共产品的消费是共同的，其效用在不同消费者之间不能分割。另外，公共产品的边际成本和边际拥挤成本一般均为零，也就是说消费不具有竞争性。这里的边际成本，是指增加一个消费者对供给者带来的边际成本。当公共产品的供给不够充分时，也有可能发生边际拥挤成本。边际拥挤成本是指消

费者因拥挤而付出的代价。介于私人产品与公共产品之间的是混合产品。混合产品具有排他性,但竞争性表现不明显。有的边际成本和边际拥挤成本均为零;有的边际成本为零,边际拥挤成本不为零。在考察社会产品的排他性时,还要充分注意外溢性,具有排他性的社会产品有的具有利益外溢现象,即社会产品所有者的部分利益能为他人所享有。

城市森林的生态以及景观等方面的效用不能分割,不具有排他性。经济林和用材林的林产品方面的效用具有排他性,允许项目开发的片林可采取技术手段形成排他性,但经济林、用材林和允许项目开发的片林,又都会发生生态以及景观等方面的利益外溢。林带、开放式片林、允许项目开发的片林,都不具有边际成本,仅经济林和用材林会发生边际成本。林带不会发生拥挤,因此无边际拥挤成本,但开放式片林、允许项目开发的片林、经济林、用材林都会在一定条件下形成边际拥挤成本。因此从竞争性看,林带无竞争性,经济林、用材林有竞争性,开放式片林和允许项目开发的片林具有一定的竞争性。上海现代城市森林不同林地的公共经济学分析见表 10.2。

表 10.2 上海现代城市森林不同林地的公共经济学分析

林地类型	排他性	外溢性	竞争性		产品性质
			边际成本	边际拥挤成本	
林带	无	—	无	无	公共产品
开放式片林	无	—	无	有或无	公共产品
允许项目开发的片林	有	有	无	有	混合产品
经济林	有	有	有	有	私人产品
用材林	有	有	有	有	私人产品

2. 分类建管的现实依据

就目标功能而言,城市森林主要为城市生态服务,可全部归结为生态公益林,具有公共产品的性质。不少国家对生态公益林采取政府直接建设管理的模式,即造林、养护由国家投入,产权归国家所有。在我国,这是一个理想的选择,但不是现实的选择。建设和管理城市森林的巨额投入,征用土地和安置农民的庞大费用,都是目前政府的公共财政难以承受的。上海中心城区能用于发展城市森林的土地资源极为有限,城市森林用地的重心在郊区。但上海郊区农业用地的生产性功能要求仍较大,难以将大量耕地转化为生态公益林地,这决定上海现代城市森林将是一个多形态、多功能和多类型的复合体。另一方面,上海现代城市森林建设除由政府投资外,还需依靠各种民间投资的共同参与,这将使上海现代城市森林的林地类型存在较大的复杂性和差异性。因此,有必要在充分保障城市森林生态效益的前提下,对城市森林实行分类建设和管理。

3. 建设和管理分类

(1)生态公益林——公共产品。生态公益林包括防护林、水源涵养林、廊道林带、环城林带等纯生态意义上的林地。这部分林地,产品无排他性和竞争性,具公共产品性质。这里的无排他性指林地的生态效用,只能公共消费不能分割,任何人对生态效用的消费都不能排斥他人的消费。这里的无竞争性指生态公益林一旦提供后，任何人对生态公益林的消费都不影响其他人的利益，也不影响整个社会利益。无竞争性具体表现为边际成本和边际拥挤成本均为零。对于生态公益林，增加一个消费者不会增加供给者的边际成本。公共产品还要求边际拥挤成本亦为零，也就是消费者人数的增加，不会出现拥挤现象，导致消费质量的下降。生态公益林基本上可视为公共产品，它不具有排他性和边际成本是显而易见的。从人均占有生态公益林面积的角度考察，生态公益林也具有一定的边际拥挤成本。但是，在更多的场合并不表现出边际拥挤成本，如水源涵养林、防护林都不存在拥挤问题，这些林地的面积的确定仅服从于水源涵养和防护的需要，与有多少消费者无关。因此，生态公益林的性质应确定为公共产品。

（2）商品林——私人产品。这里的商品林指城市森林中的经济林和用材林。商品林的产品可以分割，具有排他性；同时边际成本、边际拥挤成本均不为零，具有竞争性。显然，商品林的性质应确定为私人产品。当然，商品林也能产生生态、景观等方面的效益，有一定的利益外溢，这在建设和管理中要给予足够的重视。商品林实质上是狭义的准公共产品。

（3）多功能林——混合产品。上海现代城市森林的建设允许在一部分林地中以特许经营的方式，开发体育、休憩项目或低密度房产项目。这部分林地既不是纯粹的公共产品，也不是纯粹的私人产品。多功能林有一定的排他性，无论体育、休憩项目还是房产项目的开发，林地的消费都能够排他。但是，多功能林在生态、景观方面有利益外溢，竞争性也不充分。这类林地的边际成本为零，边际拥挤成本不为零。因此，要严格控制项目的开发规模。多功能林可看作是广义的准公共产品。

三、效益协调原则

在建设和管理上海现代城市森林的过程中，要处理好生态、经济、社会三大效益之间的关系。基本原则是：突出生态效益，带动经济效益，兼顾社会效益（包括城市形态、城市景观和市民休憩等）。

1. 突出生态效益

在上海现代城市森林的建设中，要坚持把生态公益林作为主体，以生态要求作为空间布局的主要依据，切实保障生态效益的强化和发挥。

生态公益林是城市森林和陆地生态系统的主要支撑体。在数量和布局上要满足生态的需要，不能以大比例的经济林和用材林取代生态公益林。经济林和用材林虽有生态效益的外溢，但生态效应的发挥必然受到商品生产的制约。多功能林的生态效应可以得到较充分的发挥，然而由于这类林地带有一定的私人空间性质，也只宜适度发展。

2. 带动经济效益

经济效益是发展上海现代城市森林的现实要求和必然产物。上海现代城市森林形成的巨大的生态效益，能够引出不可估量的直接经济效益和间接经济效益。

商品林的林产品生产无疑具有直接经济效益。多功能林中房产、体育、休憩项目的开发，也能产生可观的收益。在现阶段，这种直接经济效益对发展上海现代城市森林具有重要意义。

能够吸引社会资金投入造林和养护的林分，就是有较好经济效益的商品林和多功能林。社会资金的进入，可化解发展上海现代城市森林在资金上的现实压力。

更值得重视的是上海现代城市森林产生的间接经济效益。生态环境的改善，能有效增强城市综合竞争力，优化人居和投资环境，提升城市形象，这些作用都可以间接地转化为经济效益。如果以联合国提出的综合环境与经济核算体系的角度考察间接经济效益，其意义就更不容低估。在该体系中，不仅要核算 GDP（国内生产总值），而且要核算 GGDP（绿色 GDP，GDP 扣除自然资本消耗）和 EDP（绿色国内生产净值，GDP 扣除生产资本消耗和自然资本消耗）。GGDP 和 EDP 反映经济增长的资源环境代价，因而是衡量经济发展可持续性的重要指标。上海现代城市森林将为上海 GGDP 和 EDP 的增长做出巨大贡献。

3. 兼顾社会效益

城市森林是城市的名片。在注重生态效益、经济效益的同时，城市森林还应兼顾城市形态、城市景观等方面的社会效益。

上海现代城市森林的规划和设计，应与《上海城市总体规划》相衔接，配置林地既要突出生态效益，又要兼顾城市形态。上海现代城市森林的建设，要以林地分隔城市的不同功能区，有效地遏制城市"摊大饼"式的扩张。

美化城市景观，使城市更加宜居，这是社会效益对城市森林提出的又一要求。上海现代城市森林在整体布局上要做到乔、灌、草、花、果、藤合理搭配和优化组合，建立植物复层种植结构，使森林生态网络的景观结构艺术化。生物多样、季相分明、色彩斑斓、景观丰富、搭配得体的城市森林，具有自然美、色彩美、种类美、气味美、姿态美、意境美、健康美、静态美和动态美，给人以回归大自然的陶冶，创造出赏心悦目、千姿百态的艺术境界。城市森林对城市景观的美化，还能开拓和增加市民休闲游憩空间，这对市民提高生活质量、保持身心健康极有意义。

四、职能分离原则

职能分离原则要求对上海现代城市森林的管理职能进行必要的分离，从而降低管理成本，提高管理效率，强化管理效果。

1. 行政管理与经营管理相分离

行政管理与经营管理的分离，在管理主体上表现为政企分离，在职能上则表现为政事分离。对上海现代城市森林的管理，政府只在行政职能范围内行使管理权，不直接干预实施造林、养护的企业和农户的经营活动。这样，政府就能集中精力搞好规划、组织、协调、监管等方面的行政管理，而企业和农户又有经营上的自主权，可以灵活地对人、财、物作出安排。

2. 资源管理与资产管理相分离

城市森林既是资源又是资产。作为公共资源，城市森林必须受到严格保护，不允许受经济利益驱动任意进行林木采伐、林地性质改变等财产处分活动。但是，城市森林作为资产，又使资产所有者享有物权，有权对城市森林作出符合自己利益的处分。这就可能产生资源保护与资产处分的矛盾。

上海现代城市森林的建设采取多元投入的方式，既有国有林，也有民有林或国、民共同所有的混合林。对于国有林，资源保护与资产处分之间的矛盾可以在公共利益的基础上实现统一。但是，对于民有林或混合林，就须对资源管理与资产管理作必要的分离，限制资产所有者对城市森林的处分。这种分离实质上是把财产处分权从物权中剥离出来，由政府加以限制。这样城市森林的财产所有权成为限制物权，资产所有者享有占有权、使用权和收益权，而处分权因公共资源保护的需要，受到政府严格的公共管制。

与公共利益关系密切的私有财产的处分被严格限制，这在公共管理中十分常见。英国政府在 20 世纪 70 年代的私有化浪潮中，把与国计民生关系极大的国有资产也转让给了私人，但为保障公共利益，英国政府采取"黄金股"制度，保留了对这部分资产的控制权利。所谓"黄金股"，不体现为占有权、使用权和收益权，只是对公司某些涉及公共利益的重大经营决策的"一票否决权"。上海现代城市森林资源管理与资产管理的分离，实际上就是以资源管理权的形式掌握"黄金股"，协调城市森林涉及的公共利益与私人利益的关系，对资产所有者处分城市森林的林木、林地的权利进行必要限制，既保证资产所有者合理的经营利益，又保障社会的公共利益。

五、持续发展原则

发展上海现代城市森林必须遵循持续发展原则，否则难以实现这一百年大计的宏伟目标。持续发展涉及的问题很多，如政策的稳定、农户的补偿、商品林经营的市场风险规避等，但最重要的是保证林地的永久性和管理的长效性。

1. 建设永久林地

影响林地稳定的主要因素是林地权。上海现代城市森林的主体是公共产品，只有政府拥有大部分林地的产权（所有权或使用权），才能保障城市森林这一公共产品的供给。上海现代城市森林的建设，在财力允许的情况下，政府应首选以征地方式获取林地所有权，特别是一些重点生态公益林的林地所有权，使林地的永久性有产权的保障。政府还可采取向农户租赁的方式，通过农地使用权流转，取得土地使用权，但租赁期应与农户的承包期一致。只要我国的土地承包制度不终止，租赁就一直延续下去，直至政府有能力将林地转为国有。政府拥有林地所有权或使用权，就能建设永久林地，这部分林地应占上海现代城市森林的大部分，只有少部分林地政府不拥有林地权，由农户或企业按照政府的政策引导，发展商品林或多功能林。对于这部分林地，政府一方面要给予政策支持，另一方面要加强行政管制，尽量避免发生毁林和将林地转为它用，保持林地的稳定性。上海现代城市森林的林地还应通过立法程序，从法律上确定其永久性。

2. 确立长效管理

上海现代城市森林的发展，除一次性投入外，还要持续地耗费巨额养护费用和土地使用成本等其他开支。切实保证用于维护上海现代城市森林的经费来源，是确立长效管理的关键。这部分经费可以多渠道筹措，民间捐赠、行政征收都可作为维护经费的来源。纽约城市森林的养护一年耗资 1000 多万美元，但政府未掏一分钱，都是民间捐赠的。但是，政府必须为维护经费提供最终保障，当其他渠道的筹措不足以支付这部分费用时，政府的公共财政必须补足缺口。

第三节　上海现代城市森林建设管理的保障体制

城市森林建设和管理的体制安排，主要是对建设和管理过程中政府与市场关系及分工作出选择。也就是说，对于城市森林的建设和管理，政府与市场应怎样各自确定功能定位，各自又以何种方式参与到何种程度。在这个问题上，有两种极端模式。其一，政府垄断城市森林的建设和管理，市场以间接的方式参与。不仅在管理上而且在建设上，政府包揽全部事务，而市场只是提供建设和管理需要的产品（如苗木、工具等）。其二，政府与市场分权，建设和管理基本都由市场直接完成，即企业、农户与政府签订合同，按政府的要求进行城市森林的建设和管理，政府以市场主体的身份对参与的企业和农户进行契约约束。这两种极端都有一定的合理成分，但也都不无弊端。第一种极端强化了政府功能，但由于政府对城市森林事务的垄断，有可能导致低效率。第二种极端强化了市场功能，但政府与企业的关系主要表现为合同关系，又有可能削弱政府的监管作用。无论是低效率还是监管削弱，都对城市森林的发展不利。

上海现代城市森林的建设和管理，可在上述两种极端中保持必要的张力，确立介于两种极端之间的体制，对政府与市场的功能进行合理界定，充分发挥各自的优势，又相互弥补各自的局限。也就是说，在市场失灵的方面，强化政府功能；在政府失灵的方面，发挥市场作用。体制的基本框架为：政府主导，市场运作，公众参与。这个体制要求，政府主要管好该管的政务，以行使行政职能发挥主导性作用；而在运作上又充分发挥市场的优势，把可以由市场干的事，坚决交给市场去完成；同时动员引导社会公众关心、支持、维护城市森林的建设和管理。

一、政府主导

政府角色定位。政府在上海现代城市森林的建设和管理中是投资者、立法者（行政立法）、组织者、监管者的角色。城市森林在总体上具有浓重的公共产品色彩，政府应该成为主导性投资主体，以直接或间接（隐性补贴，如减免税收、税前还贷等）的方式投入资金。政府还必须绘出城市森林的蓝图，为城市森林建设提供规划依据。同时，还是立法者（行政立法）角色，制定城市森林建设和管理的相应行政法规、行政规章及其他规范性文件。政府的组织者角色主要表现为对城市森林建设和管理的实施及协调。监管是政府行使行政执法权的重要内容，政府有责任依据法律法规，规范自然人和法人及行政主体在城市森林建设和管理中的各种行为。

这些角色的扮演充分体现了政府在上海现代城市森林建设和管理中的主导地位，政府在这些角色的扮演中，运用经济、行政、法律等手段，通过行使必要的政府职能主导上海现代城市森林的建设和管理。政府的职能主要表现在三个方面。

1. 政府行使组织协调职能

城市森林对改善城市的环境生态，提高城市的综合竞争力具有重要意义。同时，城市森林还是城市的名片，体现城市的形象和品位。这就决定了城市森林的建设和管理必须由政府在规划编制、规范制定、投资融资、绩效评估等方面进行统一的组织和协调。

（1）规划编制。上海现代城市森林应由政府有关部门（城市规划部门和城市森林主管部门）组织编制规划，在规模、结构、布局、形态、配置等方面作出科学安排。《上海现代城市森林总体规划》作为专项规划纳入《上海城市总体规划》，经市人大通过和国务院批准后，具有法律效力。

（2）规范制定。政府要对上海现代城市森林建设和管理制定地方行政规章及有关规范性文件，为规范包括政府行为在内的各种行为提供依据，明确责任。需要制定的规范很多，尤其是上海现代城市森林建设和养护标准、技术要求、资源管理、保护条例等方面的规范，更要给予高度重视，及时制定。

（3）投资融资。政府是上海现代城市森林建设和管理所需资金居主导地位的投资融资主体。生态公益林造林和养护所需费用，以政府投入为主。在融资方面，政府不仅要多渠道开拓融资途径，而且要直接行使融资职能，如设立城市森林生态效应补偿基金，对特别受惠的行业（旅游业、房地产业、环境污染严重的行业等）实施专项行政征收等。

（4）组织实施。城市森林是城市的基础性设施，应由政府依据规划统一组织实施。政府供给的生态公益林，通过招标或发包方式，交企业、农户等市场主体完成。对于商品林和多功能林，政府组织实施的主要职责是指导、安排经营主体和经营项目。

2. 政府行使政策支持职能

政府对由企业、农户、非盈利民间组织作为投资主体开发建设和养护管理的商品林、多功能林，必须给予必要而又合理的政策支持。上海的土地和劳动力使用的机会成本较高，在林地上从事生产经营活动缺乏比较优势，这使政策支持具有必要性；商品林、多功能林在生态效应、城市景观等方面的利益外部化，这又使政策支持具有合理性。政策支持的力度可因经营模式的不同而有所差异，总体上应保证投资主体能获取社会平均利润。

（1）补贴。对商品林、多功能林的开发建设和养护管理，政府可给予直接的货币补贴。这对从事商品林开发的农户尤为重要。农户生产资金匮乏，积累有限，在商品林开发前期如无政府补贴，很难度过这段无投资回报的时期。

（2）减免税收和税前还贷。税前还贷归根结底还是减免税收，而税收的减免是一种隐性补贴，可提高投资主体的投资收益率。

（3）政策性贷款。政府提供贴息贷款、贷款担保等信贷方面的政策支持，能有效化解企业、农户在开发建设商品林和多功能林过程中的资金压力，从而保证开发的规模和力度。

（4）产品收购。商品林的开发，尤其是苗木花卉基地的建设，有一定的市场风险，这使承受风险能力较弱的农户产生后顾之忧。政府按保护价收购产品分担市场风险，实行订单都市林业，将农户生产的苗木用于城市森林建设，是一种代价小效果大的政策安排。

（5）信息、技术服务。为促进商品林、多功能林发展，政府可免费提供市场、政策、气象、灾害等信息方面的特别服务，免费提供抚育养护、森林保护等技术方面的特别服务。这是政府给予投资主体的非货币形式的政策倾斜。

3. 政府行使行政管制职能

政府在上海现代城市森林的发展中，必须行使行政执法权，对建设和管理进行必要的行政管制，充当监管者。行政管制的主要内容有：上海现代城市森林的规划管制；上海现代城市森林建设和养护的标准规范管制；上海现代城市森林建设和养护的质量管制；上海现代城市森林的技术管制；上海现代城市森林的资源管制；上海现代城市森林建设和养护的合同管制；上海现代城市森林的经营主体准入管制；上海现代城市森林的项目特许经营管制；上海现代城市森林的保护管制。

二、市场运作

1. 经营城市森林

经营城市森林是市场运作的基本理念。这一理念强调政府应把建设和管理中的某些政府行为转化为市场行为，通过市场运作克服和解决诸如要素缺失、资源浪费、效率低下等难点。

资金短缺是发展上海现代城市森林的瓶颈，经营城市森林就有助于这一瓶颈的克服。显而易见，城市森林能够带动林地周边地区的地价上升。但是，如果缺乏经营城市森林的理念，那么这种升值潜力往往就不能转化为现实的经济效益。根据城市森林的空间布局，充分挖掘城市森林的生态效益和景观效应，合理配置土地资源，把升值部分变现，可为上海现代城市森林提供极为可观的资金。先对有升值潜力的土地进行储备，再通过市场由政府出让土地使用权，供企业用于开发房地产等项目，政府将由此获取的级差地租投向发展上海现代城市森林，这是解决资金短缺行之有效的办法。

2. 引导市场主体介入

市场主体的介入是市场运作的基础。

政府要运用政策手段吸引市场主体（企业和农户）介入城市森林的建设和管理。市场主体必然要追求经济利益最大化，如果城市森林的投资收益低于社会平均水平，那么市场主体就缺乏介入城市森林建设和管理的动力。但城市森林的价值主要是生态环境效益，这就对经济利益的追求形成了制约。政府的政策引导应有足够的力度，使市场主体对城市森林的投资能获取诱人的回报。这样，市场主体对城市森林建设和管理的介入才能真正成为市场行为，并可进一步形成市场竞争态势。

市场主体的介入还需要政府搭建城市森林建设和管理的市场运作平台。对于适宜由市场主体承担的城市森林建设和管理的事项，如造林、养护等工程，政府要采取发包、招标等形式，以市场手段把政府行为转换为市场行为。在转换过程中，政府与企业、农户一样，都是平等的市场主体。政府对城市森林的造林、养护等工程的发包、招标，不带有任何行政色彩，完全体现为市场行为。为此，有必要组建代表政府的上海城市森林发展有限公司，由该公司进行市场运作，从而明确区分政府行政管制、政策支持的政府行为与市场运作的市场行为，营造健康有序的市场运作环境。

3. 安排市场中介组织参与

市场中介组织是市场主体与市场主体、市场主体与政府的桥梁。市场中介组织的参与对城市森林建设与管理的市场运作有重要意义。城市森林建设和管理的一些事项，如规划编制、标准制定、评估验收、技术指导、工程监理等，由于有较强的专业性和技术性，政府在掌握审定权的前提下，可委托有关市场中介组织完成，以保证政府集中精力行使行政职能。更重要的是，代表政府的上海城市森林发展有限公司与企业、农户一样都是市场主体，双方形成的是契约关系，需要有不存在利益关系的第三方进行专业技术方面的裁判与协调，充分体现公正、公平、公开的市场原则。需要强调的是，市场中介组织必须具备市场准入的资质，并对自己的行为承担法律责任。

三、公众参与

上海现代城市森林建设和管理必须注重社会公众的广泛参与。政府要构筑社会公众参与的平台，为社会公众投身上海现代城市森林的建设和管理提供渠道，激发社会公众热情关心、积极支持上海现代城市森林的发展。社会公众的参与主要体现为建议参与、投入参与、行动参与和监督参与。

1. 建议参与

作为一项公益事业，上海现代城市森林将会引起社会公众广泛、深入的关注。在关注的同时，社会各界人士也有出谋划策，为上海现代城市森林的建设和管理提出各种建议设想的强烈要求。政府可采取城市森林论坛、城市森林热线、主管部门专人接待等方式，广泛征求意见，听取社会公众对上海现代城市森林规划、实施、保护等方面的宝贵建议。

2. 投入参与

随着生态环境意识的提高，社会公众有很强的出资捐助上海现代城市森林建设的愿望。一些非盈利民间组织更能集中地将大笔资金投向上海现代城市森林。政府在规划中可辟出一部分林地作为社区林、市民林、青年林、"三八"林等，交非盈利民间组织投资建设和养护管理，所需资金全部由社会公众承担。政府还可设立上海现代城市森林发展基金会，接受社会各界的捐赠；还可发行上海现代城市森林彩票，由社会公众自愿认购。

3. 行动参与

对于上海现代城市森林的建设和管理，社会公众中会涌现出一大批志愿者，愿意无偿地投身于造林、养护等工程实施行动。政府应设立专门服务机构，为志愿者和非盈利民间组织的行动参与提供方便。

4. 监督参与

城市森林的监管，从总体上讲是一种政府行为，但是这并不排除生活在城市森林之中的广大社会公众，以举报、劝导、制止等方式介入上海现代城市森林的监管。

第四节　上海现代城市森林建设管理的保障机制

适宜的机制是上海现代城市森林建设和管理有效运行的必要条件。建设和管理各有关环节涉及的机制问题很多，这里着重讨论投资融资机制、产业运行机制和农户补偿机制。这三方面的机制须根据上海现代城市森林建设和发展的需要，进行一定的创新探索。

一、投资融资机制

1. 投资机制

上海城市森林建设和管理所需的资金，采取政府为主导的多元投入机制。具有公共产品性质的生态公益林，造林和养护所需费用以政府投入为主，社会捐赠为补充。具有混合产品性质的多功能林由政府与项目经营企业共同投入。项目经营企业的投入，实质上是对多功能林边际拥挤成本的补偿，承担额以项目（如房产开发）在林地经营收益高出同地域一般地块经营收益的差额确定。多功能林确切地讲仍然是政府提供，只不过项目经营企业对政府的投入进行了补偿，因此林地的产权仍然归政府所有。具有利益外溢私人产品性质的商品林，以经营企业投入为主，政府提供补贴。政府的补贴额为帕累托最优状态下的外部社会收益所需的成本。补贴的方式，既可采取显性补贴，也可采取隐性补贴。

2. 融资机制

上海现代城市森林建设和管理应多渠道开拓融资渠道。可考虑的融资渠道主要有：公共财政专项拨款、环境保护和市政基础设施建设项目经费切块、民间资本投入、设立城市森林生态效益补偿基金、行政专项征收、土地储备升值变现、国内外金融机构贷款、发行债券、发行彩票、接受社会捐赠等。

3. 产权界定

合理界定产权是上海现代城市森林建设和管理的基础工作。美国当代经济学家、1991年诺贝尔经济学奖获得者罗纳德·H·科斯（Ronald H. Coase）认为，只要界定并保护产权，市场交易就能达到帕累托最优。当然，科斯的观点有很大的局限性，但产权模糊确实是造成管理权限和管理责任不清，管理效果和管理效率不佳的重要原因。为此，要合理构建上海城市森林的林地和林木的产权制度。

（1）林地权。林地权分为林地的所有权、使用权和经营权。

政府用以征地方式获取的土地和直接提供的国有土地建设的城市森林，构成所有权国有林。

政府还可采取租赁方式从农户那里获取土地使用权，建设使用权国有林。对于农村集体土地，农户虽不拥有所有权，但拥有法定承包权。农户的土地承包权包含对土地的占有权、使用权和收益权三方面的权能。承包权是限制物权，土地承包人不享有土地的处分权。但是，承包人对土地承包权享有处分权，即转让承包权的权利。这在近年农村集体土地的使用权流转中得到了充分体现。政府租赁农户土地，农户在转让承包权的同时也转让了土地使用权。

政府为保障城市森林的可持续发展，还可以契约方式获取林地的部分经营权。国家与农户签订合同，国家承担补贴等义务，农户让渡部分经营权（自主权），按合同规定经营商品林。这部分林地不构成国有林，但农户的土地经营受到约束，在一定程度上仍可起到保障城市森林发展的作用。农户在承包地上造林，林地的使用权归农户，所有权归集体。对于这部分林地，要稳定农户的土地承包关系，确保农户经营林地的经济收益。

企业投资城市森林建设所需土地，须向农户租赁，或吸纳农户以土地承包权折价入股获取土地使用权。这样，企业拥有林地使用权。

（2）林木权。林木的产权界定遵循谁造谁有的原则。政府出资造的，应属国有资产；企业或农户出资造的，归企业或农户所有。但多功能林的兼营林地例外，因企业承担的兼营林地的造林费用，实际上是在向国家支付边际拥挤成本，所以兼营林地的林木仍为国有资产。

二、产业运行机制

1. 产业构成

城市林业是一个产业组合，由城市森林营林业、城市森林绿色食品业、城市森林服务业等构成，其产品有实物产品、要素产品、服务产品三大类。林木、苗木、花卉、果品等实物产品的生产，能产生直接的生产经营收益。在林地内低密度开发房产，对因城市森林的发展而产生升值潜力的土地实行储备，能形成要素产品。开发体育、休闲、旅游等服务产品，既丰富了文化市场，又可产生可观的经济效益。

受多种条件的综合约束，相当长时期内上海现代城市森林的发展，要兼顾商品林和各类多功能林的开发。在城市林业的发展上，有关方面和部门应通力合作，努力培育和开拓商品林产品消费市场，打造城市森林休闲观光、旅游健身等多样化服务产品，为商品林和多功能林的建设发展创造良好的市场环境和市场需求。

2. 产业导向

城市林业应主要服务于城市森林的发展，在确保上海现代城市森林主导性功能实现的前提下，提高产出，谋求经济效益。

上海城市林业产业体系的培育和建设，以生态公益林培植和经营管理为主导，以培育和经营各种类型的生态公益林为首要任务，优先保障上海现代城市森林"三网、一区、多核"的城市森林生态网络体系的建设。

要积极鼓励和扶持发展商品林和多功能林。兼具生产、生态和景观功能的商品林和多功能林，是上海城市林业产业体系的重要组成部分，对有效扩大城市森林面积，以林养林、以房建林、以体育或休闲项目建林具有积极意义。要优先发展多品种经济果林；积极支持发展兼具生态、宜居、观光、休闲和健身功能的成片多功能林，有效点缀林网，塑造多姿的城市森林景观；有选择地适度扶持发展速生用材林。

要合理规划和引导苗木基地的建设发展。适度规模的苗木基地，既能为城市森林建设提供多样化和多品种的优质苗木，也能为园林绿化、庭院绿化、家庭绿化等提供必要的栽培性花卉苗木的种苗支撑。要根据上海现代城市森林的立地条件、品种结构控制、市场容量变化，合理规划和有序引导苗木基地的建设发展。

3. 产业组织

产业组织是城市林业的载体。支撑上海现代城市森林发展的城市林业，本身也需要有相应的产业组织系统作支撑。这个产业组织系统由各类企业构成，城市林业的产业运行必须走企业化道路。要充分运用产业政策手段，鼓励和吸引资金实力雄厚、具有经营优势的企业介入城市林业。这些企业可以是本地的，也可以是外地乃至国外的；可以是国有企业，也可以是民营企业或混合所有制等其他多种所有制类型的企业；可以是园林企业，也可以是房地产业、旅游业、林产品加工业等方面的企业。这些企业的进入，可为城市林业的市场运作提供坚实的基础。

城市林业的发展还必须吸纳众多的农户参与。农户高度分散、超小规模的家庭承包经营，与城市林业的产业定位和产业功能存在着明显的不适应。要积极探索农户产业组织的制度创新，大力培育农户自己联合形成的产业组织。可考虑在农户自愿的基础上，以土地承包权联合、资本联合、劳动联合为纽带，以契约方式明确责、权、利，构建农户的契约合作型产业组织。还可以走农户与企业联合的道路，农户或以土地承包权折价入股，或与企业签订合同（订单林业），使农户融入企业。

4. 产业发展

城市林业以提供城市所必需的生态和景观支持为主要效用，是一种典型的基础服务产业。因此，政府应主导城市林业的发展。

上海城市林业的产业发展，在组织和调控层面上，以政府行为为主导，由5个子系统形成一个相对完整的产业发展运行系统。

（1）产业发展规划与宏观管理系统。产业发展规划与宏观管理系统的主要功能是，在上海城市总体规划和国民经济与社会发展规划纲要的指导下，合理组织和调控城市林业的发展；编制以生态公益林为主体的城市森林重大建设项目规划，并纳入城市重大基础设施建设项目序列；通过市人大立法机构赋予城市林业建设发展规划相应的法律地位，强化对城市林业建设发展的规划管理。

（2）融资系统。城市林业发展的资金需求相当庞大，作为城市基础设施建设的有机组成部分，需要政府财政的大量投入，同时通过接受社会捐赠、银行信贷等多种渠道筹措资金，以弥补财政投入的不足。为此，要建立统一和规范的建设资金筹措和运作机制，确保对资金投入的需求。同时，要按照专项建设资金和基金专款专用原则，对重大建设项目、日常经营管理和维护、林业科技开发等，通过市场化运作模式，建立规范的市场化投入机制，有效使用有限的建设和管理资金。

（3）产业发展政策系统。商品林、多功能林及花卉苗木基地在进行实物产品或服务产品的商品生产同时，也应充分兼顾生态和景观功能，并须按城市森林的发展要求规范其生产经营行为。生态公益林的项目建设和维护管理，则需要通过公开市场招投标实行企业化经营。因此，要根据上海现代城市森林的发展要求和动态变化，及时制订相应的城市林业产业发展政策，鼓励企业、非盈利民间组织和社会公众积极参与，有效推动城市森林建设的快速发展。

（4）技术规范、标准、条例的制订和实施系统。在我国日益成熟的社会主义市场经济条件下，城市森林的建设和管理，通过公开市场进行市场化运作是一种必然选择。参与城市森林建设和维护性经营管理的市场主体会相当多，因此要借鉴国外城市森林发展的经验，结合上海的具体市情，科学合理地制订城市森林建设和管理的技术规范、标准和条例，建立相应的实施与监管系统，建立严格的项目验收与技术考核制度，以此规范参与者在城市森林建设与维护性经营管理中的行为。

（5）项目组织与管理系统。上海现代城市森林的建设或维护性经营管理项目分布在条块交织的不同归口领域内，参与管理、建设和经营的政府机构、单位和企业众多。为使城市森林的建设发展和维护性经营管理能够处在一个有机统一、协调有序的系统内运行，并使资金运作和城市森林功能效益最大化，应建立以纵向运作和管理为主、横向有机协调为辅的产业项目发展组织与管理系统，按城市基础设施建设和经营管理的要求，分类组织重大产业项目的开发与经营管理。

三、农户补偿机制

1. 补偿依据

发展上海现代城市森林需要把相当数量的耕地转为林地，农户的生产因之受到不同程度的影响。为保障农户合法权益，维护农村社会稳定，必须对农户给予合理的补偿。

在耕地转为林地的过程中，农户将自己拥有的部分法定权利作出让渡，被让渡的权利构成农户的补偿依据和标准。政府征用耕地造林，农户让渡了集体所有的土地所有权。政府或企业租赁农户的耕地造林，农户让渡了土地承包权包含的土地使用权。政府以契约方式要求农户退耕造林，农户让渡了部分土地经营自主权。农户退耕造林的土地有生态、景观等方面的利益外溢，农户让渡了部分土地收益权。对于农户让渡的这些法定权利，政府与企业有义务给予合理补偿，当然补偿的方式可以多样化。

2. 补偿标准

补偿标准一般参照土地的收益水平，这有一定的合理性，但还应充分考虑其他相关因素。

（1）征用土地的补偿标准。应综合考虑土地收益、地租、利率等影响地价的多种因素，同时还应充分顾及失地农户的再就业和养老、医疗等社会保障问题。不仅不能降低农户收入，而且要保证农户失地后的收入能与社会经济的发展同步提高。

（2）对租赁土地的补偿标准。当年宜在前三年土地收益平均值的基础上适当提高，并确定年递增率，以体现农户收入的增长。由于上海现代城市森林的发展要求保障林地的永久性，因此租赁期限应与土地承包期限一致。

（3）对按契约退耕造林的补偿标准。应参考农户退耕造林的机会成本和经营风险合理确定，补足农户因退耕造林而发生的收入减少。农户的资金极其有限，在林地没有产出或产出较少的期间，应适当补偿农户的土地收益和苗木费用。

（4）对利益外溢的补偿标准。可与契约补偿合并确定标准，原则上补偿额应是耕地平均收益与退耕造林收益的差额。

3. 补偿中的问题

（1）维护农村社会长期稳定。土地是农民最基本的生产资料，也是农民最基本的生活保障。失去土地对农民生产、生活带来的影响和后果将长期持久存在。为维护农村社会的长期稳定，需要确立补偿的长效机制，避免农民"坐吃山空"用尽补偿款后引发社会问题。此类问题在以往的征地中曾有发生，应给予充分关注。

（2）保障农户发展权。对农户的补偿往往比较注重生活保障，但更重要的是要加强生产保障。补偿要既授之予鱼，也授之予渔，拓开农户的发展空间。就业机会提供、劳动技能培训、技术推广服务、贴息贷款等都是很好的非货币形式的重在保障农户发展权的补偿方式。

（3）促进农民收入增长。上海郊区发展林业，土地和劳动力成本都明显高出周边地区农村，缺乏比较优势。发展上海现代城市森林，将有一大批农村劳动力转向林业和其他非农行业，如何促进这部分农民增收是补偿机制必须解决的一大难点。政府要在补偿的同时做好服务工作，指导农户合理有效地使用补偿款，为农户排忧解难，必要时还应提供增收的项目，使这部分农户的收入增长幅度不低于上海农户的平均水平。在增收项目的开发上，政府除扶持农户开拓非农产业外，还应指导农户在林地上进行多种经营，通过林苗结合、林禽结合、林菜结合、林果结合等方式，提高林地产出和经营收益。

4. 补偿方式探索

国家无论以何种方式获取农户的土地权能，都必须对农户进行补偿。在补偿的形式和标准上，应充分顾及保障农民合法权益和维护社会稳定，并力求在模式上有所创新。

（1）征地补偿模式创新。以往的征地补偿，较多着眼于货币补偿、就业安置和退休养老上，这种分散补偿的效用往往难以持久。可考虑采用信托投资的方式，将补偿金集中用于投资，使农民转化为股民（股权人）。信托投资的项目开发优先选择上海现代城市森林建设项目，项目用工优先录用被征地的农民。这是一种一举多得的模式，但在实施中必须充分尊重农民的自主权。

（2）流转补偿模式创新。农地使用权流转也可考虑信托方式，由村或乡开办"土地银行"。在农户自愿的基础上，进行农地使用权信托流转，变分散流转为集中流转。这样既保障了农户的权益，又大大降低了交易成本，方便农地流转的出让方和受让方。

第五节　上海现代城市森林建设管理模式

上海现代城市森林的建设和管理，必须从国情和市情出发，在充分借鉴国内外有关经验的基础上，勇于开拓创新，探索具有中国特色、时代特征、上海特色的新模式。

一、城市森林建设和管理模式选择的价值目标

对城市森林建设和管理模式方案的评价，涉及价值目标的确定。在评价目标上，上海现代城市森林建设和管理的模式应实现效率、公平和稳定三大价值目标。

1. 效　率

效率是城市森林建设和管理模式择定的重要价值目标。所谓效率，指以尽可能小的代价（成本或投入）获取尽可能大的效用，也就是说要既能有效地控制成本实现城市森林的供给，又能充分满足生态、环境、景观、休憩等方面对城市森林的需求。效率主要涉及两方面的问题：资源配置和主体构建。

最有效率的资源配置，被称为"帕累托最优"（Pareto Efficieney）。帕累托最优是这样一种状态：资源配置的任何改变都不可能使一部分人收益而又不使另一部分人受损。在帕累托最优状态下，社会总收益（TSK）与社会总成本（TSC）的差异最大化，即社会净收益最大化。当社会边际收益（MSR）等于社会边际成本（MSC）时可满足帕累托最优的实现条件。在完全竞争的市场结构中，一般均衡的实现，也就是供给与需求平衡时，帕累托最优就可实现。但是，城市森林的公益性导致市场失灵，这就要求有相应的制度安排来追求帕累托最优。

提高城市森林建设和管理效率的另一个重大问题是合理构建主体。无论建设还是管理，主体不同往往效率有很大的差异。在城市森林建设和管理具体实施中，有些事情由政府完成效率高，而有些事情反而由市场主体承担更有效率。城市森林建设和管理模式必须以效率为价值导向，对各个环节的主体做出合理择定。

2. 公　平

城市森林建设和管理模式的确定，必须体现社会公平。

发展城市森林既有可观的生态、经济、社会方面的收益，但也需要付出一定的代价。生态环境的改善、经济竞争力的提高、城市景观的美化，这些都是城市森林产生的收益。但是，不同区域、不同行业、不同个体享用城市森林收益的程度有很大的差异。应在设计城市森林建设和管理模式时，充分注意这种差异性。对于受益较充分、较明显的行业、区域和个体，建设和管理模式要做出安排，让其承担一定的建设和管理成本。

城市森林通常是公共设施，应充分顾及社会公众享用城市森林的权利。即便为筹措资金吸引社会力量投资城市森林，也只宜把小比例的公共空间转化为私人空间。

城市森林的发展对农户的利益会产生重大影响，确定建设和管理模式要对农户的利益给予足够的考虑，不仅不能牺牲农户利益，而且要使农户成为发展城市森林的赢家。

3. 稳　定

成功的城市森林建设和管理模式，应具有高度的稳定性。影响城市森林稳定的因素主要来自利益和政策两个方面。经济利益驱动和政策波动都能对城市森林的稳定造成很大的冲击，建设和管理模式的设计，要尽可能减小城市森林对利益和政策的敏感性，以合理的体制和机制作为主要保障，最大限度地避免出现城市森林先造后毁、重造轻育等不稳定现象。

二、基本模式类型

城市森林的建设和管理涉及规划、造林、养护、监管等主要环节。在上述环节中，规划与监管宜作为行政职能，由政府统一组织实施；造林、养护，则可吸纳社会力量参与，由政府和社会共同完成。造林—养护的基本模式分为4种类型。

1. 国有、国造、国养

国有国造国养，是指政府承担林地（所有权林地或使用权林地）、造林和养护的全部费用，由国有企业实施造林和养护。这个类型的森林在上海现代城市森林中应只占小部分，主要适用于重要生态区位的生态公益林与对社会有重大影响的多功能林。对于生态公益林，国有国造国养的森林除发挥城市森林的基本功能外，还应成为上海现代城市森林的示范基地与科研基地，为政府建设和管理的实施与决策提供科学依据。由于生态公益林不能产生直接经济效益，经营这部分森林的国有企业必然发生经营亏损，政府应给予政策性定额补贴。对于多功能林，国有国造国养的森林应在经营上起导向作用，不仅要充分保证多功能林的生态效益和社会效益，而且要努力实现国有资产的保值和增值。国有国造国养多功能林的经营收益定向用于发展上海现代城市森林。这方面的运作，上海已有成功的经验。由国家投资的上海绿地集团，自1992年创立以来，集团资产由2000万元增值为60亿元。10年来，绿地集团为上海绿化无偿投入2.85亿元，通过"辟地建绿、拆房建绿、征地建绿、建房扩绿"等多种途径，为上海增添了260万平方米的公共绿地。

2. 国有、国造、民养

国有国造民养，是指政府承担林地（所有权林地或使用权林地）、造林的费用，社会公众承担养护费用，在必要时政府给予一定补贴，通过市场机制由企业（国有、民营、混合所有制）、农户或非盈利民间组织实施造林和养护。这个类型主要适用于社区林、农田防护林、污染隔离林等生态公益林。由于此类城市森林生态效益和社会效益的主要受益对象带有明显的区域性，社会公众有比较强烈的参与热情，愿意出资养护或直接承担养护工作。

3. 国有、民造、民养

国有民造民养，是指政府提供林地（所有权林地或使用权林地），企业或非盈利民间组织出资并实施造林和养护。这个类型一般适用于多功能林和部分生态公益林（如市民林等）。企业主要从事多功能林的造林和养护，非盈利民间组织主要从事生态公益林的造林和养护。企业从多功能林项目开发（房产、体育或休闲项目等）中获取的收益，在扣除正常水平盈利后的积余部分如不足以承担造林和养护费用，可申请政府补贴。非盈利民间组织在生态公益林的造林和养护过程中发生的经费困难，政府应给予资助。

4. 民有、民造、民养

民有民造民养，是指企业、农户在非国有林地上投资、造林和养护，主要适用于商品林。无论是用材林、果桑林还是苗木基地的造林和养护，都构成生产经营活动，具有维持生产与再生产的条件。这些民间资本开发的商品林，有生态等方面的利益外溢，也有一定的经营风险，政府应给予必要的政策支持。同时，在经营方向、项目产品、林地变更等方面，政府又必须采取严格的行政管制措施予以规范。

三、建设和管理

1. 生态公益林的建设和管理

（1）国有生态公益林的建设和管理。生态公益林应主要由政府提供，建设成为国有林。上海现代城市森林的发展，需要有国有林作为基础和骨干，国有林在比例上以不低于50%为宜。国家对国有林产权的拥有可以采取多种模式，可以国有国造国养，也可以国有国造民养，还可以国有民造民养。但不管采取何种模式，政府都须拥有林地的所有权或使用权。国有林的国有主要表现为林地的国有。

上海现代城市森林中的国有生态公益林大体上可以分为3个大类。

第一类是市级的大型生态公益林，如黄浦江上游水源涵养林、外环与郊环绿带、自然保护区林地、沿海防护林带等，这类林地以市公共财政投资建设为主。

第二类是区域性生态公益林，如各个工业区、新城和城镇公共林地等，应作为非农业建设用地成片开发的附属林地，以地方政府从土地成片开发收益中筹资进行投资建设为主，市公共财政予以适当扶持。

第三类为大型市政工程附属生态公益林，如主干道路的大型绿化带等。在工程建设标准以内的林地建设由工程项目投资建设，计入工程建设总成本；超标准绿化带建设，可以通过招标契约规定，由工程项目投资建设，必要时由市公共财政给予适度投资补贴。

国有生态公益林的造林和养护，可由政府筹措资金，通过发包或招标，交企业完成。

国有生态公益林的造林和养护，也可通过退耕造林的途径交农户完成。政府与农户签订合同，农户按合同要求退耕造林，政府提供相应补贴，并免除农户的农业税、村提留和统筹费。政府的补贴应包括土地租赁费、苗木费、养护费等方面的补贴。补贴标准须逐年提高，以保证这部分农户的收入增长。

国有生态公益林的造林和养护，还可交非盈利民间组织承担。政府提供林地，非盈利民间组织以"三自"方式建设生态公益林。所谓"三自"，指自购苗木、自行造林、自行养护。对这部分林地，政府应加强行政管制，从规划到林木处分，都不能放任自流。

（2）民有生态公益林的建设和管理。生态公益林中的农田防护林，可由农村集体经济组织提供，建设成为民有林。这类生态公益林的林地，由集体经济组织提供，造林和养护的费用，也主要由集体经济组织承担，政府给予一定补贴。林地和林木的所有权归农村集体经济组织所有，但林地和林木的处分受政府关于生态公益林行政管制的约束。

2. 多功能林的建设和管理

生态与休闲、观光、健身相结合的多功能林，其生态功能虽比较强，但具有商业性开发的性质，此类林地原则上应由相应的开发商投资建设。多功能林作为上海现代城市森林的有机组成部分，在规划控制范围内为鼓励此类林地的开发建设，可以在一定程度上给予相应的优惠政策，如用地指标、税收减免等。

3. 商品林的建设和管理

商品林的直接经济收益归经营者所有，即农户或企业所有，理应由经营者投资建设。由于上海市郊的商品林生产缺乏比较优势，生产经营的风险较大，生态和景观效益又为社会共享，政府应采取政策措施给予显性或隐性的适度补贴。对于开发商品林、并承诺规定期限内不将商品林改作它用的生产经营者，政府可给予三方面补贴。第一，给予商品林开发一次性补贴；第二，在商品林产生经济效益之前，每年给予一定额度的抚育补贴；第三，无偿提供技术服务。

4. 花卉苗木基地的建设和管理

花卉苗木基地是城市森林开发建设和可持续发展的重要支撑，也是城市森林的重要有机组成部分。花卉苗木基地属于生产经营性林地，目前经济效益相对比较好，此类林地的开发建设，由生产经营者全额投资开发，盈亏自负，政府给予优惠政策支持。其中，大型生态公益林专用苗木的生产基地，可以作为生态公益林的配套项目，由企业或农户投资开发，政府定向收购产品。

第六节　上海现代城市森林建设管理的政策法律保障

完善的政策法规是上海现代城市森林建设和管理的重要保障。城市森林在我国还很年轻，而上海则还刚刚开始启动，相应的政策法规相当不健全。这里，在借鉴国外有关经验的基础上，结合我国城市森林建设和管理的实际，在上海地方和国家两个层面上对有关政策法规的制订、修改提出建议。

一、国外有关城市森林建设和管理的政策法规

国外一些城市发展城市森林比我国早，也制定了一些相对比较成熟的政策法规。了解这些关于城市森林建设和管理相关的政策法规，对于加强和完善我国相关政策法规的制定，具有一定的借鉴意义。

1. 严格规定绿化面积的比例或绿带宽度

英国是对城市绿化实行法制最早的国家，1938 年就颁布了《绿带法》。该法规定：在伦敦市周围保留宽 13~24 千米的绿带，在此范围内不准建工厂和住宅。德国政府在城市规划中，要求每人拥有并管好 9 平方米住宅绿地，城市公共和私有绿地占城市总面积的 1/3~1/2。日本在 1973 年公布的《城市绿地保护法》中规定：工厂中的绿地应占厂区总面积的 20%；医院绿地应占医院总面积的 20%~30%；学校绿地应占校园总面积的 20%~30%。新加坡则通过立法，要求所有的广场都要有 30%~40% 的绿地；新修建的道路必须有 4 米宽的隔离带、2 米宽的侧方绿化带；次级的道路也要有 1.5 米宽的侧方绿化带。

2. 通过立法为城市森林建设和管理提供资金

美国国会于 1971 年通过了城市环境林业计划议案，为城市林业提供 3500 万美元资金。

1976年美国国会制定《合作森林资助法》的第6部分即是发展城市森林,该法对城市森林管理、病虫害防治、森林防火等予以资助,当年美国国库为城市森林建设和管理提供了250亿美元。日本通过立法支持城市森林发展,据统计,1972~1983年的城市森林经费占国民生产总值的0.03%~0.08%。新加坡也很重视城市森林,1978年成立了花园城市行动委员会,每年绿化经费占总预算的1/3。

二、国内城市森林建设和管理的相关政策法规

发展城市森林不仅是一项利国利民的重要公益事业,也是改善城市投资环境、提高城市品位、增强城市竞争力的有效手段。因此,发展城市森林是城市建设的重要组成部分。新中国成立以后,我国政府的相关政策和法规始终左右着城市森林(20世纪80年代前主要称为城市绿化或园林绿化)的建设方向和发展步伐。

1. 改革开放前的相关政策法规(1949~1978年)

1952年中央人民政府成立了建设工程部后,很快召开了第一次城市建设会议,会议明确划定了城市建设范围,其中第五项建设内容就是城市的公园和绿地建设。当时,毛泽东主席提出了"绿化祖国"的号召,全国兴起植树造林的高潮。城市建设部门制订了城市绿化建设的方针与任务:"在国家对城市绿化投资不多的情况下,城市绿化的重点不是先修大公园,而首先要发展苗圃,普遍植树,增加城市绿色,逐渐改变城市的气候条件……不要把精力只放在公园修建上,而忽视了城市的普遍绿化,特别是街坊绿化工作。"城市普遍绿化实际上就是指现在的城市森林建设。

在这个阶段,国家不断颁发相关的文件来强调城市建设中的绿化环节,如1956年5月8日,国务院常务会议通过了《关于加强新工业区和新工业城市建设工作几个问题的决定》,提出逐步实现统一规划、统一投资、统一设计、统一施工、统一分配和统一管理的方针,在城市建设得到加强的同时,城市绿化也逐步朝有序化发展。

1958年开始的"大跃进"运动把各行各业都推向了盲目和无序。当时强调,园林绿化应结合生产,公园要做到"以园养园",产生了不小的负面影响,公园绿化受到较大的损坏,直到1986年召开全国城市公园工作会议才得以纠正。

1962年中共中央、国务院召开第一次全国城市工作会议,并发出《关于当前城市工作若干问题的指示》,决定把大中城市的工商附加税、公用事业附加税和城市房地产税,统一划给市财政保证用于城市公用事业、公共设施建设,而在公共设施所包含的项目中,明确规定了包括园林绿化设施,使城市绿化建设增加了资金。这是新中国成立后第一次明确城市绿化资金的来源。

按照该文件的精神,1963年建设部颁发了《关于城市园林绿化工作的若干规定》,这是我国第一部关于城市绿化建设的准则。该规定明确了城市园林绿化的方针、任务,园林绿地的包含范围,园林绿地建设、管理、养护等一系列内容。

"文化大革命"期间,《关于城市园林绿化工作的若干规定》被全面否定,刚刚走上有序的城市绿化再次受到极大的破坏。

2. 改革开放后的政策法规（1978~1992 年）

1978 年国务院召开了第三次全国城市工作会议，制定关于加强城市建设工作的意见，起到了拨乱反正的作用。1979 年国家城建总局发出《关于加强园林绿化工作的意见》，该意见与 1963 年的《关于城市园林绿化工作的若干规定》基本相似，但提出了新的要求。其一，在有计划进行园林绿化建设条款中提出了量化的指标，如公共绿地近期 1985 年达到人均 4 平方米；2000 年达到 6~10 平方米；新建城市绿地面积不得低于城市用地总面积的 30%；旧城改建保留绿地面积不低于 25%；绿化覆盖率近期 30%，远期 50% 等。其二，明确提出按经济规律办事，改善经营管理。其三，建立、健全技术责任制，把技术管理工作提高到应有位置。

从历史发展观点来看，这个文件和 1992 年的《城市园林绿化工作管理条例》，都是城市绿化事业发展历史上具重大意义的文件。

该时期国家陆续颁发了一系列有关园林绿化建设的文件，极大地推动了城市绿化建设。颁发的文件主要的有：

1980 年，国家城市建设总局发布《关于大力开展城市绿化植树的通知》；

1981 年，全国五届人大通过发布《关于开展全民义务植树运动的决议》；

1982 年，国务院办公厅转发国家城建总局《关于全国城市绿化工作会议的报告》，提出城市绿化建设也是建设社会主义精神文明的一项重要内容；

1982 年，城乡建设环境保护部颁发《城市园林绿化管理暂行条例》；

1989 年，全国人大七届常委会第十一次会议通过《中华人民共和国城市规划法》；

1991 年，建设部发布行业标准《城市绿化和园林绿地植物材料（木本苗）》。

1992 年 6 月 22 日，国务院以第 100 号令，发布《城市园林绿化工作管理条例》，这是我国城市绿化的第一部行政法规。

这个时期特点是，通过文件和法规的建立把城市绿化建设引向全面的发展，大量条文包含科学的定义和技术规范指标。

3. 世纪交替的政策法规（1992 年至今）

《城市园林绿化工作管理条例》的发布，标志着我国城市绿化建设进入了一个新的阶段，它以法律的形式确定了城市绿化建设的地位，把城市绿化纳入了法制的轨道。该条例立法的目的主要有三个方面：促进城市绿化事业的发展；改善城市生态环境；美化城市环境。

几乎在《城市园林绿化工作管理条例》公布的同期，建设部提出了在全国范围内创建园林城市的活动，从而进一步推动了城市绿化建设的进程，取得了举世瞩目的成就。特别是最近几年，许多城市为了与国际接轨，把城市绿化建设改称为城市森林建设，并把城市森林建设作为发展经济、改善投资环境的重要保证，加大了投入力度，使城市森林建设出现新的高潮。

在这一时期，由于国内对城市森林建设的认识逐渐加深，建设的范围也逐渐从市内园林绿化扩大到市郊的森林建设，提出了"将森林引入城市，把城市建立在森林中"的口号。随着城市森林建设范围和内涵的扩大，必然要求与之相适应的政策法律依据也要扩大。因此，

《城市园林绿化工作管理条例》已经不能涵盖和满足新时期城市森林建设和管理方方面面的要求了。

在这种形势下,《中华人民共和国森林法》《中华人民共和国土地管理法》《中华人民共和国环境保护法》《中华人民共和国城市规划法》《中华人民共和国防治沙漠化法》《城市用地分类与规划建设用地标准》《城市古树名木保护管理办法》《城市绿化规划建设指标的规定》《中华人民共和国大气污染防治法》等相关法律法规,都成了发展城市森林的政策法律依据。

在国家法律、法规、条例的基础上,地方人大和政府结合各自的特点也制订了地方法规和地方行政规章。一般各省、直辖市、省会城市都有自己的城市绿化条例,许多城市另外还制订了一些针对性极强的行业规范。比较典型的有：

北京市：《城市绿地植物种植的若干意见》《北京市绿化补偿费缴纳办法》《北京市建设工程绿化用地面积比例实施办法》等。

上海市：《上海市闲置土地临时绿化管理暂行办法》《上海市环城绿带管理办法》等。

广州市：《广州市流溪河水源涵养林保护管理规定》《广州市流溪河水源涵养林效益补偿资金筹集和使用办法》《广州市森林公园管理条例》《广州市白云山风景名胜区保护条例》《广州市城市绿化管理条例》《广州市公园管理条例》等。

其他还有：《天津树木移栽审批规定》《合肥城市绿化工程管理条例》《哈尔滨环城林带管理条例》《常州城市绿化损坏赔偿标准》等。

这些法律、法规、条例和文件,为发展我国城市森林奠定了基础,起到了极其重要的作用。但是,当前我国林业和生态建设面临新的形势,国民经济和社会发展对城市森林提出了新的更高的要求。因此,有必要对这些法律法规作深入的研究、调整和补充,使其更加完善、更加符合新形势下城市森林建设和管理的需要,真正成为促进和保障城市森林发展的法律武器。

三、上海地方政策保障体系的建议

近年来,上海在促进全市国民经济与社会持续快速发展的同时,逐年加大了对生态环境建设的投入,环境质量特别是造林绿化水平有了显著的提高。但由于历史欠账太多,目前全市的森林覆盖率仍仅为9.4%,不仅与世界发达国家大都市的森林覆盖率相比差距很大,而且显著低于国内林业发展较好的大城市。因此,上海要建设成为国际贸易、金融、经济和航运中心之一,成为现代化、生态型的国际大都市,必须突破生态环境建设这个瓶颈。森林是生态环境建设的主体,因此发展城市森林建设已经成为上海建设国际大都市的主要内容之一。

上海在发展城市森林过程中,必须制定一系列相关的政策法规,以保障上海现代城市森林这项宏伟工程的顺利进行。上海发展现代城市森林,遇到的最突出的问题是城市森林建设用地问题、农民问题和建设资金问题,因此有必要在国家相关法律法规的基础上,着重围绕这三个方面的问题制定地方性政策法规。

1. 城市森林建设用地保障

（1）以林网化、水网化作为城市森林建设的基本框架。根据上海人均耕地面积小、道路和水网密集的特点，在城市森林建设过程中，一方面要尽可能地少占用耕地，另一方面要充分利用道路两边和河流两岸空闲地植树造林。在制定《上海现代城市森林总体规划》时，要明确上海现代城市森林建设以林网化、水网化为基本框架，在其结点营建片林，形成"点、块、带、网、片"相结合的总体布局。

（2）采取征用土地或土地使用权流转的办法确保城市森林建设用地。制定《上海市农村集体土地使用权流转办法》，规定凡在《上海现代城市森林总体规划》范围内从事林业建设的企业和个人，可通过土地使用权流转，向农民租赁土地集中造林，每年向农民支付土地租赁费，并优先吸纳被租赁土地上的农民为养、护林人员；鼓励采取征地的方式，将原来农民承包地转化为永久性林场，并对农民进行补偿安置。规定农村集体经济组织可以以土地使用权合作、入股等方式，参与苗木生产基地建设，营建生态公益林、生态型经济林等城市森林。

2. 农民权益保障

（1）建立农村集体土地使用权流转基金。在《上海市农村集体土地使用权流转办法》中规定，对土地使用权流转后的离土农民，实行"三个不变"，即集体经济组织成员的身份不变，集体经济组织的待遇不变和土地收益权不变。同时，对实施土地使用权流转后的农民，要提供更多的就业机会。土地使用权流转收益除按规定足额缴纳国家有关税金和农村社会养老保险基金、按农民正常收入进行收益分配外，剩余部分应建立农村集体土地使用权流转基金，主要用于土地使用权流转的风险补偿、农民补充保险和发展农村集体经济等。

（2）给予进行城市森林建设的农户或单位资金扶持。规定凡在《上海现代城市森林总体规划》范围内实施退耕造林，进行城市森林建设的农户或单位，由市、区（县）财政给予一定的补贴。在退耕地上营造生态公益林的，每年给予补贴，并免交农业税、村提留和统筹费；在退耕地上营造用材林的，也在一定期限内给予以补贴并免交农业税、村提留和统筹费；在退耕地上发展经济林、苗木和花卉的，给予适当的补贴。

（3）创造就业岗位和增加农民收入。要妥善解决农民退耕造林后的生存和发展问题，必须构建城市林业产业体系，调整农村产业结构。要大力开发用材林、经济林种植及其后续加工利用的产业链；开发城市森林生态、休闲和观光旅游业；开发花卉、苗木、盆景、草皮等花草种植业。政府对这些产业要实行资金扶持和税费减免等优惠政策，这些产业也必须优先吸纳当地农民就业。

3. 城市森林建设资金保障

（1）明确城市森林建设的投资主体。生态公益林建设，以政府投资为主，按市、区（县）分工，由市、区（县）各级政府负责实施，并广泛吸收其他社会资金参与建设；道路、河道两侧林带建设，以政府投资为主，由各级政府的道路、河道主管部门负责实施；用材林建设，以社会资金投入为主，按照市场化运作模式，主要由区（县）政府或开发商负责实施；经济林建设，以农户或社会资金投资为主，由农户或开发商负责实施，政府给予适当补贴。

（2）建立土地开发特许制度。凡是在《上海现代城市森林总体规划》范围内从事大型片林建设，且经过规划批准先行试点的，可适度进行低密度生态住宅、体育、休闲和生态观光旅游等项目的开发建设。

（3）建立土地储备制度。对大型片林规划建设将带来明显升值的土地，可采取多种方式进行土地储备，确保土地升值变现后为城市森林的建设、养护和管理提供资金。土地储备既可以由政府建立土地储备机构完成，也可以由政府委托开发商进行。

（4）建立城市森林生态效益补偿基金。根据国家有关规定，建立上海现代城市森林生态效益补偿基金，通过财政拨款、企业和个人捐款等多种途径筹集资金，在条件成熟时可考虑征收城市生态税作为城市森林生态效益补偿基金的主要来源。森林生态效益补偿基金重点用于扶持黄浦江水源涵养林、沿海防护林、工业区防护林、大型生态片林、环城林带等生态公益林建设，也应对主要公路、铁路两侧林带、骨干河道防护林、森林公园、商品林等建设给予适当支持。

四、我国城市森林建设管理政策法规的建议

跨入新世纪，我国已进入全面建设小康社会，加快推进社会主义现代化建设的新阶段，可持续发展已成为国家长期的基本战略。林业和生态建设是我国实现可持续发展的前提和保证，是国民经济和社会发展的基础，现已成为新时期人们关注的焦点。城市森林既是林业和生态环境建设的重要组成部分，也是城市建设的重要内容，被视为现代化城市的一个重要标志。要加快我国城市森林的建设步伐，加强对城市森林的管理，必须进一步完善国家有关城市森林建设和管理的政策法规，使之适应新形势的需要。

1. 对现有法律法规的修改建议

现有的与城市森林建设和管理相关的法律、法规和条例中的一些条文、提法和指标等，已经不能适应新形势下城市森林建设和管理的需要，有必要作适当的修改和完善。建议重点修改的条款如下：

（1）明确城市森林建设是城市建设的重要内容。建议在《中华人民共和国城市规划法》中，增加城市森林建设总体规划的内容，明确城市森林建设的指导思想、建设原则和建设范围等内容。各地城市森林建设总体规划一旦经过同级人大批准，就具有法律效力，不能随意变更。如确有必要改变总体规划，应由相关专家组成的独立审核委员会，对变更的理由和新规划的总体框架进行审核，最后提请同级人大通过。

（2）明确城市森林的建设用地和范围。随着我国城市化进程的加快和城市森林建设的扩张，必然涉及到部分城市近郊和远郊的耕地转为林业用地的问题。建议对《中华人民共和国土地管理法》中的相关条款作适当调整，为城市森林的建设用地提供法律保障。建议在《城市用地分类与规划建设用地标准》中，明确城市森林建设的用地范围与标准。此外，建议修改相关法律，规范农村集体土地使用权的合理流转。

（3）明确城市森林作为一种新的森林类型。城市环境中所有树木构成了城市森林，它是一种特殊类型的森林，似可归属于防护林、特殊用途林，但又不完全符合《中华人民共

和国森林法》划定的五种森林类型中的防护林、特殊用途林。建议在《中华人民共和国森林法》中明确写入城市森林的内容，把它列为一种新的森林类型。

（4）明确城市森林的管理权属。目前的《城市园林绿化工作管理条例》规定，城市的公共绿地、风景林地、防护绿地、行道树及干道绿化带，由城市绿化行政主管部门管理，即由目前各地的城市园林局管理，基本形成了园林部门管城内、林业部门管城外的局面（也有一些城市，郊区的风景林归属园林部门，城内的山林归属林业部门），实际上分属于建设部门和林业部门两家管理，而两家的管理原则和方式有很大差别。城市森林覆盖城区（或建城区）、近郊区和远郊区，如果分别采用不同的原则和方式进行管理就很难协调，不利于城市森林的统一规划、统一布局和统一管理。建议在《中华人民共和国森林法》或《城市园林绿化工作管理条例》中明确规定城市森林的管理权属。可成立城市森林管理委员会统一管理城市森林，由建设部门和林业部门中相关人员和专家组成。或者由该城市的绿化委员会来管理城市森林，但要适当增加建设部门的相关人员和专家。

（5）明确发展城市森林的资金来源。建议在相关法规中增加城市森林建设和管理经费的财政投入占城市财政支出比例的条款，以法律的形式确保财政预算、城市建设维护费有一定的比例作为城市森林建设专项资金。世界上绝大部分国家的城市森林发展资金基本都以中央和地方政府投入为主，城市森林建设（城市绿化）投资在国民生产总值（GNP）中占有一定比例，如日本占 0.02%~0.08%（1971~1982 年），美国占 0.06%~0.12%，加拿大占 0.01%~0.05%。我国应根据具体情况以及各城市间的差别，分别制订适当的标准。此外，在明确政府投入为主的基础上，鼓励通过各种市场化运作模式，广泛吸收社会资金参与城市森林建设，实行多元化投融资，充分保障城市森林建设的资金来源。

（6）明确衡量城市森林建设水平的指标。由于城市森林建设范围和内涵的扩大，《城市园林绿化工作管理条例》中规定的反映城市绿化水平的指标已不适应实际需要，建议将绿化覆盖率改为树冠覆盖率或城市森林覆盖率，保留绿地率和人均公共绿地面积指标。用这些指标作为衡量城市森林建设（城市绿化）水平的高低，有利于提倡在城区（或建城区）、近郊区和远郊区营建城市森林。

2. 建议在林业发展战略中强化城市森林建设的地位

在国家确定的林业发展战略中，已经把天然林资源保护、退耕还林（草）、京津风沙源治理、野生动植物保护和自然保护区建设等作为我国宏观生态环境整治的六大林业重点工程，这些工程项目基本集中在农区和山区，目前尚未直接涉足生态问题突出、经济发达、人口密集的城市。因此，开展城市森林建设是国家六大林业重点工程的重要补充，是开展中国森林生态网络体系建设的重要内容和延伸。为了进一步加快我国城市森林建设的步伐，建议国家突出城市森林建设在林业发展战略和城市生态环境建设中的地位。

3. 关于制定《城市森林法》的建议

建议全国人民代表大会在时机成熟时，考虑制定《城市森林法》（美国国会于 1972 年通过了《城市森林法》）。它应当涵盖和规范有关城市森林建设与管理的一揽子问题。总体框架建议如下：

（1）总则。应包含的主要内容有：城市森林的概念和内涵，制定《城市森林法》的目的和适用范围，城市森林建设的指导思想、原则和方针，城市森林的所有权，城市森林分类，城市森林的管理权属等。

（2）城市森林经营管理。应包含的主要内容有：城市森林总体规划的制定，城市森林建设和用地范围，森林、林木、林地所有权、使用权和经营权的界定和转让办法，城市森林的资产化管理和经营利用，产业体系建设，衡量城市森林建设水平的指标等。

（3）城市森林的保护。应包含的主要内容有：城市森林的保护组织及保护职责，城市森林保护的行政执法，城市工程建设的树木保护和补偿，城市森林火灾的预防和扑救，城市森林的病虫害防治等。

（4）保障措施。应包含的主要内容有：城市森林建设的科技保障，经营者的权益保障，城市森林的保护性措施，城市森林建设的资金保障（包括投融资机制、建立城市森林基金制度等），城市森林建设工程的招投标和工程监理等。

（5）法律责任。应包含的主要内容有：侵占城市森林用地、违反绿地系统规划、非法采伐、毁坏城市森林等违法行为的处罚或相关刑事责任。

参考文献
REFERENCE

1. 瞿辉等.园林植物配置［M］.北京：中国农业出版社，1999.

2. 魏德保.森林与人类健康.北京：科学出版社，1981.

3. 魏小琴.世纪之约：深圳市生态风景林建设文集.北京：中国林业出版社，1999.

4. 霍尔姆斯·罗尔斯顿.环境伦理学.北京：中国社会科学出版社，2000，10.

5. 薛晓亮，薛映平.太原市空气中硫污染物在植物体内积累的研究［J］.城市环境与城市生态，2001，14（1）：47~49.

6. 薛建辉，李苏萍.城市森林效益与可持续性研究展望.南京林业大学学报，2002，2（1）：31~35.

7. 薛立，陈红跃.世界森林发展趋势.广东林业科技，2000，16（2）：38~42.

8. 颜文希.发展城市林业的认识.广东省林学会通讯，1994（1）.

9. 赛道建.济南自然景观变迁对鸟类群落的影响.山东师范大学学报（自然科学版），1994，9（2）：70~76.

10. 蔡培印.上海实行保护古树名木新举措.云南林业，1996，4：28.

11. 路纪琪.生物多样性保护与城市生态系统的协调发展.河南师范大学学报，2001，29（3）：62~64.

12. 鲁敏等.城市生态学与城市生态环境研究进展.沈阳农业大学学报，2002，33（1）：76~81.

13. 韩强.绿色城市.广州：广东人民出版社，1998.

14. 蒋有绪.新世纪的城市林业方向——生态风景林.四川师范学院学报（自然科学版），2000，21（4）：301~311.

15. 蒋有绪.新世纪的城市林业方向.世纪之约.北京：中国林业出版社，1999：8~15.

16. 董雅文.城市景观生态.北京：商务印书馆，1993.

17. 粟娟，孙冰，黄家平.广州市城市林业管理信息系统的研制与开发.城市环境与城市生态，1997，10（3）：15~18.

18. 程绪珂.植物的相生和相克等实例（见：生态园林论文续集）.园林（增刊），1993：190~193.

19. 程绪珂.生态园林研究和实施技术报告（见：生态园林论文续集）.园林（增刊），1993：6~19.

20. 程绪珂，严玲璋，王传浩.建设有中国特色生态园林的探索.园林，1990（1）：4~5.

21. 游成龙.对发展城市林业的几点认识和建议.广东省林学会通讯，1994（5）：19~21.

22. 彭镇华.论中国森林生态网络体系城镇点的建设.世界林业研究，2002，15（1）：53~60.

23. 彭南轩."美国林业"建议城市树冠应达到40%.世界林业动态，1998（3）：8.

24. 黄晓鸢，王书耕.城市生存环境绿色量值群的研究（Ⅲ）：园内外园林绿地功能量化的研究.中国园林，1998，14（3）：57~59.

25. 黄庆丰.对发展我国城市林业的思考.林业资源管理，1998，3：47~49.

26. 符气浩，杨小波，吴庆书．城市绿化的生态效益．北京：中国林业出版社，1996.

27. 梁耀开．环境评价与管理．北京：中国轻工业出版社，2002.

28. 曹洪麟，王登峰．珠海市主要植被类型与城市林业建设．广东林业科技，1999，15（3）：22~28.

29. 曹文志等．加拿大森林可持续管理标准和指标评价．农村生态环境，2000，16（3）：58~60，62.

30. 康慕谊．城市生态学与城市环境．北京：中国计量出版社，1997.

31. 康慕谊．试析我国城市绿地系统的功能及其发展对策——以北京市为例．中国人口、资源与环境，2001，11（4）：87~89.

32. 高绪评，徐和宝，陈树元等．氟监测植物的筛选及监测指标的研究．植物资源与环境，1992，1（3）：28~34.

33. 高清．都市森林学．台北：国立编译出版社，1984.

34. 顾春熙．城市生态学．北京：中国林业出版社，1990.

35. 顾永明，汪寅虎，陈春宏等．上海郊区农田养分平衡状况的宏观分析．土壤通报，1994，25（7）：41~44.

36. 钱吉，汪敏，唐俊等．城市发展与生物多样性保护．自然杂志，1997，19（3）：173~174.

37. 袁兴中，刘红．城市生态园林与生物多样性保护．生态学杂志，1994，13（4）：71~74.

38. 耿宽宏．中国沙区的气候．北京：科学出版社，1986.

39. 涂慧萍．关于城市林业几个问题的思考．中国林业调查规划，2001，20（增）：162~166.

40. 桂来庭．从我国的城市化看城市森林的发展．中国林业调查规划，1995，54（4）：24~27，31.

41. 徐鹤等．生态影响评价中生境评价方法．城市环境与城市生态，1999，12（6）：50~53.

42. 徐炳声．上海植物名录．上海：上海科学技术出版社，1959.

43. 徐英宝．深圳市生态风景林建设工程有关问题的思考：世纪之约．北京：中国林业出版社，1999：32~46.

44. 徐波，赵锋．关于城市绿地及其分类的若干思考．中国园林，2000，16（71）：29~32.

45. 徐宝树，吴裕军．上海郊区农业现代化水平综合考核评价系统的研究．农业现代化研究，1994，15（1）：28~31.

46. 徐有芳．第十届世界林业大会文献选编．北京：中国林业出版社，1992.

47. 徐化成．景观生态学．北京：中国林业出版社，1996.

48. 夏廉博．人类生物气象学．北京：气象出版社，1986.

49. 唐东芹，傅德亮．景观生态学与城市园林绿化关系的探讨．中国园林，1999，15（3）：40~43.

50. 骆天庆．创建具有自然生态效应的城市绿地系统——福州市中心城绿地系统规划研究，2001，17（2）：75~78.

51. 钟林生，吴楚材，肖笃宁．森林旅游资源评价中的空气负离子研究．生态学杂志，1998，17（6）：56~60.

52. 郝敏，孔刚．城市林业．黑龙江园林，1995，3：69~70.

53. 赵惠勋．群体生态学．哈尔滨：东北林业大学出版社，1990.

54. 赵艳，杜耘．人类活动与武汉市自然地理环境．长江流域资源与环境，1998，7（3）：278~283.

55. 赵义廷．城市林业发展（综述）．林业资源管理，1998，4：42~46.

56. 贺庆棠等．气象学．北京：中国林业出版社，1993.

57. 贺伟等．密云水库上游水土保持地理信息系统．北京水利，1996（4）：16~20.

58. 柯合作，胡宏友．厦门市绿化树种规划可持续发展原则探讨．亚热带植物通讯，1999，28（2）：37~41.

59. 姜振铎. 中山市城市林业总体规划初探. 林业资源管理, 1995, 6: 22~24.

60. 郑松勤. 上海罗山路立交桥块绿地设计. 时代建筑, 1995, 1: 49~51.

61. 罗定先. 城市绿化的探讨. 广东省林学会通讯. 1994（5）: 15~19.

62. 林晨, 王紫雯, 赵可新. 城市行道树规划的生态学探讨. 中国园林, 1998, 16（6）: 41~42.

63. 林文镇. 谈树木之美学功能. 现代育林, 1991, 7（1）: 25~31.

64. 林文镇, 廖天赐. 森林文化特论之一: 森林情境, 孕育EQ. 现代育林, 1999, 15（1）: 19~26.

65. 林开敏, 郭文硕. 生态位理论及其应用研究进展. 福建林学院学报, 2001: 283~287.

66. 庞金华. 上海土壤元素含量的变化与评价. 土壤与环境, 1995, 4（1）: 47~52.

67. 庞金华, 钱永清, 金退良等. 上海农业生产中的自身污染与对策. 长江流域资源与环境, 1994, 3（2）: 172~177.

68. 宗跃光. 城市景观生态规划中的廊道效应研究——以北京市区为例. 生态学报, 1999, 19（2）: 145~150.

69. 孟丹. 走向"天人合一"的城市文化生态观. 华南理工大学学报, 2001, 3（1）: 31~34.

70. 周蕾芝, 张国庆, 张爱光. 森林公园旅游设施建设中舒适度问题的探讨. 林业资源管理, 2002（2）: 55~58.

71. 周道瑛, 王雁, 苏雪痕. 北京城市隔离片林的建设及改造. 北京林业大学学报, 1998, 20（1）: 25~31.

72. 周跃. 城市园林公墓中林木的水土保持效益. 城市环境与城市生态, 1999, 12（5）: 20~22.

73. 周淑贞, 张超. 城市气候导论. 上海: 华东师范大学出版社, 1985.

74. 周明浩, 李延平, 史祖民等. 卫生城市和健康城市. 环境与健康杂志, 2000, 17（6）, 377~380.

75. 周冰冰, 李忠魁等. 北京市森林资源价值. 北京: 中国林业出版社, 2000.

76. 陈鑫峰, 贾黎明, 丁望兰等. 北京市森林旅游业建设和风景游憩林经营策略探讨. 21世纪首都绿化. 北京: 中国林业出版社, 1999.

77. 陈耀邦. 可持续发展战略读本. 北京: 中国计划出版社, 1996.

78. 陈炳浩. 城市生态与城市绿化体系. 城市林业——'92首届城市林业学术研讨会论文集. 北京: 中国林业出版社, 1993: 37~43.

79. 陈俊愉. 关于"一棵大树"的笔谈. 中国园林, 2001, 1: 90~92.

80. 陈昌笃, 鲍世行. 中国的城市化及其发展趋势. 生态学报, 1994, 4（1）: 84~90.

81. 陈国跃. 生态伦理的实质. 中共杭州市委党校学报, 2000, 3: 54~56.

82. 陈芳清, 王祥荣. 从植物群落学的角度看生态园林建设——以宝钢为例. 中国园林, 2000.16（5）: 35~37.

83. 陈灵芝. 生物多样性保护现状及其对策. 见: 中国科学院生物多样性委员会. 生物多样性研究的原理与方法. 北京: 中国科学技术出版社, 1994: 13~35.

84. 陈自新等. 北京城市园林绿化生态效益的研究. 中国园林, 1998, 14（56, 58）: 51~54, 46~49.

85. 陈自新. 生态园林若干问题的探讨. 见: 生态园林论文续集. 园林（增刊）, 1993: 67~72.

86. 陈自新, 苏雪痕, 刘少宗. 北京城市园林绿化生态效益的研究（6）. 中国园林, 1998, 14（60）: 53~56.

87. 陈自新, 苏雪痕, 刘少宗. 北京城市园林绿化生态效益的研究（5）. 中国园林, 1998, 14（59）: 57~60.

88. 陈自新, 苏雪痕, 刘少宗. 北京城市园林绿化生态效益的研究（4）. 中国园林, 1998, 14（58）: 46~49.

89. 陈自新, 苏雪痕, 刘少宗. 北京城市园林绿化生态效益的研究（3）. 中国园林, 1998, 14（57）: 53~56.

90. 陈自新, 苏雪痕, 刘少宗. 北京城市园林绿化生态效益的研究（2）. 中国园林, 1998, 14（56）: 51~54.

91. 陈自新, 苏雪痕, 刘少宗. 北京城市园林绿化生态效益的研究（1）. 中国园林, 1998, 14（55）: 57~60.

92. 陈有民. 园林树木学. 北京: 中国林业出版社, 1990.

93. 肖笃宁. 景观生态学. 北京: 中国林业出版社, 1997.

94. 肖力. 浅谈上海城市绿化和园林化. 上海大学学报（社会科学版）, 1994, 5: 38~40.

95. 沈清基. 城市生态与城市环境. 上海: 同济大学出版社, 1998.

96. 沈速, 辛淑华, 尹群智. 论城市林业在城市发展中的作用. 防护林科技, 2001, 47（2）: 42~43.

97. 沈国舫. 森林的社会、文化和景观功能及巴黎的城市森林. 世界林业研究, 1992（2）: 7~12.

98. 杨赉丽. 城市园林绿地规划. 北京: 中国林业出版社, 1994.

99. 杨彬, 唐宇彤, 杨鹏. 城市园林绿化与环境保护. 山东环境, 1998（3）: 57~28.

100. 杨春平, 汪路, 曾光明等. 环境规划中植物景观功能及其应用. 城市环境与城市生态, 1998, 11（3）: 34~378.

101. 杨学军, 唐东芹, 钱虹妹等. 上海城市绿化利用树种资源的现状与发展对策. 植物资源与环境学报, 2000, 9（4）: 30~33.

102. 杨学军, 林源祥, 胡文辉等. 上海城市园林植物群落的物种丰富度调查. 中国园林, 2000, 69（3）: 67~69.

103. 杨京平, 卢剑波. 生态恢复工程技术. 北京: 化学工业出版社, 2002.

104. 杨小波, 吴庆书, 邹伟等. 城市生态学. 北京: 科学出版社, 2001.

105. 杨士弘等. 城市生态环境学. 北京: 科学出版社, 1997.

106. 李增禄, 雷相东. 城市森林的兴起与发展. 世界林业研究, 1992（1）: 42~49.

107. 李睿. 高效和谐: 以生态位观点指导园林植物配置. 中国园林, 1991, 7（2）: 46~47.

108. 李辉, 赵卫智. 居住区不同类型绿地释氧固碳及降温增湿作用. 环境科学, 1999, 20（11）: 41~44.

109. 李博. 生态学. 北京: 高等教育出版社, 2000.

110. 李敏. 城市绿地系统与人居环境规划. 第1版. 北京: 中国建筑工业出版社, 1999: 78~82, 89~91.

111. 李敏. 从田园城市到大地园林化. 广东园林, 1995（2）: 2~12.

112. 李堃宝, 童耕雷, 郑雪松. 试论生物对环境的调节作用. 生态学杂志, 2002, 21（1）: 49~52.

113. 李树人, 赵勇, 李相宽. 城市森林对热污染及人体舒适度影响的研究. 河南农业大学学报, 1995, 29（1）: 11~18.

114. 李金路等. 人类居住领域优先项目建议书——城市环境生态绿化系统研究开发与利用. 中国园林, 1998（1）: 11.

115. 李建龙, 蒋平. 兰州市绿色生态工程建设规划与方法. 城市环境与城市生态, 1998, 11（2）: 61~63.

116. 李吉跃, 常金宝. 新时节的城市林业: 回顾与展望. 世界林业研究, 2001, 14（3）1~9.

117. 李刚. 南京城市生态系统可持续发展指标体系与评价. 南京林业大学学报, 2002, 26（1）: 23~26.

118. 李光清，王萌，王希亮．城市绿化最佳生态效益结构．山东林业科技，2001（增）：152~153.

119. 李永雄，陈明仪，陈俊．试论中国公园的分类与发展趋势．中国园林，1996，12（3）：30~32.

120. 李丹燕．广州城市绿地系统特征及其效益分析．生态经济，1999，5：43~45.

121. 张新献，古润泽．北京城市居住区绿地的滞尘效益．北京林业大学学报，1997，19（4）：12~17.

122. 张强．我国城市生态园林建设刍议．生态经济，1997（3）：50~53.

123. 张建华．自然保护区评价研究的进展．农村生态环境，1993（2）：5~10，20.

124. 张宝仁，赵殿恒．论城市林业的效益及其发展方向．吉林林业科技，2000，29（3）：49~51.

125. 张庆费．城市生物多样性的保护及其在园林绿化中的应用．大自然探索，1997，16（4）：98~101.

126. 张庆费，徐绒娣．城市森林建设的意义和途径探讨．大自然探索，1999，18（68）：82~85.

127. 宋永昌等．生态城市的指标体系与评价方法，城市环境与城市生态，1999，12（5）：16~19.

128. 宋永昌，由文辉，王祥荣．城市生态学．上海：华东师范大学出版社，2000.

129. 吴榜华，赵秀云．美国城市林业及其对我们的启示．吉林林学院学报，1995，11（3）：177~180.

130. 吴人韦．国外城市绿地的发展历程．城市规划，1998，22（6）39~43.

131. 吴人韦，夏敏．城市绿化的生态化．城市环境与城市生态，1999，12（6）：32~35.

132. 何芳良．生态系统的复杂性与稳定性．生态学进展．1988，5（3）：157~162.

133. 严玲璋，陶康华，周国祺．致力创造有利于城市生态质量的绿色空间环境．中国园林，1999，15（1）：4~7.

134. 严拱钦．以草坪见水平，以特色见网络．福建环境，1998（3）：1~2.

135. 过元炯．园林艺术．北京：中国农业出版社，1996.

136. 池庭飞．美国城市林业的经营管理．世界林业研究，1992，3（2）：31~37.

137. 江源，刘硕．城市土地利用下的植物物种资源特征分析．自然资源学报，1999，14（4）：359~362.

138. 朱本建．中国城市应如何"现代化"？——上海会成为"沙漠城"吗？．森林与人类，1995，5：12.

139. 朱文泉，何兴元，陈玮．城市森林研究进展．生态学杂志，2001，20（5）：55~59.

140. 曲仲湘等．植物生态学．北京：高等教育出版社，1989：189~190.

141. 孙振清等．试论长春市的近郊绿化．城市林业——'92首届城市林业学术讨论会文集．北京：中国林业出版社，1993.

142. 孙冰，粟娟，谢左章等．广州市城市森林的空间特征与发展研究．城市环境与城市生态，1997，10（2）：50~54.

143. 孙冰，粟娟，谢左章．城市林业的研究现状与前景．南京林业大学学报，1997，21（2）：83~88.

144. 刘殿芳，马玉珠．城市森林的兴起与经营目标．甘肃农业科技，1995，5：3~5.

145. 刘殿芳，马玉珠．城市森林初探．内蒙古林学院学报（自然科学版），1999，21（3）：65~68.

146. 刘耘，邵迎辉．绿化林木对氟污染净化效应研究（绿化环境效应研究）．北京：中国环境科学出版社，1992：87~92.

147. 刘秀晨．北京城市道路绿化综述．京华园林丛话．北京：中国科学技术出版社，1996：313~335.

148. 关景芬．我国城市林业持续发展的研究．林业经济，1995，2：26~33.

149. 关百钧．林业发展战略：世界林业发展道路．北京：中国林业出版社，1992：57.

150. 任海，彭少麟．恢复生态学导论．北京：科学出版社，2002.

151. 任海，邬建国，彭少麟等．生态系统管理的概念及其要素．应用生态学报，2000，11（3）：455~458.

152. 石秀明．用生态园林的观点思考苏州风景园林的发展（上）．中国园林，1996，12（1）：36~40.

153. 叶镜中 . 森林生态学 . 北京：中国林业出版社，1993.

154. 叶镜中 . 城市林业的生态作用与规划原则 . 南京林业大学学报，2000，24（增刊）：13~16.

155. 叶锦韶，尹华 . 重金属的生物吸附研究进展 . 城市环境与城市生态，2001，14（30）：30~32.

156. 叶渭贤，王喜平 . 城市林业规划建设几个问题的探讨 . 广东林业，1997（1）：32~344.

157. 古新仁，刘苑秋 . 景观生态学原理在城市生物多样性保护中的应用探讨——城市园林建设对策 . 江西农业大学学报，2001，23（3）：371~374.

158. 北京林业大学 . 风景园林规划设计 . 北京：中国林业出版社，1993.

159. 冯益明，李增禄 . 城市林业资源地理信息系统（UFSGIS）的研制及应用 . 林业科学研究，1999，12（3）：310~314.

160. 东北林学院 . 森林生态学 . 北京：中国林业出版社，1981.

161. 丛日春，李吉跃 . 试论城市林业在我国城市发展中的地位 . 北京林业大学学报，1997，19（2）：1~10.

162. 韦希勤 . 美国的近期森林资源及其研究项目 . 世界林业研究，1999，12（2）.

163. 车生泉，王洪轮 . 城市绿地研究综述 . 上海交通大学学报（农业科学版）2001，19（3）：230~234.

164. 王献溥，崔国发 . 城市绿化中的生物多样性保护问题 . 北京林业大学学报，2000，22（4）：135~136.

165. 王新，沈建军 . 建设有活力的绿色空间网络——浅谈 21 世纪城市绿地系统 . 浙江林业科技，2001，21（5）：53~55.

166. 王祥荣 . 面向 21 世纪城市绿化发展的思路与对策——以上海为例 . 城市环境与城市生态，1999，12（1）：60~63.

167. 王祥荣 . 生态园林与城市环境保护 . 中国园林，1998，14（2）：14~163.

168. 王晓俊 . 城市植被与人类身心健康 . 中国园林，1995，11（1）：33~36.

169. 王国中，朱金兆，吴斌 . 区域性防护林体系的环境影响评价研究 . 北京林业大学学报，1995，17（4）：111~117.

170. 王和祥 . 增加生物多样性是建设生态园林的必由之路 . 中国园林，1999，15（5）：77~78.

171. 王伯荪 . 城市植被与城市植被学 . 中山大学学报（自然科学版），1998，37（4）：9~12.

172. 王成，周金星 . 城镇绿地生态功能表现的尺度差异 . 东北林业大学学报，2002，30（3）：107~110.

173. 王如松 . 高效、和谐——城市生态调控原则和方法 . 长沙：湖南教育出版社，1998.

174. 王传书，张钧成 . 林业哲学与森林美学问题研究 . 北京：科学出版社，1992.

175. 王礼先 . 流域管理学 . 北京：中国林业出版社，1999.

176. 王木林 . 论城市森林的范围及经营对策 . 林业科学，1998（4）：39~47.

177. 王木林 . 城市林业的研究与发展 . 林业科学，1995，31（5）：460~466.

178. 王木林 . 论城市森林的范围及经营对策 . 林业科学，1998（4）：39~47.

179. 王木林，廖荣兴 . 城市森林的成分及其类型 . 林业科学研究，1997，10（5）：531~536.

180. 王云 . 上海市土壤环境背景值 . 北京：中国环境科学出版社，1992.

181. 王义文 . 城市森林的兴起极其发展趋势 . 世界林业研究，1992（1）：42~49.

182. 方精云 . 中国陆地生态系统碳库 . 见：现代生态学热点问题研究 . 北京：中国科学技术出版社，1996.

183. 中国科学院植物研究所二室 . 环境污染与植物 . 北京：科学出版社，1978.

184. 中国林学会，全国绿化委员会办公室.城市林业——'92首届城市林业学术研讨会文集.北京：中国林业出版社，1993：1~2.

185. 广州市社科院城管所课题组.广州：可向山水型核心城市方向发展.羊城晚报，2000-10-28.

186. 于志熙.城市生态学.北京：中国林业出版社，1992.

187. 上海市统计局.上海统计年鉴.北京：中国统计出版社，1997.

188. N·J·罗森堡.小气候——生物环境.北京：科学出版社，1982.

189. M·B·泼索欣著.建筑·环境与城市建设.冯文炯译.北京：中国建筑工业出版社，1988.

190. Francois T. 森林影响功效之评价.见：郭宝章译.森林影响学.台北：国立编译馆，1983：237~271.

191. A Bernatzky. 树木生态与养护.北京：中国建筑工业出版社，1987：110.

192. Yang Jun, Zhou Jinxing. The Spatial and Temporal Change of Beijing Urban Green Space, The International Symposium on Urban Forest and Eco-city, 2002（10）.

193. WHO. WHO healthy cities: A programmed framework. A review of the operation and future development of the WHO healthy cities programmer. Geneva, 1995, 6.

194. Sudha, P. and Ravindranath, N.H. A study of Bangalore urban forest. Urban Planning, 2000, 47: 47~63.

195. Stout, W. E., An urban, suburban, rural red-tailed hawk nesting habitat comparison in southeast Wisconsin, M. S. thesis, Univ. Wisc., Stevens Point, 1995.

196. Rowantree, R. A. Ecology of the Urban forest-Introduction to Part I. Urban Ecology 1984, 8: 1~11.

197. Rowantree, R. A. Ecology of the Urban forest-Introduction to Part II. Urban Ecology 1984, 9: 229~243.

198. Robert. W. Miller. Urban Forestry. New Jersey: Prentice Hall, Englewood Ciiffs, 07632, 1988.

199. Rita.S. Schoeneman, Paul.D. Ries. Urban Forestry: Managing the forests where we live. Journal of Forestry, 1994, 12（10）.

200. Nowak, D.J, Urban forest structure: The state of Chicago's Urban forest. Northeastern Forest Experiment Station, General Technical Report 1994, NE-18: 3~18.

201. Nowak, D.J, Atmospheric Carbon Dioxide Reduction by Chicago'Urban forest 1994: 95~114.

202. Naiman, R. J., H. Decamps, and M. Pollock, The role of riparian corridors in maintaining regional biodiversity, Ecology, 1993, 3: 209~212.

203. Murphy, W.K. et. al. Converting Urban Tree Residue to Energy. J. Arbor., 1980, 6（4）: 85~88.

204. Miller, R. W., Urban forestry: planning and managing urban green spaces, New Jersey: Prentice-Hall, Inc., 1997.

205. Miller, R W. Urban Forestry. New Jersey: Prentice Hall, 1996.

206. Lancaster R K. et al., Bird community and the structure of urban habitats. Can J Zool.1979, 57: l57~172.

207. Kukchelmeisiter G, Braoctz. S. Urban Forestry revisited. Unasylva, 1993, 173: 3~12.

208. Kimmins J.P. Forest Ecology, New York, 1987.

209. Kielbaso, J.J. Trends in Urban Forestry management Baseline Data Report number1, ICMA, 1988.

210. Kielbaso, J.J. Economic Values of Urban Trees. Proc. Urban For. Conf. Stevens Point: Univ. Wis., 1974, 30: 30~52.

211. J.G.. Worrall. Forestry Handbook for British Columbia（Fourth Edition）[Canada], 1983.

212. Howard E. Garden Cities of Tomorrow. London, Faberand Faber. 1946.

213. Gregory E. McPherson, David J. Nowak et Rowan A. Rowantree. Chicago's urban forest ecosystem: results of the Chicago urban forest climate project. USDA Forest Service Gen. Tech. Rep. 1984, 5~7.

214. Gordon. A. Bradley. Urban Forest Landscapes: Integrating Multidisciplinary Perspectives. University of Washington Press, 1995: 25~100.

215. Gene. W. Grey, Frederick. J. Deneke. Urban Forestry. New York, 1978.

216. Gene W. Greyetal. Urban Forestry. New York. 1978.

217. Foster, C., Forestry in megalopolis. Proc. Soc. Am. Ior. Meet., 1965: 65~67.

218. Forman, R. T. T. eds., Land Mosaics——The ecology of landscape and regions, Cambridge University Press, New York, USA, 1995.

219. FAO. An annotated bibliography on urban forestry in developing countries. 1995.

220. E. Jane Carter. The potential of urban forestry in development countries: a concept paper. FAO, 1994.

221. Cook, D.I. Trees solid barriers and combinations: Automotives for Noise Control. Proc. Natl. Urban. For. Conf, ESF.PUB.80003.Syracuse: SUNY, 1978: 330~334.

222. Barrette J.P. and SEB adman. Community forests missing links. Northern Journal of Applied Forestry, 1994, 11（1）: 27~28.

223. Ahern J. Planning for an extensive open space system: linking landscapes structure and function. Landscape and Urban Planning, 1991, 21: 131~145.

224. 乌居镇夫.香りの脑波（CNV）に及ぼす果.见:高木贞敬,谷达明编.いの科学.东京:朝仓书店.1989: 201~207.

225. 高原荣重.城市绿地规划.杨增志,闫德藩,纪昭民等译.北京:中国建筑工业出版社, 1983.

226. 宫崎良文.官能评价の客观化.ぶんせき.1993,（4）: 247~252.

227. 中显和.ヒトはなぜみどりの香りによつてリフレッシユされるのか解明进む嗅觉神经・内分泌系・自律神经系・免疫系に与える影响.化学と生物.1999, 37（10）: 644~646.

228. 谷田贝光克.绿はやすらぎと活力のみなもと.グリーン・エージ（Green Age）.1999（309）: 6~7.

229. 只木良也.绿の用.グリーン・エージ（Green Age）.1992, 11（227）: 21~26.

230. 山崎忠久,飞冈次郎,芝正己.森林のもつ休养机能の评价に关する研究（Ⅳ）——空间环境の达いが人间の生理的机能に与える影响（3）.见:第104回日本林学会大会讲演要旨集.1993: 271.

附　录
APPENDIX

附表 1　上海地区树种生长调查汇总

树种	拉丁名	生长状况				乔木（胸径，高，冠幅）年龄 厘米　米　米 灌木（胸径，高，冠幅）年龄 厘米　米　米
		1	2	3	4	
八角枫	*Alanglum chinensis*	好	-	-	-	（20.0，7，7.5）$_{28}$
八角金盘	*Fatsia japonica*	好	-	-	-	-
白榆	*Ulmus pumila*	好	-	好	-	（25，10，10）$_{30}$
白玉兰	*Magnolia denudate*	好	部分差	好	-	（5，3.5，0.8）$_6$
侧柏	*Platycladus orientalis*	-	-	好	-	（4，3，0.8）$_5$
薄壳山核桃	*Carya illinoinensis*	中	-	-	-	（25，12，8）$_{50}$
糙叶树	*Aphanathe aspera*	好	-	-	-	（25，8，10）$_{25}$
山茶	*Camellia japonica*	中	-	好	-	（2.5，1.2，0.7）$_6$
茶梅	*Camellia sanasngua*	-	中	中	-	（20，0.5，0.5）$_{14}$
池杉	*Taxodium ascendens*	中	好	好	-	（23，11，3）$_{18}$
臭椿	*Ailanthus altissima*	好	-	-	-	（25，8，8）$_{30}$
垂柳	*Salix babylonica*	中	好	好	好	（15，7，5）$_7$
垂丝海棠	*Malus halliana*	好	中	中	-	（3，2.2，1.2）$_6$
刺桂	*Osmanthus heterophyllus*	中	-	-	-	-
刺槐	*Robinia pseudoacacia*	中	-	-	-	（25，12，8）$_{25}$
粗榧	*Cephalotaxus sinensis*	中	-	-	-	（20，3.5，2.5）$_{20}$
大叶冬青	*Ilex latifplia*	好	-	-	-	（2.5，1.8，1）$_4$
大叶黄杨	*Euonymus japonicus*	中	-	-	-	-
灯台树	*Cornus controversa*	中	-	-	-	-
丁香	*Syringa oblata*	中	-	好	-	（8，4，4）$_8$
杜鹃	*Rhododendron simsii*	中	-	-	-	-
大叶樟	*Cinnamomum micrantum*	-	-	好	-	（5，3.5，1）$_4$
冬青	*Ilex purpurea*	中	-	-	-	-
豆梨	*Pyrus calleryana*	好	-	-	-	（20，12，10）$_{25}$
杜英	*Elaeocarpus decipiens*	-	好	中	-	（3，2.2，0.8）$_5$
杜仲	*Eucommia ulmoides*	中	-	-	-	-
榧树	*Torreya grandis*	好	-	-	-	（30，10，6）$_{30}$

（续）

树种	拉丁名	生长状况				乔木（胸径，高，冠幅）年龄 厘米　米　米 灌木（胸径，高，冠幅）年龄 厘米　米　米
		1	2	3	4	
枫香	*Liquidambar formosana*	好	差	中	－	（8，4.5，3）$_8$
枫杨	*Pterocarya stenoptera*	中	－	－	－	（40，12，10）$_{50}$
福建紫薇	*Lagerstroemia limii*	中	－	－	－	（18，6，7）$_{30}$
枸骨	*Ilex cornuta*	中	－	－	－	－
瓜子黄杨	*Buxus sinica*	好	中	好		
光皮树	*Cornus wilsoniana*	好	－	－	－	（30，15，15）$_{50}$
广玉兰	*Magnolia grandiflora*	好	好	好	－	（40，15，12）$_{27}$
桂花	*Osmanthus fragrans*	中	好	好	－	（12.7，4.8，2.6）$_{17}$
槐树	*Sophora japonica*	好	－	－	－	（30，12，12）$_{25}$
木瓜海棠	*Chaenomeles cathayensis*	中	－	好	－	（3，2.3，0.7）$_2$
海桐	*Pittosporum tobira*	好	好	好	－	（4，0.7，1）$_6$
含笑	*Michelia figo*	－	－	好	－	（2.5，1.1，0.8）$_6$
合欢	*Albizzia julibrissin*	中	好	中	－	（4，5，2.5）$_5$
黑松	*Pinus thunbergii*	好	－	好	－	（25，9.2，3.1）$_{27}$
红豆树	*Ormosia hosiei*	中	－	－	－	－
红枫	*Acer palmatum* cv. Atro-puceum	中	中	中	－	（6，2.5，1.9）$_8$
红果榆	*Ulmus szechuanica*	中	－	－	－	－
红花檵木	*Lorpetalum chinense* var. *rubrum*	中	好			（2，0.7，0.8）$_6$
红花绣线菊	*Spiraea japonica* `Darts Red'	好	－			－
红瑞木	*Cornus alba*	－	好	－		（2，2.2，1.5）$_4$
红叶李	*Prunus cerasifera* f.at-ropurpurea	好	好	好	－	（6，3.2，3.5）$_7$
红叶小檗	*Berberis thumbergii*	－	－	好		（5，0.4，0.4）$_8$
厚皮香	*Ternstroemia gymnanthera*	中	－			－
厚朴	*Magnolia officinalis*	－	－	好		（2，3，1.5）$_1$
胡颓子	*Elaeagnus pungens*	差				
花石榴	*Punica granatum* cv. Albescens.	－	－	好	－	（2，2.1，1.2）$_7$
花桃	*Prunus persica* f. rubro-plena	－	－	好	－	（15，5，3）$_{12}$
华盛顿棕榈	*Washingtonia filifera*	中	－	－	－	－

（续）

树种	拉丁名	生长状况				乔木（胸径，高，冠幅）年龄 厘米 米 米 灌木（胸径，高，冠幅）年龄 厘米 米 米
		1	2	3	4	
黄山栾树	*Koelreuteria integrifolia*	好	-	-	-	（24，15，8）25
黄檀	*Dalbergia hupeana*	好	-	-	-	-
黄玉兰	*Michelia chamcapa*	-	中	-	-	（2，1.5，0.55）3
桧柏	*Sabina chinensis*	-	好	-	-	（4，2.5，0.8）5
火棘	*Pyracantha fortuneana*	中	-	-	-	-
火炬松	*Pinus taeda*	差	-	-	-	（10，9，6）25
鸡爪槭	*Acer palmatum*	好	-	-	-	（50，3，6）25
加拿大杨	*Populus canadensis*	好	-	-	-	-
加纳利海枣	*Phoenix canariensis*	好	-	-	-	-
夹竹桃	*Nerium indicum*	差	-	好	-	（5，3，2.5）8
结香	*Edgeworthia chrysantha*	好	-	-	-	-
金桂	*Osmanthus fragrans* var. *thunbergii*	-	好	-	-	（4，2，1）9
金合欢	*Acacia farnesiana*	-	好	中	-	（2，2.1，0.95）3
金丝垂柳	*Salix babylonica*	-	-	好	-	（1.6，2.5，0.6）3
金丝桃	*Hypericum perforatum*	好	-	-	-	-
金星柏	*Platylabus orientalis* cv. Aurea	好	-	-	-	-
金叶女贞	*Ligustrum* × *vicaryi*	-	中	好	-	（0.6，0.7，0.75）7
金银木	*Lonicera maackii*	好	-	-	-	（8，5，8）48
榉树	*Zelkova schneideriana*	中	-	好	-	（20，6，6.5）10
桤木	*Alnus cremastogyne*	中	-	-	-	-
苦楝	*Melia azedarach*	中	-	好	-	（8，4，2.8）10
阔叶十大功劳	*Mahonia bealei*	中	-	-	-	-
蜡梅	*Chimonanthus praecox*	中	-	-	-	-
槭木	*Cornus macrophylla*	中	-	-	-	（20，6，6）28
蓝果树	*Nyssa sinensis*	好	-	-	-	（8，4，2）5
榔榆	*Ulmus parvifolia*	差	-	-	-	（30，12，8）48
乐昌含笑	*Michelia chapensis*	好	-	中	-	（15，6，3）10
冷杉	*Abies fabri*	-	-	好	-	（8，10，3）8
李	*Prunus salicina*	-	好	-	-	（1.3，1.5，0.5）2
柳杉	*Cryptomeria fortunei*	差	-	-	-	（10，8，2）30
龙柏	*Sabina chinensis* cv. Kaizuca	好	好	好	-	（4，3，0.8）5

（续）

树种	拉丁名	生长状况				乔木（胸径，高，冠幅）年龄 厘米　米　米 灌木（胸径，高，冠幅）年龄 厘米　米　米
		1	2	3	4	
龙爪槐	*Sophora japonica* var. *pendula*	好	–	好	–	–
栾树	*Koelreuteria paniculata*	–	好	中		（5，4.5，1.5）$_3$
罗汉松	*Podocarpus macrophllus*	中	好	好	–	（10，6，2）$_{10}$
椤木石楠	*Photinia davidsoniae*	中	–	–	–	（12.5，4，3）$_{25}$
落羽杉	*Toxodium distichum*	中	–	差		（20，10，1.5）$_{25}$
麻栎	*Quercus acutissima*	好	–	–	–	–
马褂木	*Liriodendron chinese*	中	好	好	–	（20，6，5）$_{10}$
猫乳	*Rhamnella franguloides*	好	–	–	–	（40，6，6）$_{30}$
梅	*Prunus mume*	差	–	–	–	–
美国凌霄	*Campsis radicans*	好	–	–	–	–
墨西哥落羽杉	*Taxodium mucronatum*	好	–	–	–	（40，12，8）$_{25}$
木芙蓉	*Hibiscus mutabilis*	中	–	好		–
木槿	*Hibiscus syriacus*	–	–	好	–	（6，2，2）$_7$
南美赤松	*Pinus densiflora*	中	–	–	–	（20，5，6）$_{20}$
南酸枣	*Choerospondias axillaries*	–	–	好	–	（3，2.1，1.2）$_3$
南天竹	*Nandina domestica*	好	–	–	–	–
牛筋条	*Dichotomanthus tristaniaecarpa*	好	–	–	–	（20，5，6）$_{25}$
女贞	*Ligustrum lucidum*	好	好	好	–	（8，4，3）$_{12}$
欧美杨	*Populus deltoids*	–	好	好	好	（6，12，3.1）$_6$
泡花树	*Meliosma cuneifolia*	好	–	–	–	（20，8，8）$_{50}$
枇杷	*Eriobotrya japonica*	中	–	–	–	–
铺地柏	*Sabina procumbens*	中	–	–	–	–
葡萄	*Vitis vinifera*	–	好	–	–	（2.9，1.7，1.2）$_3$
朴树	*Celtis tetrandra*	好	–	好	–	（20，10，10）$_{25}$
七叶树	*Aesculus chinensis* var. *chekiangensis*	中	–	–	–	（20，8，8）$_{30}$
桤木	*Alnus cremastogyne*	–	–	中		–
千头柏	*Platycladus orientalis* cv. Sieboldii	好	–	–	–	–
青檀	*Pteroceltis tatarinowii*	好	–	–	–	（20，12，12）$_{50}$
青冈栎	*Cyelobalanolsis glauca*	中	–	–	–	–
青桐	*Firmiana simplex*	中	–	好	–	（15，8，2.8）$_{10}$
楸树	*Catalpa bungei*	中	–	–	–	–

（续）

树种	拉丁名	生长状况				乔木（胸径，高，冠幅）年龄 厘米 米 米 灌木（胸径，高，冠幅）年龄 厘米 米 米
		1	2	3	4	
雀舌黄杨	*Buxus bodinieri*	中	–	中	–	–
日本柳杉	*Cryptomeria japonica*	中	–	好	–	（6，3，1.5）$_8$
日本珊瑚树	*Viburnum odoratissimum* var. *awabuki*	好	–	–	–	–
日本晚樱	*Prunus serrulata* var. *lannesiana*	中	–	–	–	–
多花卫矛	*Euonymus carnosus*	好	–	–	–	–
洒金桃叶珊瑚	*Aucuba japonica* f. *variegata*	好	–	–	–	–
三角枫	*Acer buergerianum*	好	–	–	–	（35，15，15）$_{50}$
山桐子	*Idesia polycarpa*	中	–	–	–	–
山楂	*Crataegus pinnatifida*	好	–	–	–	–
山茱萸	*Cornus officinalis*	中	–	–	–	–
杉木	*Cunninghamia lanceolata*	–	中	–	–	（3.6，1.74，0.43）$_4$
珊瑚树	*Viburnum awabuki*	中	中	好	–	（5，2.5，1.2）$_7$
深山含笑	*Michelia maudiae*	–	中	–	–	（3.5，1.2，1.1）$_{15}$
湿地松	*Pinus elliottii*	好	好	–	好	（20，10，9）$_{20}$
十大功劳	*Mahonia fortunei*	好	–	–	–	–
石榴	*Punica granatum*	好	–	中	–	（3，2.3，1.2）$_6$
石楠	*Photinia serrulata*	好	–	好	–	（30，6，8）$_{40}$
柿树	*Diospyros kaki*	好	–	好	–	（5，2.4，1.8）$_7$
蜀桧柏	*Sabina chinensis*	–	好	好	–	（5，2.9，0.7）$_9$
水杉	*Metasequoia glyptostroboides*	中	好	好	–	（24，16，3）$_{40}$
丝绵木	*Euonymus maackii*	差	–	–	–	–
四季桂	*Osmamthus fragrans* var. *semperflorens*	–	中	好	–	（4，1.5，0.8）$_6$
溲疏	*Deutzia scabra*	中	–	–	–	–
苏铁	*Cycas revoluta*	好	–	–	–	–
酸橙	*Citrus aurantium*	好	–	–	–	（30，7，6.5）$_{40}$
桃	*Amygdalus persica*	好	好	好	–	（7.2，2.5，5）$_{12}$
桃金娘	*Rhodomyrtus tomentosa*	好	–	–	–	–
通脱木	*Tetrapanax papyrifer*	中	–	–	–	–
卫矛	*Euonymus alatus*	中	–	–	–	–
蚊母	*Distylium racemosum*	差	好	好	–	（50，10，5）$_{25}$
乌桕	*Sapium sebiferum*	好	–	–	–	（15，9，8）$_{28}$
无患子	*Sapindus mukorossii*	中	中	好	–	（20，14，9）$_{25}$

（续）

树种	拉丁名	生长状况				乔木（胸径，高，冠幅）年龄 厘米　米　米 灌木（胸径，高，冠幅）年龄 厘米　米　米
		1	2	3	4	
五角枫	*Acer mono*	好	–	–	–	–
五针松	*Pinus parviflora*	中	好	好	–	（57，5，7）$_{100}$
喜树	*Camptotheca acuminata*	好	–	中	–	（20，14，8）$_{48}$
细裂叶鸡爪槭	*Acer palmatum* cv. Linerilobum	中	–	–	–	–
狭叶四照花	*Cronus japonica* var. *chinensis*	中	–	–	–	–
香柏	*Thuja occidentalis*	好	–	–	–	–
香椿	*Toona sinensis*	好	–	好	–	（20，14，7）$_{40}$
香樟	*Cinnamomum camphora*	好	好	好	好	（110，18，20）$_{100}$（18，12，3）$_{32}$
小叶女贞	*Ligustrum quihoui*	好	–	–	–	–
二球悬铃木	*Platanus acerifolia*	好	好	–	–	（27.5，8，10.5）$_{30}$
雪松	*Cedrus deodara*	好	好	好	好	（40，10，10）$_{50}$
柳	*Salix hallaisanensis*	–	好	–	–	（5，3，1）$_{6}$
意杨	*Populus nigra*	–	中	好	–	（8，7，2.1）$_{9}$
银杏	*Ginkgo biloba*	中	好	中	–	（15，4，2.2）$_{9}$
樱花	*Prunus serrulata*	好	好	好	–	（2.5，2.8，0.8）$_{6}$
迎春	*Jasminum nudiflorum*	好	–	–	–	–
枣树	*Ziziphus jujuba*	好	–	–	–	–
皂荚	*Gleditsia sinensis*	好	–	–	–	（35，12，12）$_{40}$
樟叶槭	*Acer cinnamomifolium*	中	–	–	–	–
栀子花	*Gardenia jasminoides*	中	中	–	–	（2，0.6，0.6）$_{4}$
中山柏	*Cupressus lusitanica* cv. Zhongshan	好	–	–	–	（20，14，8）$_{25}$
重阳木	*Bischofia polycarpa*	好	中	–	–	（35，14，10）$_{50}$
梓树	*Catalpa ovata*	好	–	–	–	（35，15，15）$_{50}$
紫荆	*Cercis chinensis*	差	–	好	–	（2，2，1.1）$_{4}$
紫楠	*Phoebe sheareri*	差	–	–	–	–
紫穗槐	*Amorpha fruticosa*	好	–	–	–	–
紫藤	*Wisteria sinensis*	中	–	–	–	–
紫薇	*Lagerstroemia indica*	中	中	好	–	（20，8，4）$_{60}$
紫叶小檗	*Berberis thunbergii* cv. Atropurpurea	好	–	–	–	–
紫玉兰	*Magnolia liliflora*	好	中	–	–	（2，2.5，0.6）$_{4}$
棕榈	*Trachycarpus fortunei*	好	好	中	–	（16，6.9，1.8）$_{28}$
醉香含笑	*Mechelia macelurei*	–	好	–	–	（8，4.2，1.3）$_{10}$

附表 2　各类城市森林主要基调树种与骨干树种规划一览

中文名	学名	道路林网	农田林网	沿海防护林河	道水网林	佘山森林公园	黄浦江生态林	淀山湖生态林	岛屿生态林	备注
金合欢	Acacia farnesiana	*								优良绿化树种，适生引种栽培推广树种
五角枫	Acer mono	*				*				抗重金属污染能力强
元宝枫	Acer truncatum					*		*	*	滞尘能力强
合欢	Albizzia julibrissin	*			*				*	抗 Cl，抗 SO_2 能力强，优良绿化观赏树种
木油桐	Aleurites fordii				*					经济树种，较耐水湿
江南桤木	Alnus trabeculosa			*						优良绿化树种
朴树	Aphananghe aspera					*				观赏价值高，乡土树种
重阳木	Bischofia trifoliata			*	**				*	耐水湿，秋色叶树种
构树	Broussonetia papyrifera			*	*					抗污染能力强，滞尘能力强
白蜡	Fraxina bungeana			*						耐水湿，耐盐碱，抗 F 能力强
喜树	Camptotheca acuminata	*								观形树种
板栗	Castanea mollissima						*			抗 SO_2 能力强，经济树种
苦槠	Castanopsis sclerophylla					**	**			抗 SO_2 能力强，优良绿化树种，地带性植被优势种或建群种，水源涵养树种
栲树	Castanopsis spp.					*				地带性植被优势种或建群种，水源涵养树种
雪松	Cedrus deodara	*				*			*	杀菌能力强，观赏价值高，四大公园树种之一
三尖杉	Cephalotaxus fortunei					*				优良绿化树种，经济树种
猴樟	Cinnamomum bodinieri					*	*			适宜推广树种
香樟	Cinnamomum camphora	**			**	*	*		*	抗 SO_2 能力强，滞尘能力强，抗重金属污染能力强，优良绿化树种
银木	C.inunctum var. albosericeum	*				*	*	*		适宜推广树种
黄樟	C. parthenoxylon	*				*	*			适宜推广树种
浙江天竺桂	Cinnamomum chekiangense	*			*	*				优良绿化树种，观赏价值高，经济树种
天竺桂	Cinnamomum japonicum					*				优良绿化观赏树种

（续）

中文名	学名	道路林网	农田林网	沿海防护林河	道水网林	佘山森林公园	黄浦江生态林	淀山湖生态林	岛屿生态林	备注
柳杉	Cryptomeria japonica			*		*			**	杀菌能力强，优良绿化树种，抗风，经济用材树种
柏木	Cupressaceae funebris								*	优良绿化树种，观赏价值高，耐水湿能力较强
青冈栎	Cyclobanopsis glauca					**	**			抗SO$_2$能力强，优良绿化树种，乡土树种
柿树	Diospyros kaki		*						*	较耐水湿，抗污染能力强，观果，经济树种
杜英	Elaeocarpus sylvestris	*								抗SO$_2$能力强，优良绿化树种，观赏价值高
丝棉木	Euonymus bungeanua				*			*	*	耐水湿，抗SO$_2$能力强
银杏	Ginkgo biloba	**								抗污染能力强，滞尘能力强，优良绿化观赏树种
水松	Glyptostrobus pensilis							**		耐水湿，观赏树种
龙柏	Juniperus chinensis var. kaizuka	**							*	抗SO$_2$能力强，杀菌能力强，观赏价值高
黄山栾树	Koelreuteria integrifolia	**					*	*		优良绿化树种，观赏价值高，水土保持树种
女贞	Ligustrum lucidum	*		*	**			**	*	抗污染能力强，滞尘能力强，优良绿化观赏树种
枫香	Liquidambar formosana					**	**			耐水湿能力较强，抗SO$_2$，南方著名秋色叶树种
红楠	Machilus thunbergii			**		**				优良绿化树种，耐盐碱
广玉兰	Magnolia grandiflora	**				*	*	*	**	抗SO$_2$能力强，优良绿化观赏树种
苦楝	Melia azedarach		*	*	*		*			耐盐碱性较强，抗污染能力强，杀菌能力强
水杉	Metasequoia glyptostroboides		**					*		较耐水湿，抗污染能力强，优良绿化观赏树种
杨梅	Myrica rubra					*	**			观赏价值高，经济树种
大叶樟	Neolitsea ferruginea				*	*	*			适宜推广树种
舟山新木姜子	Neolitsea sericea					**				观赏价值高，乡土树种
桂花	Osmanthus fragrans	*							*	抗SO$_2$能力强，滞尘能力强，杀菌能力强，抗Cd能力强，芳香树种

（续）

中文名	学名	道路林网	农田林网	沿海防护林	河道水网林	佘山森林公园	黄浦江生态林	淀山湖生态林	岛屿生态林	备注
枫杨	*Perocarya stenoptera*							**		耐水湿能力强，吸污染能力较强
紫楠	*Phoebe sheareri*						*			优良绿化树种，观赏价值高，经济树种
椤木石楠	*Photinia davidsoniae*							*		适宜推广树种，生长适应性强
石楠	*Photinia serrulata*	*							*	优良绿化树种，抗重金属污染能力强
黑松	*Pinus thunbergii*			*						优良绿化树种，经济树种，耐盐碱能力较强
黄连木	*Pistacia chinesis*			**						耐水湿能力较强，优良绿化树种
悬铃木	*Platanus acerifolia*	*								耐水湿能力较强，抗 SO$_2$ 能力强，滞尘能力强，抗重金属污染能力强
化香	*Platycarya strobilacea*					**				优良绿化树种，乡土树种
侧柏	*Platycladus orientalis*							*	**	抗 SO$_2$ 能力强，抗污染能力强，吸污染能力较强，滞尘能力强，杀菌能力强
杨树	*Populus* spp.	*	**				*	*		抗 Cl 能力强，滞尘能力强
红叶李	*Prunus cerasifera*	*								观赏价值高，色叶树种
杜梨	*Pyrus betulaefolia*				*			*		耐水湿能力强
梨	*Pyrus pyrifolia*				*					较耐水湿，经济树种
槲栎	*Quercus aliena*					**				优良绿化树种，乡土树种，水土保持树种
白栎	*Quercus fabri*					**				优良绿化树种，乡土树种，水土保持树种
栓皮栎	*Quercus vaiabilis*					*	**			优良绿化树种，观赏价值高，水土保持树种
麻栎	*Quercus acutissima*					*	**	*		耐水湿能力较强，优良绿化树种，观赏价值高，水土保持树种
火炬树	*Rhus typhina*			*						耐盐碱性较强，抗 SO$_2$ 能力强，优良色叶树种
刺槐	*Robinia pseudoacacia*			**						耐盐碱性较强，优良防护绿化树种
圆柏	*Sabina chinensis*		*		*				**	耐盐碱性较强，抗 F 能力强，吸污染能力较强，滞尘能力强，杀菌能力强
铅笔柏	*Sabina virginiana*			**						耐盐碱性较强，吸污染能力较强，有一定抗风能力

（续）

中文名	学名	道路林网	农田林网	沿海防护林河	道水网林	佘山森林公园	黄浦江生态林	淀山湖生态林	岛屿生态林	备注
垂柳	*Salix babylonica*				*			**		耐水湿能力强、优良绿化树种、亲水性景观树种
旱柳	*Salix matsudana*				**			*		耐水湿能力强，抗 SO₂ 能力强，吸污染能力较强，优良绿化树种
河柳	*Salix warburguo*				*			*		亲水性景观树种
无患子	*Sapindus mukorossi*	*								抗 SO₂ 能力强，优良绿化树种观赏价值高，经济树种
乌桕	*Sapium sebiferum*			**						耐水湿能力强，抗 SO₂ 能力强，优良绿化树种
木荷	*Schima superba*					**				经济树种，优良绿化树种
柽柳	*Tamarix chinensis*			*						耐水湿能力强，耐盐碱性强
池杉	*Taxodium ascendens*		**		*			*		耐水湿能力强，优良绿化树种，观赏价值高，水土保持树种
落羽杉	*Taxodium distichium*				**		*	**		耐水湿能力强，观赏价值高，水土保持树种
香椿	*Toona sinensis*	*								经济树种，优良绿化树种
香榧	*Torreya grandis*					*				经济树种，优良绿化树种，对烟害抗性强
棕榈	*Trachycarpus fortunei*							**	**	耐水湿能力较强，抗 SO₂ 能力强，优良绿化树种，观赏价值高，经济树种
榔榆	*Ulmus parvifolia*				*		*			耐水湿，抗 SO₂ 能力强
白榆	*Ulmus pumila*		*	*			**			耐水湿，优良绿化树种，观赏价值高
珊瑚树	*Viburnum odoratismum*	*								强抗污染能力强
榉树	*Zelkova schuneideriana*	**								耐水湿能力较强、优良绿化树种、观赏价值高
枣树	*Zizyphus jujuba*		*							耐水湿能力较强，吸污染能力强，经济树种
青桐	*Firmiana simplex*	*								抗 SO₂ 能力强，优良绿化树种，观赏价值高

注：**，重调树种；*，骨干树种。

附表 3　植物生态功能一览

编号	植物名	耐水能力	抗盐碱能力	抗SO₂能力	抗氟化物能力	抗氯化物能力	吸收SO₂能力	吸收氯化物气体能力	吸收氟化物气体能力	滞尘能力	杀菌能力	人体保健	吸收重金属能力
1	池杉	+++	−	+									
2	旱柳	+++	+	+++	++	+	+++		++				
3	杞柳	+++	+										
4	紫穗槐	+++	++	+++		+++					+++		
5	意杨	+++	+	+++									
6	榔榆	+++	+	+++									
7	重阳木	+++	+	+								抗癌	
8	乌桕	+++	+	+++									
9	河柳	+++											
10	杂交柳	+++											
11	垂柳	+++	+	+++				+		+			
12	枫杨	+++	+				++						
13	水蜡树	+++											
14	丝绵木	+++	+	+++		++							
15	棠梨	+++	+										
16	桑	+++	+	+++	+++	++			+++	+++	+++	抗癌	
17	大叶黄杨	+++	++	+++	+++								
18	紫薇	+++	−	+++						+++	++		+++
19	龙爪槐	+++		+									
20	柽柳	+++	+++										
21	石榴	+++	+	+++							++		
22	青檀	+++											
23	黄荆条	+++											
24	柘树	+++										抗癌	
25	豆梨	+++											
26	杜梨	+++	+										

（续）

编号	植物名	耐水能力	抗盐碱能力	抗SO₂能力	抗氟化物能力	抗氧化物能力	吸收SO₂能力	吸收氯化物气体能力	吸收氟化物气体能力	滞尘能力	杀菌能力	人体保健	吸收重金属能力
27	落羽杉	+++	-										
28	水杉	++	-	++		+++							
29	枣	++			+++	+	+++	++	+++				
30	梨	++											
31	月季	++		+	+++					++	+++	活血消肿、抗癌	
32	栀子花	++											
33	白榆	++	+										
34	黄连木	++	+	+									
35	小叶杨	++			+	+							
36	毛白杨	++			+					+++			
37	黄栌子	++		+++									
38	棕榈	++											
39	水松	++											
40	麻栎	++	-					+					
41	榉树	++	-										
42	山胡椒	++											
43	沙梨	++											
44	悬铃木	++	-	+++						+++			
45	枫香	++		+++									
46	柿	++	-	+++									
47	紫藤	++											
48	雪柳	++		++									
49	凌霄	+											
50	杉木	+	-	+++									
51	侧柏	+			++	++			++	+++	+++		
52	千头柏	+	+										
53	桧柏	+	+										

（续）

编号	植物名	耐水能力	抗盐碱能力	抗SO₂能力	抗氟化物能力	抗氯化物能力	吸收SO₂能力	吸收氯化物气体能力	吸收氟化物气体能力	滞尘能力	杀菌能力	人体保健	吸收重金属能力
54	湿地松	+		+	+++	+++						祛风止血，润肺	
55	龙柏	+	−								+++	安神调气镇痛	+++
56	火炬松	+	++	+							+++		
57	槐	+	+	+++		+++						抗癌	
58	香椿	+	+	+++	+								
59	合欢	+	+	+++		+++						抗癌	
60	构树	+		+++		+++					++		
61	广玉兰	+										湿散风寒	
62	水竹	+											
63	夹竹桃	+				+++				+++			++
64	迎春	+											
65	枸杞	+	+	+++								抗癌	
66	喜树	+	−	+++							+++	抗癌	
67	卫矛	+	++		++		+++	+++	++		+++	抗癌	
68	雪松	−	−	+					+			祛风止血，润肺	
69	刺槐	−	++	+++	+++		+++		+++	+++		抗癌	
70	臭椿	−	+	+++	+++	++	+++		+++	++			
71	刚竹	−	−										
72	苦楝	−	++	+++							+++		
73	杜仲	−	−	++								抗癌	
74	黑松	−	−	++									
75	桃树	−	−	+									
76	葡萄		+		+++								
77	铅笔柏		++										
78	蜀柏		++										
79	沙枣		++										
80	小叶榆		++										

（续）

编号	植物名	耐水能力	抗盐碱能力	抗SO₂能力	抗氟化物能力	抗氯化物能力	吸收SO₂能力	吸收氯化物气体能力	吸收氟化物气体能力	滞尘能力	杀菌能力	人体保健	吸收重金属能力
81	梣树类		++										
82	忍冬		++	+++	+++								
83	小叶黄杨		++							+	++		+
84	芦竹		++										
85	白蜡		+	++	+++								
86	女贞		+		+++	+++				+++		清肺止咳、抗癌	+++
87	君迁子		+										
88	无花果		+									抗癌	
89	洒金柏		+	+++							+++		
90	桧柏		+	+++	+++			+	++	+++	+++	安神调气镇痛	
91	盐肤木		+										
92	毛红椿		+										
93	朴树		+	+++									
94	黄檀		+										
95	厚壳树		+										
96	海桐		+	+++	+++	++				+++		抗癌	+
97	复叶槭		+		+++								
98	扶芳藤		+										
99	无患子		+										
100	琵芭		+										
101	乐陵小枣		+										
102	核桃		+	+	+	+++		+		+++	+++	抗癌	
103	银杏		+		+	+++	+		+	+++	++	润肺、养心	
104	柳杉		-			+++					+++		
105	漆树		-										
106	樟树		-			+++							
107	泡桐		-	+++	+++					+++			

（续）

编号	植物名	耐水能力	抗盐碱能力	抗SO$_2$能力	抗氟化物能力	抗氯化物能力	吸收SO$_2$能力	吸收氯化物气体能力	吸收氟化物气体能力	滞尘能力	杀菌能力	人体保健	吸收重金属能力
108	石楠		-	++									++
109	马褂木		-	+									
110	桂花		-	+++		+++				+++	+++		
111	珊瑚		-	+++									
112	枳壳												
113	梅		-	+									
114	李												
115	杏		-	+								抗癌	
116	毛樱桃				++	+			++				
117	加杨		-	+++	+++	++	+++		++		+		
118	南酸枣		-										
119	薄壳山核桃		-										
120	板栗			++									
121	猕猴桃		-									抗癌	
122	淡竹		-										
123	桂竹		-										
124	蚊母树			+++								净血、退虚热	++
125	枸骨			+++									
126	山茶			+++								抗癌	
127	香樟			+++						+++		祛风行气	
128	青冈栎			+++									
129	结香			+++									
130	日本女贞			+++									
131	桂花			+++								平肝益肾	
132	厚皮香			+++									
133	丝兰			+++									-
134	月桂			+++								清脑安神	

（续）

编号	植物名	耐水能力	抗盐碱能力	抗SO₂能力	抗氟化物能力	抗氯化物能力	吸收SO₂能力	吸收氯化物气体能力	吸收氟化物气体能力	滞尘能力	杀菌能力	人体保健	吸收重金属能力
135	冬青			+++									
136	棕榈			+++									+
137	苏铁			+++								抗癌	
138	马尾松			+++		+++							
139	罗汉松			+++		+++							
140	十大功劳			+++		+++						抗癌	
141	木槿			+++		+++						清热解毒	
142	胡颓子			+++		+++						收敛止泻平喘	
143	海州常山			+++									
144	五叶地锦			+++		+++							
145	丁香			+++	+++					+++		止咳平喘	
146	太平花			+++		+			++		+		
147	茶条槭			+++	++		+	+					
148	柑橘			+++	+++								
149	珍珠梅			+++							+++	抗癌	
150	黄金条			+++									
151	核桃			+++									
152	青桐			+++									
153	槐树			+++						+++			
154	小叶女贞			+++									
155	枫杨			+++				++					
156	七叶树			++									
157	桃叶珊瑚			++									
158	黄杨			++		+++						行血祛风止痛	
159	油茶			++		+++							
160	茶树			++									
161	日本花柏			++									

（续）

编号	植物名	耐水能力	抗盐碱能力	抗SO₂能力	抗氟化物能力	抗氯化物能力	吸收SO₂能力	吸收氯化物气体能力	吸收氟化物气体能力	滞尘能力	杀菌能力	人体保健	吸收重金属能力
162	蜡梅			++							++	止咳平喘	
163	柳树			++									
164	大叶冬青			++									
165	金银木			++		+				++	+++		
166	玉兰			++		+++					+		
167	樱花			++							+		
168	华山松			++	++				++		++		
169	樟子松			++	+		+		+				
170	六道木			+									
171	三角枫			+									
172	鸡爪槭			+									
173	金丝桃			+									
174	冬青			+	+++								
175	迎春			+	+++								
176	紫玉兰			+	++								
177	南天竹			+	+++								
178	椤木石楠			+	+++								
179	火棘			+	+++	+++							
180	木绣球			+									
181	荚蒾			+									
182	玫瑰			+			+++				+	解郁调经、抗癌	
183	紫荆					+++				++	++		
184	杜松				+++								
185	家榆				+++			+++	+++				
186	胡杨				+++			+++	+++				
187	榆树				+++	+++			+++		++		
188	山杏				+++				+++				

（续）

编号	植物名	耐水能力	抗盐碱能力	抗SO₂能力	抗氟化物能力	抗氯化物能力	吸收SO₂能力	吸收氯化物气体能力	吸收氟化物气体能力	滞尘能力	杀菌能力	人体保健	吸收重金属能力
189	白桦				+++		++	+++	+++				
190	松树				+	+		+		+++			
191	海棠				+++	+							
192	沙松				++		++						
193	冷杉				++					+++			
194	紫丁香				++		+++	+	++		+++		
195	元宝枫				++					+++			
196	皂荚				++	++							
197	云杉				++			+	++				
198	白皮松				++		+		++	+++	+++		
199	雪柳				++	+	+++		++				
200	落叶松				++			++	++				
201	紫椴				++			+++	++				
202	新疆杨				++		+++		++				
203	稠李				+		++	+++	+				
204	暴马丁香				+		++	+++	+				
205	榆叶梅				+	+				+++	+		
206	油松				+				+	+	+++		
207	黄馨				+++								
208	南洋杉				+++								
209	杨树				+++					+++			
210	接骨木				+++								
211	棠梨				+++								
212	杠柳				+++								
213	紫藤				+++								
214	锦鸡儿					++							
215	红端木					+							

（续）

编号	植物名	耐水能力	抗盐碱能力	抗SO₂能力	抗氟化物能力	抗氯化物能力	吸收SO₂能力	吸收氯化物气体能力	吸收氟化物气体能力	滞尘能力	杀菌能力	人体保健	吸收重金属能力
216	圆柏					+							
217	槲栎					+							
218	连翘					+	++	++				抗癌	
219	栾树					+				++			
220	山桃					+							
221	黄刺玫					+							
222	胡枝子					+							
223	水榆						+++	+++					
224	水曲柳						+++	+					
225	山楂						+++	+++			+	抗癌	
226	花曲柳						+++	++					
227	皂角						++	++	++				
228	赤杨						++	+					
229	山梨						++	+++					
230	元宝槭						++	+++	++				
231	京桃							+++	++				
232	糖槭							+++					
233	糠椴							++					
234	文冠果							++					
235	黄波罗							+					
236	日本赤松							+					
237	辽东栎							+					
238	沙松冷杉								++				
239	红松								++				
240	木芙蓉									+++		清热解毒消肿、抗癌	
241	泡花树									+++			+++
242	锦带花									+++			

（续）

编号	植物名	耐水能力	抗盐碱能力	抗SO₂能力	抗氟化物能力	抗氯化物能力	吸收SO₂能力	吸收氯化物气体能力	吸收氟化物气体能力	滞尘能力	杀菌能力	人体保健	吸收重金属能力
243	天目琼花									+++			
244	水青冈									+++			
245	栎树									+++			
246	千金榆									+++			
247	黄槿									+++			
248	黄槐									+++			
249	七里香									+++			
250	鸡蛋花									+++			
251	刺桐香									+++			
252	棣棠									++			
253	石栗									++			
254	紫叶小檗									+			
255	白蜡									+			
256	漆柳										++		
257	馒头柳										++		
258	北京丁香										++		
259	金叶女贞										++		
260	早园竹										+++		
261	紫叶李										+++		
262	黄栌										+++		
263	柏木										+++		
264	金钱松										+++		
265	蔷薇										+++		
266	法国冬青												+++
267	狗牙根												++
268	高羊茅												++
269	五叶地锦												++

（续）

编号	植物名	耐水湿能力	抗盐碱能力	抗SO$_2$能力	抗氟化物能力	抗氯化物能力	吸收SO$_2$能力	吸收氯化物气体能力	吸收氟化物气体能力	滞尘能力	杀菌能力	人体保健	吸收重金属能力
270	生姜	++											
271	黄豆	++											
272	萱田草	++											
273	绞股蓝	+											
274	水芹	+											
275	紫云英	+											
276	日本海棠											祛风湿和脾收敛	
277	白玉兰											湿散风寒、清脑	
278	琵琶											安神明目	
279	结香											舒筋活络解毒	
280	木香											朴脾固涩	
281	金丝梅											去湿、利尿	
282	茶花											止泻去瘀清积	
283	栀子											清热解毒、抗癌	
284	阔叶十大功劳											滋阴润肺	
285	八仙花											理气解痛	
286	八角金盘											抗癌	
287	小檗											清热解毒	
288	含笑											清热解毒	
289	凌霄											抗癌、芳香	
290	三尖杉											抗癌	
291	粗榧											抗癌	
292	贴梗木瓜											抗癌	
293	木瓜											抗癌	
294	肉桂											抗癌	
295	山茱萸											抗癌	

（续）

编号	植物名	耐水能力	抗盐碱能力	抗 SO_2 能力	抗氟化物能力	抗氯化物能力	吸收 SO_2 能力	吸收氯化物气体能力	吸收氟化物气体能力	滞尘能力	杀菌能力	人体保健	吸收重金属能力
296	瑞香											抗癌	
297	八角											抗癌	
298	绿叶胡枝子											抗癌	
299	金银花											抗癌	
300	辛夷											抗癌	
301	厚朴											抗癌	
302	芍药											抗癌	
303	牡丹											抗癌	
304	人参											抗癌	
305	七叶一枝花											抗癌	
306	黄檗											抗癌	
307	半夏											抗癌	
308	桔梗											抗癌	
309	枸橘											抗癌	
310	木通											抗癌	
311	秋枫											抗癌	
312	茶											抗癌	
313	梅花											抗癌	
314	桃花											抗癌	
315	香柏											抗癌	
316	五加皮											抗癌	
317	五加											抗癌	
318	川楝											抗癌	

注：—，指示植物；+，中等；++，较强；+++，强。

附件 1 "上海现代城市森林发展研究"评审会情况

在"上海现代城市森林发展研究"
课题评审会开幕式上的讲话

冯国勤
（上海市副市长）

各位专家、各位来宾：

下午好！由国家科技部立项，上海市人民政府和中国林业科学研究院共同组织进行的"上海现代城市森林发展研究"项目，在项目组组长中国林业科学院究院首席科学家彭镇华教授和项目组副组长、华东师范大学宋永昌教授组织协调下，在中国林业科学研究院和上海科研院校、政府有关部门 100 余名专家教授和行政技术人员通力协作、密切配合下，历时近一年的研究，取得了阶段性成果。本着边研究，边应用，促进成果尽快应用于城市森林建设，今天，上海市人民政府和中国林业科学院究院在北京昆仑饭店联合召开"上海现代城市森林发展研究"阶段成果项目评审会，在此，我代表上海市人民政府对应邀参加这次项目评审的专家表示感谢，对在开展项目研究中付出辛勤劳动的专家教授和行政技术人员表示感谢，对关心支持项目研究的国家科技部、国家林业局等有关部门表示感谢，并预祝项目评审取得圆满成功。

上海是一个缺林、少林的城市，森林覆盖率偏低，林业资源总量不足，缺乏森林组团，林业结构不尽合理，群落结构比较单一，与建设现代化国际大都市要求不相适应。

随着上海社会、经济快速发展，市委、市政府把加快建设现代化基础设施体系，全面提高城市生态环境质量摆上重要议程，提出了"生态城市、绿色上海"建设目标，世博会申办成功，对上海城市森林建设提出了新的要求。城市森林是建设城市生态系统的重要基础，也是建设城市基础设施的重要内容。发展城市森林，不仅是改善上海生态环境、增强上海城市综合竞争力的需要，而且也是实现农村稳定、促进农民增收的需要。近几年来，上海林业产值每年以 8%~10% 增长，林果、苗木已成为上海郊区农民的重要收入来源。加快推进城市森林建设已成为实现上海可持续发展的迫切需要。

当前，上海发展城市森林、加快绿化建设面临两大机遇，一是国家扩大退耕造林规模的机遇，二是国家调整粮食政策的机遇。上海实行退耕造林，既改善了城市的生态环境，又把造林绿化和促进农业结构调整结合起来。为此，经过反复调研、科学论证，我们提出规划到 2020 年，上海三分之一农田用来建林，森林覆盖率达到 30% 左右，绿化覆盖率达到 35%，跨入国际生态环境优质城市的行列，塑造"城在林中、林在城中，居在绿中"的现代化国际大都市景象。

　　上海城市森林建设目标已经确定，关键要有科学规划来指导。为进一步提升上海城市森林规划建设水平，充分发挥中国林业科学研究院在林业科研方面的优势，在去年全国农村工作会议期间，我与江泽慧院长商议，由上海市政府和中国林业科学研究院共同组织开展上海现代城市森林发展研究，江院长十分支持，组织院里的技术骨干，与上海方面合作，开展项目研究。这项工作，也得到了国家林业局周生贤局长和科技部领导的支持。国家科技部和上海市科委同时予以立项。今年 9 月，我们还举办了"生态城市和城市森林"国际学术研讨会，江泽慧院长致辞，彭镇华教授作了主题发言，李文华院士和蒋有绪院士都作了精彩报告。这对扩大我国开展城市森林研究的国际影响，提高上海城市森林理论研究、规划建设和经营管理水平，起到了非常重要的作用。

　　以上海为试点，开展现代城市森林发展研究，对于建立我国城市森林理论体系，为全国的城市森林建设提供示范，以及保障上海生态安全和可持续发展，都具有重要的理论意义和实际应用价值。

在"上海现代城市森林发展研究"
课题评审会上的讲话

江泽慧

（中国林业科学研究院院长）

尊敬的冯国勤副市长、各位专家、各位领导：

　　由国家科技部立项的"上海现代城市森林发展研究"课题，在上海市人民政府的高度重视下，课题组专家经过一年时间的辛勤工作，共同努力，课题研究已取得阶段性成果。这一课题既是城市林业研究领域的重大选题，同时也是上海市城市林业建设的重要内容。今天，在这里举行课题成果审定会，是对课题所取得的阶段性成果进行评议，也是针对上海市城市林业建设和生态环境建设的需要。请各位专家和领导提出宝贵意见。

　　下面，我就这一课题的立项背景，城市森林的发展现状和趋势，召开本次评审会的有关问题，谈一点认识，供大家参考。

一、课题的立项背景与研究进展

　　加快城镇化进程，是新时期全面建设小康社会的重要内容。进入新世纪，我国城镇化水平不断提高，目前城镇化水平已达到 37.7%。近年来，上海社会经济快速发展，城市化水平迅速提高，城市生态环境建设成为人们关注的热点问题，特别是上海在全面建设小康社会和 2010 世博会的申办过程中，将对城市生态环境提出更高的要求。这都使得建设现代城市森林成为新世纪上海可持续发展的迫切需求。

　　在国家科技部和上海市科委的大力支持下，该课题得以迅速立项。中国林业科学研究院和华东师范大学等专家共同组成了得力的课题研究组。在时间紧、任务重的情况下，为了保证课题的研究进度和研究质量，在课题实施过程中，已经先后召开了 20 多次由北京和上海双方人员参加的课题协调会、讨论会、研讨会。特别是 9 月 16~19 日在华东师范大学召开的"城市森林与生态城市建设国际研讨会"上，彭镇华先生代表课题组在会上作了主题发言，介绍了课题的初步研究成果。课题研究提出的林网化与水网化等城市森林建设理念，得到了与会国内外专家广泛的认同。通过研讨，课题组同时也听取了国内外专家对课题研究的意见和建议，这对课题研究的进一步完善产生了积极作用。

　　在课题实施过程中，上海市人民政府高度重视并给予了大力支持，特别是上海市农委，为本课题的组织、协调做了大量周到、细致的工作，保证了课题的顺利进行。

　　在中国林业科学研究院首席科学家彭镇华教授和华东师范大学宋永昌教授具体指导下，课题组全体成员全力投入，通力合作，协同攻关，在短时间内，以城市森林规划为核心，对上海市现代城市森林发展进行了深入和系统的研究，取得了很大的进展，形成了一个比较完整、系统的研究报告，获得了阶段性的研究成果。在此，我向你们表示感谢和祝贺！

二、城市森林的研究现状和趋势

城市森林这一学科的发展历史不算太长，从 1965 年加拿大多伦多大学乔根森教授提出城市森林建设以来，经过近 40 年的发展，城市森林的研究与实践在欧美国家得以迅速发展。美国纽约、华盛顿以森林为主体的中央公园、国家森林公园，悉尼奥林匹克公园以及莫斯科、斯德哥尔摩和堪培拉等城市的城市森林，都给人们留下了深刻的印象。我国城市森林建设起步较晚，20 世纪 80 年代以来，长春、合肥、深圳等一些城市的城市森林发展迅速，取得了显著成效。近年来，城市林业越来越为人们所重视，中国森林生态网络体系研究、中国可持续发展林业战略研究以及亚欧森林科技合作中，都对城市森林给予了充分的重视，有力地推动了城市森林的发展。

1. 上海的城市森林建设是中国森林生态网络体系建设中的重要组成部分

经国家科技部 1998 年批准立项，中国林科院组织专家开始了中国森林生态网络体系建设项目的研究工作。该项目"九五"期间已覆盖全国 23 个省份，建立了 28 个不同类型的示范点（区），"十五"期间，该项目又列入国家科技攻关重大专项。这一项目研究成果对于改善我国生态环境、实现我国国民经济和社会可持续发展，具有重大意义。上海是中国森林生态网络体系建设研究中最具代表性的城市，所取得的经验对全国其他城市和地区具有导向和示范作用。上海现代城市森林建设对把上海建设成为世界级城市，迎接 2010 年世博会的召开，具有重要意义。

2. "中国可持续发展林业战略研究"对城市森林发展给予了高度重视

在中央政治局委员温家宝副总理的亲自关心、指导下，经过近 300 位院士、资深专家和项目研究人员的共同努力，"中国可持续发展林业战略研究"取得了重大阶段性成果，9 月 28 日由温家宝副总理亲自主持召开了项目阶段性成果汇报会；10 月 26 日，姜春云副委员长在人民大会堂主持了《中国可持续发展林业战略研究总论》一书的首发式。

这里需要强调的是，在国家林业发展战略研究层面上，首次将"城市森林"作为一个重大发展战略问题，对我国城市林业发展有极大的推动作用。相关研究指出，到 21 世纪中叶，我国城市化水平将大幅度提高，我国城镇化水平将由 2001 年的 37.7% 提高到 60%~70%，城市生态环境压力日益加剧。城市森林是吸收二氧化碳，减缓热岛效应，净化空气，减小噪音等的主要载体。因此，必须加大力度，尽快把城市森林建设纳入城市发展规划之中，构建以森林为主体、与其他植被有机结合的绿色生态圈，形成城市林网化、水网化以及近郊远郊森林公园、自然保护区协调配置的城市森林生态网络体系。

在已经出版的《中国可持续发展林业战略研究总论》一书中研究指出，中国城市森林的发展思路，是要通过加快城市森林发展步伐，建设城区绿岛、城边绿带、城郊森林，使城市生态环境建设由单一绿化型向生态绿化型转变，创造安全、优美、自然、舒适的人居环境。

3. 亚欧森林科技合作把城市森林纳入了优先发展领域

发展城市森林已经成为亚欧森林科技合作的重要内容。2001 年 7 月，科技部、国家林业局、贵州省人民政府和芬兰贸工部在贵阳联合召开了"亚欧森林保护与可持续发展国际研讨会",并发表了《贵阳宣言》。在《贵阳宣言》中,强调了发展城市森林的重要性。2002年4月,在泰国清迈又召开了第二次"亚欧森林保护和可持续利用国际研讨会",科技部和中国林业科学研究院派代表参加了会议。会议确定的亚欧森林科技合作的四个优先领域中,城市森林就是其中的一大领域。大会还授权由中国和丹麦牵头组建亚欧城市森林研究网络,中国林业科学研究院代表亚洲方面派代表出任了城市森林研究网络协调员。该研究网络在欧盟和科技部的大力支持下,已经开始启动前期工作,并将在城市森林研究的相关领域,协调研究,共享资源,推动亚欧城市森林的发展水平与规模。

三、召开本次课题评审会的主要考虑

"上海现代城市森林发展研究"课题经过一年多的研究,取得了很大的进展,在城市森林建设理念、评价指标体系、总体规划、树种选择与模式配置、政策保障机制等方面都有一定的创新性,一些研究成果已经为"中国可持续发展林业战略研究"相关研究所采纳,这是非常难得的,从一个方面也体现了这一课题研究的重要意义和价值。今天对课题进行阶段性的评审,主要有以下三个方面的考虑:

一是上海市成功申办2010年世博会的迫切急需

该课题不仅仅是理论研究,同时还是一个与生产实际密切结合的项目,不仅要出研究成果,还要编制具体的发展规划。因此,要在课题评审后,为上海市人民政府拿出具体的规划实施方案。上海市人民政府在成功申办2010年世博会后,更急需要高水平高起点的、高效益的城市林业建设规划,也在等着这个课题尽快出成果、出规划,便于政府尽快决策,尽快实施。因此,亟待各位领导和专家对课题研究成果和编制的相关规划等内容进行评审,以确保研究成果和规划的科学性和可行性。

二是中国可持续发展林业战略研究的迫切急需

随着我国的城镇化发展速度不断加快,城市森林研究和实践愈来愈迫切。按照中央政治局常委温家宝副总理的要求和定位,城市森林已经列为一大发展战略,将按中国森林生态网络体系的理念和实践进行系统深入研究。上海城市森林的发展不仅仅是上海自身的问题,同时对全国其他城市的城市森林发展有广泛、深刻的影响,上海的城市森林搞好了,就可以发挥更大的典范和导向作用。通过召开这次评审会,课题组广泛听取各位领导、专家的意见,进一步完善上海市的城市森林发展规划并具体指导上海城市森林的建设,为中国可持续发展城市林业发展战略研究提供科学依据。

三是要进一步深化课题后续研究工作

这次评审会既是对一年来的研究成果进行认定,也是对项目进展以来的一次总结,特别是规划部分。按照课题总的要求,还有相当一部分研究工作还要继续。通过这次阶段性研究成果的评审,课题组可以进一步修改、补充、完善现有的研究成果,总结经验,制订新一轮的科研实施计划,把后续研究内容做好,提高课题的科学研究水平和实践应用水平。为城市森林课题研究,为上海市城市森林建设,交一份优秀的答卷。

各位领导、院士、专家，

　　"上海现代城市森林发展研究"作为一个新领域、新任务，具有涉及部门多，范围广，政策性强，研究难度大的特点。我相信，有上海市人民政府的高度重视和大力支持，有国家科技部、国家计委、财政部和国家林业局等部门的支持和指导，有项目组全体人员的共同努力，"上海现代城市森林发展研究"一定能够圆满完成各项研究任务，为上海乃至全国城市林业的发展做出应有的贡献！

在"上海现代城市森林发展研究"
课题评审会上的发言提纲

上海现代城市森林发展研究

彭镇华　教授

（中国林业科学研究院　首席科学家）

尊敬的各位领导、各位专家：

下午好！

当今世界，生态安全已成为国家安全的重要组成部分，森林是陆地生态系统的主体，已成为衡量一个国家文明程度和可持续发展能力的重要指标。世界各国都非常重视生态建设和环境保护，都把保护环境放到决定人类的生存与发展的高度。城市森林是城市生态环境建设的重要组成部分，是有生命的城市基础设施。上海现代城市森林建设对把上海建设成为世界级城市，迎接 2010 年世博会的召开具有重要意义。

刚才，冯国勤副市长和江老师已经对项目的立项背景和整体进展情况向各位专家作了介绍，由于时间关系，在这里我代表课题组主要介绍七个方面的内容：

一、上海城市森林发展研究的必要性

1. 城市森林是实现上海可持续发展的迫切需要

作为我国最大的经济中心和最大的工商业港口城市，上海正朝着国际化大都市建设目标阔步迈进。但与现代化国际大都市相比，衡量上海综合竞争力六大指标中，最弱的一项指标就是城市的生态环境。加大城市森林建设力度，有利于增强上海城市综合竞争力，有利于缩小上海与发达国家城市森林建设的差距，适应入世后城郊社会经济发展的需要。

2. 城市森林是解决上海生态问题的重要手段

在上海社会、经济快速发展的同时，面临着一系列生态和环境问题，生态压力日益加剧。水环境受到破坏，农用化学物质的投入，生活垃圾的填埋，导致水、土污染严重；森林资源总量明显不足，且结构布局不尽合理；高层建筑林立，人口密集，城市的热岛效应明显，局部大气污染较重。城市森林作为城市生态系统中具有自净功能的重要组成部分，在保护人体健康、调节生态平衡、改善环境质量、美化城市景观等方面具有其他城市基础设施不可替代的作用。许多国家已把大力发展城市森林作为改善城市生态、提高环境质量的一项重要举措，如加拿大城市森林计划、英国城市森林计划、德国城市林业规划、日本城市保安林规划等。

3. 城市森林是国家可持续林业发展战略的重要内容

新世纪上半叶，中国林业发展将确立以生态建设为主的林业可持续发展道路、建立以森林植被为主体的国土生态安全体系、建设山川秀美的生态文明社会的总体战略思想，并把城市森林作为中国森林生态网络体系建设的重要内容。国家确定的天然林资源保护、退耕还林（草）、野生动物保护和自然保护区建设等六大林业重点工程，基本分布在农区和山区，目前尚未直接涉足生态问题突出、经济发达、人口密度大的城市地区，因此，开展城市森林研究和建设也是国家六大林业重点工程的重要补充。

4. 上海具备率先开展城市森林建设的条件

上海四季分明，气候宜人，具有良好的自然环境，为上海城市森林建设提供了基础条件。改革开放以来上海在城市综合经济实力、综合服务功能、综合创新能力等方面都取得了巨大成就，这为开展城市森林研究提供了良好的社会经济基础。

以上海为试点，开展现代城市森林发展研究，对于上海成功举办世博会，建立我国城市森林理论体系，为全国的城市森林建设提供示范样板以及保障上海的生态安全和可持续发展，均具有重要的理论意义和实际应用价值。

二、国内外城市森林建设与研究概况

1962 年，美国肯尼迪政府在户外娱乐资源调查中，首先使用"城市森林"（urban forest）这一名词。1965 年加拿大多伦多大学 Erik Jorgensen 首先提出"城市林业"（urban forestry）的概念。1967 年第九次国际林业会议上提出"城市林业"一词，1974 年在英国举行的第十次会议明确提出城市森林是作为城市生态系统的一个子系统，从城市整体来考虑森林的结构和功能；它不仅包括城市内部绿地，也包括城市周围的城郊林带，还包括城市外围以森林为主体的林地。城市森林的出现受到了世界各国的普遍重视。

1. 国外城市森林建设的特点

去年，我随中国林业科技代表团访问了北欧的一些高纬度国家——俄罗斯、挪威、芬兰和瑞典。从飞机上看去，这些国家处在一片林海中，以芬兰为例，国内的森林面积非常大，森林成为国家的支柱产业，在国民经济中占到 23%。许多城市都在森林的包围之中。我们称之为"城在林中，林在城中"。当然，芬兰有我们国家不可比拟的优势，人少地多，人口密度仅为 18 人 / 平方千米，但也有不足的地方，就是树种简单，主要树种为云杉、欧洲赤松和白桦，有些地方也有部分的橡栎类树种；树木的生长速度慢，长成 1 棵直径为 20 厘米的树需要长达 80~120 年的时间。当我到挪威首都奥斯陆的时候，那里的空气清新环境优美。看到美丽的森林景观，赞誉："一城山色绕海湾，大树葱葱掩其间，莫道世间无洁境，森林郁郁去尘埃。"到莫斯科也是如此，与 37 年前相比，城市中的树木更加高大，环境更加宜人，城市森林确实改善了城市环境。2002 年，我应邀到日本参加中日友好 30 周年活动，到日本印象最深刻的是所到之处"满目青山"，虽然日本的树种也并不多，日本的柳杉和侧柏就占了树种总量的 70%。而且，日本这样好的生态环境的建成也并没有多长的时间，主要是在 20 世纪 60 年代政府动员私人、企业和地方政府营造森林，这一工作卓有成效。日本很欣赏中国的园林，城市建设中有很多文化底蕴在其中，日本的城市园林建设与我国有很多相似的地方。但在日本，城市内大树很多，园林式重修剪的树很少，只有在庭院、街道能零星见到像我国整齐划一的街道绿化模式。当然，日本是个岛国，属典型海洋性气候，水条件便利，为良好的生态环境建设提供了优越的自然地理条件。

国外一些国家的城市森林建设中有很多值得我们借鉴的经验，不管是高纬度国家还是岛屿国家，建设城市周围的森林是改善城市环境的最重要手段，城市森林不应该仅仅局限在城区，城市内外的森林建设应该成为一个有机的整体。

2. 中国的城市环境特点与城市森林

我国的城市森林源于中国的古典园林，主要继承了中国过去传统的园林特别是山水园林的特点。中国的园林可谓是中国文化的一支奇葩。我国的古典名著《红楼梦》中描写的大观园从一个私家花园的角度细致地刻画了我国古典园林的建设风格，作者曹雪芹把中国古典园林的精华精辟地概括为"源于自然但又高于自然"。中国的园林在做法上将中国哲学、文学、建筑、绘画等文化内容融为一体，体现中国传统园林的突出风格，其中也有将大自然景观微缩转移到小的空间内，使之成为大自然的缩影。但这种做法大量照搬到中国城市森林建设中，就不太合适了。现代城市最缺的不是传统园林所追求的"以大变小"的精品，更重要的是缺少生态功能的发挥。随着城市化的发展，城市内楼房越来越高，但树木却变得越来越矮，生物量、叶量要受到很大影响，不是多了，而是变得少了！

3. 城市森林的研究

有人经常问起中国的城市森林覆盖率是多少，这个问题目前还不清楚，因为我国不同城市中的城市森林发展差距很大，没有统一准确的标准，很难统计全国城市森林的覆盖率。但仅仅把森林覆盖率作为城市森林的生态指标是远远不够的。世界上许多国家关于城市森林生态功能的研究已经进行了更深入细致的阶段，归结起来主要集中在光、热、水、土、气五个方面。以对城市森林抑制、吸收污染物方面的研究为例，1994 年研究表明，纽约市城市森林年吸收的空气污染物为 1821 吨，折合的经济价值为 950 万美元；亚特兰大市城市森林年吸收的空气污染物为 1196 吨，折合的经济价值为 650 万美元；巴尔的摩市城市森林年吸收的空气污染物为 499 吨，折合的经济价值为 270 万美元；1998 年我国对合肥市城市森林年吸收的空气污染物进行了测定，结果为年吸收的空气污染物 151.5 吨，折合的经济价值为 70 万美元。纽约市年每平方米叶面积吸收效率为 13.7 克，亚特兰大为 10.6 克，巴尔的摩为 12.2 克，合肥市为 29.1 克，纽约市与合肥市相比，合肥市要高近一倍，只能解释合肥空气的污染物含量高。由此可见，城市森林所产生的生态功能创造的价值还是很可观的。当然，这只是经济方面，还没有包括因此而造成人的健康危害。

国内有关城市林业的系统研究起源于 20 世纪 80 年代后期，对城市森林的研究刚刚起步，比较有影响的概念就是把城市森林作为一个与城市体系紧密联系的、综合体现自然生态、人工生态、社会生态、经济生态和谐统一的庞杂的生物体系。尽管国内外学者因研究角度不同，所下的定义有所差异，基本目标一致，都蕴含了现代林业建设理念，强调城市森林的生态服务功能。

三、上海的环境本底概况

自然条件、社会经济、生态环境详见课题总结报告（略）。上海城市森林资源现状：

2001 年全市现有林业用地面积 55.8 万亩，其中，有林地 46.6 万亩，占林业用地的 83.5%；苗圃地 9.2 万亩。在有林地中林分面积 17.7 万亩，经济林面积 22.8 万亩，竹林面积 5.7 万亩。上海市森林覆盖率为 10.4%。

四、上海城市森林建设的理论探索

（一）城市森林的概念

城市森林是指在城市地域内以改善城市生态环境为主，促进人与自然协调，满足社会发展需求，由以树木为主体的植被及其所在的环境所构成的森林生态系统，是城市生态系统的重要组成部分。具体是指城市地域内的各种林地及其相关植被。

城市森林建设的范围因城市的规模而不同。上海作为国际大都市，城市化水平不断提高，其城市森林建设范围涵盖 6340 平方千米的整个市域范围。

（二）上海城市森林建设的核心理念——林网化与水网化

为什么我在城市森林建设中标新立异地提出林网化、水网化的建设途径？因为大家都知道城市环境要好，城市周围必须要有森林。而在我国，城市的周围都是农田，占用农田建设森林是一个很敏感的问题。在我国这种人多地少的客观情况下是大面积地占土地造林好还是占用少量的土地造生态功能高的森林好呢？这是显而易见的。

1. 林网化水网化提出的背景

- 森林与水的关系密切，是改善城市生态环境的两条主线。对于一个城市来说，森林是"城市之肺"，而河流、湖泊等各种湿地则是"城市之肾"，城市因为有了森林和流动的水体而风景优美，空气清新，环境宜人。
- 中国古代风水理论和山水园林建设思想。
- 国外城市与中国城市森林、水系本底的差异。
- 中国城市周围土地资源特点与人口状况。
- 上海的生态环境现状和环境发展需求。

世界上各国对林网化的生态功能已不容置疑的。在这里，我重新将其整合了一下。我个人认为：

林网化与水网化，就是基于城市特点，全面整合林地、林网、散生木等多种模式，有效增加城市林木数量；恢复城市水体，改善水质，使森林与各种级别的河流、沟渠、塘坝、水库等连为一体；建立以核心林地为森林生态基地，以贯通性主干森林廊道为生态连接，以各种林带、林网为生态脉络，实现在整体上改善城市环境、提高城市活力的林水一体化城市森林生态系统。

林网化不是林带化，而是由核心林地、林网、散生木等多种模式连接起来形成的一个森林网络；水网化也不仅仅是指河流水系沿线的防护林建设，应包括连接、疏浚城市范围内的各种水体，使之成为与林地紧密相连的、相互贯通的水系网络。并在整体上成为中国森林生态网络体系的重要组成部分。

林网化水网化具有林水相依、林水相连、依水建林、以林涵水的特点，实践林网化与水网化具有以下优势：

（1）符合中国国情，切合上海市情。城市周围建设大面积森林是城市森林发展的重要模式之一，很多国家的城市都是处在树林之中或城市周围保留很多大面积的森林。但是，我国城市周围的环境本底状况完全不同于国外城市，人多地少，城市周围基本上以农田为主，零星分布的小城镇和居民点之间距离也很小，保留的天然植被特别是森林的面积十分有限。因此，依靠城市周围零星保存下来的有限的林地是无法满足城市生态环境建设需要的。上海市处在长江入海口，水网发达，地势又相对平坦，除了利用现有的地形条件保护和建设一定面积的核心林地以外，通过加强水系的连通河岸带的防护林体系建设，加强包括农田林网在内的城市森林建设模式，是增加城市森林面积的有效途径。

（2）国家政策支持，农民易于接受。林网化只是部分改变土地的使用方式，有利于改善农业生产环境，特别是对于净化土壤、水体中的农药、化肥和重金属等具有重要意义。《中华人民共和国土地管理法》规定：国家鼓励土地整理，对田、水、路、林、村综合整治，提高耕地质量，增加有效耕地面积，改善农业生产条件和生态环境。因此，加强林网建设，在近期内可成为改善城市生态环境的主要手段。

在城市周围推进城市森林建设，提高生态效益的同时，也必须考虑农民的经济收入问题。农田转为林地，建设大面积人工林，投资较大，在短期内也难以实现。而林网化投资少，见效快，合理的植物配置和布局对农业生产还有好处，农民易于接受。

（3）具有发展弹性，利于产业结构调整。林网化与水网化建设理念具有发展弹性，回旋余地大，具有多种效益。林网化发挥了森林改善环境的生态效益，同时也允许林网内土地经营方式的多种多样，可以发展各类高效农业（包括绿色食品、无公害食品和有机食品生产基地等），也可以发展经济果林，提高土地的经济效益，增加农民的经济收入。

林网化与水网化建设也为进一步发展大型森林斑块及其他模式的城市森林打下了良好的环境基础，准备了丰富的模式，同时也为其他产业的发展预留了充足的空间和创造了良好的环境。无论是房产业、工业、农业及旅游业，都需要有森林环境作为背景，其增长潜力是明显的。

（4）组成类型多样，功能效益完备。林网化与水网化建设理念包容了林地、林带、散生木等多种城市森林成分，与城市水网的结合，大大提高了城市森林的整体性、均匀性和空间连接性，能够快速有效地改善上海市整体范围内的环境。就上海市目前的情况来看，原生植被类型中森林不是主体，在地下水位高、有盐碱危害的现实条件下，大面积森林斑块应按需要控制在有限地带，因而在现阶段发展林网化的模式更为可靠和有效，将可以成为大型森林斑块的基础。

（5）有效改善环境，促进生物多样性保护。林网化与水网化建设能够满足尽快改善城市生态环境的近期目标，也有利于解决目前动植物生境破碎化问题，增加生物多样性，并将为上海市的生物多样性保护打下良好的基础。林网化与水网化建设有利于增强各个相对分散的自然生境（包括林地、草地、湿地、水体等）之间的空间连接，有利于生物的迁移。

（6）林水结合增效，有利建设生态城市。通过林网化与水网化建设，可以促进城市水系的水质改善，加快城市范围内河流生态系统的生态恢复，也有利于节约林地灌溉用水，促进林木生长，林水结合能够改善生态环境，有利于实现城市生态系统的良性循环，使城市生态系统的结构得到优化，功能得到增强。

五、上海城市森林建设的规划

（一）规划的指导思想和原则

1. 指导思想

上海现代城市森林规划的总体指导思想："以人为本，人与自然协调发展。以道路和水网为构架，核心林地为重点，通过林网化、水网化建设，构建上海现代城市森林生态系统。服务于上海未来经济和社会发展总目标，从整体上改善城市环境、提高城市活力，达到社会、经济、生态效益的统一，经济与社会的可持续发展。"

2. 规划原则

（1）生态优先，体现以人为本。鉴于城市生态环境问题日益突出的矛盾，城市森林应该把净化大气、保护水源、缓解城市热岛效应、维持碳氧平衡、防风防灾、调节城市小气候环境等生态功能放在首位；应从满足人体呼吸耗氧，为人类提供新鲜空气，增加负氧离子含量以及观赏休闲等需求作为建设重点；从偏重于视觉效果转向注重人体身心健康角度综合考虑，强调人居环境，体现以人为本、人与自然相互协调。今天的城市绿化中缺少的正是注重树木与人体身心健康的关系方面。

（2）师法自然，注重生物多样性。通过建立稳定和多样化的森林群落，达到传承文明，师法自然，景观多样，应接不暇的效果。充分利用树种资源和生态位资源，形成不同类型的森林生态系统，既满足人们不同的文化和生活需求，又为不同生物提供生存繁衍的生态环境，促进生物多样性保护。

（3）系统最优，强调整体效果。科学配置，完善城市森林类型和布局，最大限度提高森林总量，发挥城市森林的最优生态效益，实现生态系统各子系统的相互协调，充分提高城市森林对整个城市的总体功能。

（4）因地制宜，突出本土特色。根据不同地段的自然条件、生态环境质量，确定适宜的森林结构，选择应用具有主导功能特点的树种，进行城市森林的合理布局。增加乡土植物特别是建群种和优势种的使用，突出本土植被群落模式的特点，完备优化森林结构，提高森林生态系统的稳定性。

（二）目　标

到 2020 年，初步建成与上海国际经济、金融、贸易规模相一致的，能够代表上海国际大都市形象，具有综合生态环境效益的城市森林，使城市贴近自然、融入自然，实现城乡一体化，构建各种衔接合理、结构完善的现代近自然的城市森林生态系统，达到"城在林中，人在绿中"的森林效果，使上海的空气更加新鲜，水源得到良好保护，环境污染得到明显缓解，生物多样性得以合理保护，形成"林荫气爽，鸟语花香；清水长流，鱼跃草茂"的美好的生态环境，从而为"绿色上海、生态城市"的建设奠定基础；实现"天更蓝、水更绿、居更佳"

的目标。

（三）总量指标

1. 测量途径

衡量城市森林建设水平的重要标志就是森林覆盖率，它是反映都市生态环境质量状况的一个重要指标，国外大都市也都采用此指标来反映都市绿化水平，因此，本研究把森林覆盖率作为规划总量控制的主要预测指标。

- 参照相关法规确定城市森林总量。
- 借鉴国内外城市森林建设经验。
- 碳氧平衡补偿法测算。
- 热场平衡法测算。

综合以上四条途径分析，未来上海理想的森林覆盖率应达 35%。

2. 总量指标

（1）长期规划：至 2020 年止，新增森林面积 1015.78 平方千米，全市森林面积将达到 1675 平方千米。森林覆盖可增加 25%，加上现有的森林覆盖 10.4%，届时全市森林覆盖率可达 35%。

（2）分期规划：至 2005 年，新增森林面积 482 平方千米，全市森林面积可达 1141 平方千米以上，森林覆盖率达到 18%；2006~2010 年，新增森林面积 279 平方千米，全市森林面积达 1420 平方千米以上，森林覆盖率达到 30%；201~2020 年新增森林面积 254 平方千米，全市森林面积达到 1675 平方千米，森林覆盖率达到 35%。

（四）总体布局

1. 布局依据

在航空像片解译和各类地图集以及相关资料分析的基础上，结合 3S 技术的利用和现有资料的总结，从上海市的自然生境条件、环境质量状况、主要生态敏感区的分布、城市化程度等方面对上海现代城市森林的功能进行定位，提出布局的依据。

（1）综合自然区划确定上海现代城市森林目标类型。

（2）综合环境质量区划确定环境保护林布局。

（3）综合生态敏感区划确定生态保护林布局。

2. 布局框架

参照城市森林布局依据和上海市生态环境现状，结合《上海市城市总体规划（2020）》，突出本土特色，因地制宜，合理确定近期和远期规划目标。根据上海市生态环境状况，围绕上海城市发展规模和目标，结合上海农业结构调整，以"林网化、水网化"为规划理念，以城市森林生态功能优化为原则，规划建设"三网、一区、多核"为一体的城市森林总体布局框架。

（1）三网：即水系林网、道路林网和农田林网。

- 水系林网：是在河流和湖泊岸带建设防护林带，主要起到涵养水源、净化水质，防止土壤流失，巩固堤岸，促进疏导，抵御台风、风暴潮等自然灾害等作用。

● 道路林网：是以道路系统为骨架，在道路两侧规划林带，形成道路林网系统。目的是保护路段，增强行车安全，防治污染，净化汽车尾气，防尘和减低噪声，美化景观，兼具廊道作用。

● 农田林网：是在基本农田周围的路、沟、河、渠、宅边营建防护林网、散生树木等。对于保护农田、生物隔离、防治灾害、抵御台风侵蚀具有重要作用。它在不改变用地性质的条件下，占用较少的土地面积，使森林覆盖率有了较大提高。

（2）一区：在淀山湖、黄浦江上游及太浦河等支干流、佘山集中连片的淀泖水源区，根据不同地域生境特点，构建以涵养水源、净化水质为主，包括生物多样性保护、休闲旅游等多种功能的重点生态建设区。

（3）多核：在林网水网中构建结构稳定、达到一定规模的能构成森林环境的各种功能林，使其成为城市森林生态系统中的核心林地、城市森林网络中的结点。它主要分为大型生态休闲林和岛屿生态林、污染隔离林和中心城镇林，以及建成区的核心林。

（五）数量指标

对于城市森林规划的数量指标，我们提出了不同类型城市森林的最低标准，在实际建设中可以根据具体的情况进行调整。

在上述整体规划的基础上，我们还建立了一套城市森林评价指标体系，进行了不同类型城市森林的树种配置模式设计，并就政策保障机制问题开展了专门研究，这部分内容在后面的分报告中有详细的论述。

六、项目研究成果与创新

（一）成果

在本项目是在3年相关研究的基础上，经过中国林业科学研究院、上海市农林局和上海华东师大高校等8个单位100余人近一年的通力合作，取得了以下六个方面的成果：

● 明确了现代城市森林的基本概念、组合功能分类方法。

● 提出了林网化与水网化结合的现代城市森林建设理论。

● 构建了定性与定量结合的现代城市森林综合评价指标体系。

● 完成了上海现代城市森林发展规划研究。

● 提出了上海现代城市森林建设的关键技术。

● 提出了上海现代城市森林建设和经营管理对策。

（二）项目主要创新点

1. 城市森林建设理论创新

● 全面地阐述了城市森林概念。

● 建立了一套城市森林分类系统。

● 首次提出林网化与水网化结合的现代城市森林建设核心理念。

● 提出了定性与定量结合的现代城市森林综合评价指标，并对上海城市森林现状进行了评价。

2. 研究方法创新

• 多学科交叉渗透的研究方法：应用森林生态学野外调查方法，并结合了 3S 技术、信息生态学等方法，进行了城市森林现状、分布特征的调查研究。

• 通过对城市森林的综合评价，提出经营与管理合理模式。

• 应用碳氧平衡补偿法和热场平衡法等测算了上海未来城市森林发展的需求值为 35% 以上。

• 依据对城市综合环境分析评价，进行上海现代城市森林规划。

3. 在新理论指导下的实践创新

• 以长江三角洲为依托、上海市域 6340 平方千米为对象，进行了上海城市森林发展规划研究，制定出了城郊一体化的上海现代城市森林总体规划。

• 提出了"三网、一区、多核"的上海城市森林布局。

• 针对城市森林功能目标，开展了上海城市森林典型模式和关键技术研究，为落实上海城市森林建设规划提供合适的群落类型以及相关技术的支撑。

4. 城市森林保障机制创新

结合上海的城市特点，对现代城市森林建设和管理对策进行了比较系统的研究，为规划的实施与完成提供了保证。

七、上海现代城市森林发展展望

总结起来，我对于上海现代城市森林建设有三方面的见解：

（一）林网化水网化，改善生态环境

关于林网化的理论已经非常清楚了，在这里我们需要讨论水网化中如何改善水质的问题。上海水系改善的关键是"引江水入大海，变死水为活水"。上海地区北为长江口，南有黄浦江，西有运河，东临大海，境内水系众多，河湖港汊纵横交错，水面积约占总面积的 11.3%；河网密布，河道密度为 6~7 千米 / 平方千米，平均每隔 100~300 米就有一条河流。除长江外，黄浦江是上海地区的主要水系，黄浦江贯穿全境，全长 113.4 千米。就水资源的丰富程度来看，上海在全国是一块少有的宝地，但上海的水质很差，全市河道中没有I类河道，II类III类河道仅占总河道的 0.1% 和 0.9%，V类河道和劣于V类的河道占总河长的 10.3% 和 68.6%，因此为提高水网林网结合的综合效果，建议通过一些灌溉工程和净水工程等完成"引江水入大海，变死水为活水"的目标。在黄浦江、苏州河等骨干河道综合治理的基础上，加快水资源的综合调度、水系景观建设，带动中小河道整治和加快水体沿岸林网建设，实现清水、绿岸、佳境的目标。建议疏通、拓宽油墩港、大治河、川杨河、横泾港等河道，形成贯通南北、东西"二纵四横"的水网化通道，从长江、太湖、淀山湖引水，综合调度水资源，加快水资源的流动性。上海地处沿海，海（江）岸线总长达 471.7 千米，搞好沿海滩涂的防护林体系建设十分重要。建议采取"覆新土压盐碱，绿化开发滩涂"的措施开发绿化滩涂。

（二）向空间要生态，发挥植被优势

关于上海城区的城市森林建设，我想简单的提以下几点建议：

（1）城区的森林建设，在不增加土地面积的条件下，还仍有很大的潜力，这潜力就在立体的空间。过去的城市绿化往往是平面的大地系统，过去不少是遵循我国传统园林的风格"以大变小"。城市化的发展使城市中的楼房越来越高，但城市树木却不能矮小，我国的高大树木有着丰富的物种资源，30~40米的高大乔木树种很多，而且小树与大树的生态效益差异极大，矮树的透光透气性也不好，应选择高大的乔木作为城市绿化的骨干。

（2）常绿树和落叶树树种选择问题。常规的选择更喜欢常绿树种，因为在城市中种植常绿树更显生机。但在我看来，就生态功能和城市绿化的格局，落叶树同样重要，落叶树不仅在夏天起到遮阴的作用，在冬天还能透光，能够解决冬季的增温问题，而常绿树种在冬天接受阳光的功能就不及落叶树。

（3）关于上海城市中过多栽植樟树的质疑。我个人认为，城市中过多地将樟树作为主要的城市绿化树种，是不可取的。原因是樟树耐寒性差，树龄大后树型又不好。城市树木能够很好地体现城市的文化和历史，所以城市中的骨干绿化树种应如何选择才能更好表现城市深刻的文化底蕴，值得很好的斟酌。

（4）城区绿化乔木树种比例小，生物量少，叶量少，生态功能弱。采用传统的园林绿化，能够提高视觉景观效果，前几年还兴起了草坪热，但从生态功能上看，草坪的生态效益仅仅是树木的几十分之一。我认为上海在有限的土地上还能够增加生物量、叶量。如果见缝插绿，利用速生落叶树种如杨树等，一般5~6年就能长到20厘米粗20米高，达到5~6层楼高，在城市中形成"绿树城中"的景观，使城市中的温度和空气条件有很大的改善。再充分利用我国攀援植物和藤本植物资源丰富的优势，进行空间绿化，增加生物量和叶量，城市森林生态效益的改善将是很可观的。

（三）控一片扩一线，城建面向江海

关于上海城市森林建设，我还有一个小建议：上海应该考虑"控一片扩一线，城建面向江海"。城市建设与城市生态是紧密相关的。世界各国许多发达城市周围都建有卫星城市，而上海在这方面有更好的条件，特别是水条件，因此我建议上海城市建设"控一片扩一线，城建面向江海"，江海治理条件好，环境优良，城市建设实行"片"控制很有意义。上海的浦东已经有远见性地在城市建设中治理江河，这一思路很好。我相信将上海建设成为"东方的威尼斯"是很有希望的。

我们相信，建立人树共存、水木相扶的城市森林生态系统，初步实现"林荫气爽，鸟语花香；清水长流，鱼跃草茂"的良好生态环境，将极大的改善上海城市形象，提高城市的综合国力，有助于上海在迈向国际化大都市的同时，实现"天更蓝、地更绿、水更清、居更佳"的美好未来。

谢谢！

2003年1月5日

"上海现代城市森林发展研究"
评审会专家名单

姓名	单位	职务/职称
李文华	中国科学院	中国工程院院士
冯宗炜	中国科学院	中国工程院院士
蒋有绪	中国林业科学研究院	中国科学院院士
唐守正	中国林业科学研究院	中国科学院院士
杨雍哲	中国农业经济学会	会长/高级工程师
盛炜彤	中国林业科学研究院	国务院参事、首席科学家
杜 鹰	国家计委农经司	司长/高级工程师
丁学东	财政部农业司	司长/高级工程师
王晓方	科技部农社司	司长/高级工程师
王志学	科技部农村技术开发中心	主任/高级工程师
姚昌恬	国家林业局发展计划与资金管理司	司长/高级工程师
张建龙	国家林业局科学技术司	司长/高级工程师
魏殿生	国家林业局植树造林司	司长/高级工程师
林 进	国家林业局森林资源管理司	巡视员/高级工程师
杜永胜	国家林业局森林公安局	局长/高级工程师
卓榕生	国家林业局野生动物保护司	司长/高级工程师
吴 斌	国家林业局长防办	常务副主任/教授
黎云昆	国家林业局科技发展中心	主任/高级工程师
陈建伟	国家林业局濒危物种进出口管理办公室	主任/高级工程师
胡章翠	国家林业局科学技术司	副司长/高级工程师
陈道东	国家林业局速生丰产林基地建设工程管理办公室	总工程师
姜伟贤	中国花卉协会	秘书长
程 良	国家林业局国际竹藤中心	副主任/高级工程师
吴晓松	国家计委农经司林业处	处长/高级工程师
张国明	财政部农业司林业处	处长/高级经济师
程渭山	浙江省林业局	局长/高级工程师
夏春胜	江苏省林业局	局长/高级工程师
贺善安	中国科学院中山植物园	研究员
刘滨谊	同济大学	教授
张启翔	北京林业大学	院长/教授
吴泽民	安徽农业大学	教授
李智勇	中国林业科学研究院	所长/研究员
张树林	北京市园林局	高级工程师
严玲璋	上海市风景园林学会	理事长/教授级高工
蒋宗健	上海市规划局	副总工/高级工程师

"上海现代城市森林发展研究"
专家评审意见

2003 年 1 月 5 日，由上海市人民政府和国家林业局组织，在北京召开了"上海现代城市森林发展研究"课题评审会。参加会议的有国家计委、财政部、科技部、国家林业局以及北京市和上海市等有关单位的专家和领导。与会人员在听取了课题组的工作汇报后，经过认真的讨论，形成了以下意见：

专家认为，开展上海现代城市森林发展研究，对改善上海城市生态环境，提高综合竞争力，保障上海城市的生态安全，促进上海社会经济可持续发展，指导和推动新时期全国现代城市森林发展，都具有十分重要的学术价值和示范意义。该项目在中国林业科学研究院、上海市农林局的组织下，经过中国林业科学研究院、华东师范大学等 8 个单位 100 余位研究人员一年的攻关研究，取得了如下阶段性研究成果：

（1）项目对城市森林发展理论进行了积极的探索性研究，从复合生态系统理论出发，遵循现代城市社会、经济和环境协调发展的原则，提出了现代城市森林概念，系统地阐述了现代城市森林的功能，构建了定性与定量结合的现代城市综合评价指标体系，并率先对上海市的城市森林进行了系统科学的评价。项目首次提出的"林网化与水网化相结合"的上海市现代城市森林发展核心理念，在理论上具有创新性，在实践上对上海和其他城市具有积极的现实指导和借鉴意义。

（2）项目开展了上海城市森林发展规划研究，融合"林网化与水网化"，从区域景观背景出发，制定出了城郊一体化的上海现代城市森林总体规划框架，并运用系统生态学和规划学原理提出了"三网、一区、多核"的上海城市森林发展布局；提出了二纵四横的引江水入大海，变死水为活水的水网发展框架。

（3）项目针对城市森林的功能目标，开展了上海城市森林树种选择和典型模式设计等技术研究，为落实上海城市森林建设规划提供了合适的人工群落类型以及相关技术的支撑。结合上海的城市特点，对现代城市森林建设和管理进行了比较系统的研究，为城市森林发展规划的顺利实施提供了科学依据和有力的政策保障。

专家们指出，上海现代城市森林发展研究是一项宏观与微观相结合、理论与实践相结合的多学科交叉、涉及面广的系统性、综合性的研究项目，作为阶段性的研究成果，该项目已经较好的完成了各项任务，在多次开展的国内外学术交流中，研究所取得的阶段性研究成果得到了广泛的认同。专家组认为，该项目取得的阶段性成果，在理论与实践的结合方面有创新，有发展，达到了国际领先水平，在实践应用方面为国内首创。

为进一步完善项目研究成果，更好的完成后续研究任务，项目评审专家组建议：

（1）城市森林是林业建设中的一个新兴领域，建议课题组对该项目作进一步的细化研究，尤其需要在现代城市森林不同典型模式和城市生态环境效应以及森林建设关键技术和管理政策方面，在涉及的退耕还林、农业劳动力转移、资金筹措和管理体制等问题方面，开展进一步的深入研究，使该项目在我国更大尺度范围内发挥指导和示范辐射作用。

（2）建议上海市人民政府吸收该项目的研究成果，把建设城市森林作为全面建设小康社会的标志性指标，与上海市的城市发展规划有机的结合起来，及时编制上海市城市森林建设规划，引入市场机制，调动社会资源，积极稳步的推动上海城市森林事业的健康发展。

（3）建议国家计委、财政部和国家林业局等主管部门，在上海市规划的基础上，把城市森林建设相关内容结合国家六大林业重点工程规划，以及森林资源保护利用的政策，予以统筹考虑和安排。

专家评审组组长：李文华

副组长：盛炜彤

2003 年 1 月 5 日

在"上海现代城市森林发展研究"
课题评审会闭幕式上的讲话

冯国勤

（上海市副市长）

各位专家、各位来宾：

刚才，彭镇华教授代表项目组作了"上海现代城市森林发展研究"主题报告，提出了根据上海生态环境现状，围绕上海城市发展规划的目标，结合上海农业结构调整，以"林网化、水网化"为规划理念，以城市森林生态功能优化为原则，规划建设"三网、一区、多核"为一体的城市森林发展思路，对上海城市森林建设具有十分重要的指导意义。专家评审组对"上海现代城市森林发展研究"进行了认真讨论评审，形成了评审意见，许多真知灼见，不仅对"上海现代城市森林发展研究"项目本身，而且对上海城市森林规划建设，都具有非常重要的参考价值。评审组专家对上海市政府提出的建议，我们回去以后要认真研究，抓好落实。要吸收利用项目研究成果，完善《上海市绿化系统规划》，制定上海城市森林建设计划并抓紧组织实施。今天，市农委、计委、科委、财政局、规划局、绿化局、农林局的领导都参加了项目评审，形成了共识，落实起来就更快。

今天的项目评审会拓展了上海城市森林建设思路，要根据人与自然和谐的目标，按照城乡一体化、建林造绿并重、布局合理、生态功能完善的要求，推进上海城市森林建设发展。一是发展城市森林要立足于城乡一体，在城市化地区是建绿增绿，增强城市景观生态效果；在郊区结合农业结构调整建造生态林地，尤其在非城市化地区建造对生态环境、城市景观和生物多样性保护直接影响的大片森林绿地，包括休闲林、经济林、苗木基地等，发挥城市"绿肺"功能作用。二是发展城市森林与城市规划建设结合起来，特别是与中心城区改造、郊区小城镇体系建设、产业结构调整和重大基础城市规划相结合。三是发展城市森林要立足于实现生态环境目标。围绕到 2020 年全市森林覆盖率达到 30% 的目标，要科学制定规划，规划要有前瞻性、科学性和可操作性。规划一旦落地，要严格执行，分步落实，因地制宜，确保成功。同时，要按规划明确绿化控制线，严格控制绿化用地。

专家评审组建议国家林业局把上海城市森林建设计划纳入全国林业重点工程建设范围，作为国家林业重点工程的补充，这是一个很好的建议，希望和恳切国家计委、科技部、财政部、林业局等有关部门对上海城市森林建设给予支持和扶持。

城市森林是一项涉及多方面科学技术的生态建设工程，必须坚持科技进步和体制创新为动力，构建上海城市森林建设新机制。在"上海现代城市森林发展研究"取得阶段性成果基础上，继续加强与中国林业科学研究院的合作，开展深入研究，不断完善上海现代城市森林发展研究项目，提高上海城市森林规划建设水平。同时，希望各位领导、专家到上海来指导工作。

附件2 "上海现代城市森林发展研究"课题组人员名单

"上海现代城市森林发展研究"领导小组人员名单

领 导 小 组
负　责　人：江泽慧，国家林业局党组成员，中国林学会理事长
中国林业科学研究院院长、首席科学家
冯国勤，上海市人民政府，副市长

领 导 小 组
办公室负责人：陈文泉，上海市农林局，局长
费本华，中国林业科学研究院，院长助理
许东新，上海市农林局林业处，处长
殷　欧，上海市农林局办公室，主任

"上海现代城市森林发展研究"人员名单

课 题 名 称：上海现代城市森林发展研究
课 题 组 长：彭镇华教授，中国林业科学研究院首席科学家
课题副组长：宋永昌教授，华东师范大学

　　子 课 题 一：上海市现代城市森林建设的理论研究
　　子 课 题 组 长：王成，博士，副研究员，中国林业科学研究院林研所
　　子课题副组长：陶康华，教授，上海师范大学
　　子 课 题 二：上海现代城市森林主要评价指标研究
　　子 课 题 组 长：王祥荣，博士，教授，复旦大学
　　子课题副组长：孙振元，博士，研究员，中国林业科学研究院林研所
　　子 课 题 三：上海现代城市森林发展规划研究
　　子 课 题 组 长：张旭东，博士，副研究员，中国林业科学研究院林研所
　　子课题副组长：达良俊，博士，副教授，上海师范大学
　　　　　　　　　　李俊祥，博士，讲师，上海师范大学
　　子 课 题 四：上海现代城市森林建设树种选择与典型模式设计研究
　　子 课 题 组 长：王雁，博士，副研究员，中国林业科学研究院林研所
　　子课题副组长：杨学军，副教授，上海交通大学农学院
　　　　　　　　　　车生泉，副教授，上海交通大学农学院
　　子 课 题 五：上海现代城市森林建设与管理对策研究
　　子 课 题 组 长：黄国桢，副教授，上海交通大学
　　子课题副组长：费本华，院长助理，博士，副研究员，中国林业科学研究院

（注：参加人员名单略）

上海市人民政府（函）

沪府函〔2002〕6 号

上海市人民政府
关于商请共同组织上海现代
城市森林发展课题研究的函

中国林业科学研究院：

城市森林是城市生态环境建设的重要组成部分，是有生命的城市基础设施。发展城市森林有利于上海进一步改善投资环境，树立国际化大都市形象，建立稳定的城市生态系统。为此，我市提出到 2020 年全市森林覆盖率达到 30%，比 2001 年增加近 20 个百分点。

开展上海现代城市森林发展的研究，对进一步明确上海现代城市森林的发展目标、建设原则，建立综合评价指标体系，制定发展规划，落实技术措施、管理方针，从而促进上海现代城市森林发展，具有重要意义。同时，通过进行上海现代城市森林发展研究和示范实施，可以为我国城市森林建设和发展提供模式与经验。

为使上海现代城市森林发展的研究更具科学性、前瞻性和可操作性，我市拟与贵院共同组织进行上海现代城市森林发展课题研究，并由双方分别推荐落实有关专家，联合组成课题专家顾问组；推荐、落实课题研究人员，联合组成课题组。建议专家组和课题组由贵院江泽慧院长领衔。该课题为决策咨询性质的研究项目，预期成果为《上海现代城市森林发展规划》、《上海现代城市森林建设示范实施方案》。如蒙同意，由贵院与我市共同向国家科技部申请课题立项。

以上可否，请予函复。

二○○二年一月十六日

主题词：林业　发展　课题　函

上海市人民政府办公厅　　　　　　　　　　　　　　2002 年 1 月 16 日印发

（共印 5 份）

附件 4

中国林科院文件

科办字〔2002〕22 号

中国林科院关于与上海市人民政府共同开展
上海现代城市森林发展研究的复函

上海市人民政府：

　　"上海市人民政府关于商请共同组织上海现代城市森林发展课题研究的函"（沪府函〔2002〕6 号）收悉。经院研究认为，上海市提出的大力发展城市森林，到 2020 年全市森林覆盖率达到 30%，比 2001 年增加近 20 个百分点的发展目标，并提前开展这方面的研究，使之更具科学性、前瞻性和可操作性，确证项目的顺利实施。不仅对促进上海市城市森林建设健康发展和实现建设国际化大都市的发展战略具有十分重要的意义；而且，在我国开展现代城市森林建设的研究，为其他城市生态环境建设提供借鉴和指导方面，也具有非常重要的现实和长远意义。中国林科院同意与上海市人民政府合作，充分发挥我院在林业科研方面的优势，由我院江泽慧院长领衔，双方分别推荐有关专家组成课题组，共同组织开展上海市现代城市森林发展课题研究，并协助向国家科技部申请课题立项。特此函复。

二〇〇二年三月二日

主题词：上海市　城市森林　课题

附图1

上海现代城市森林发展研究

——总体规划结构

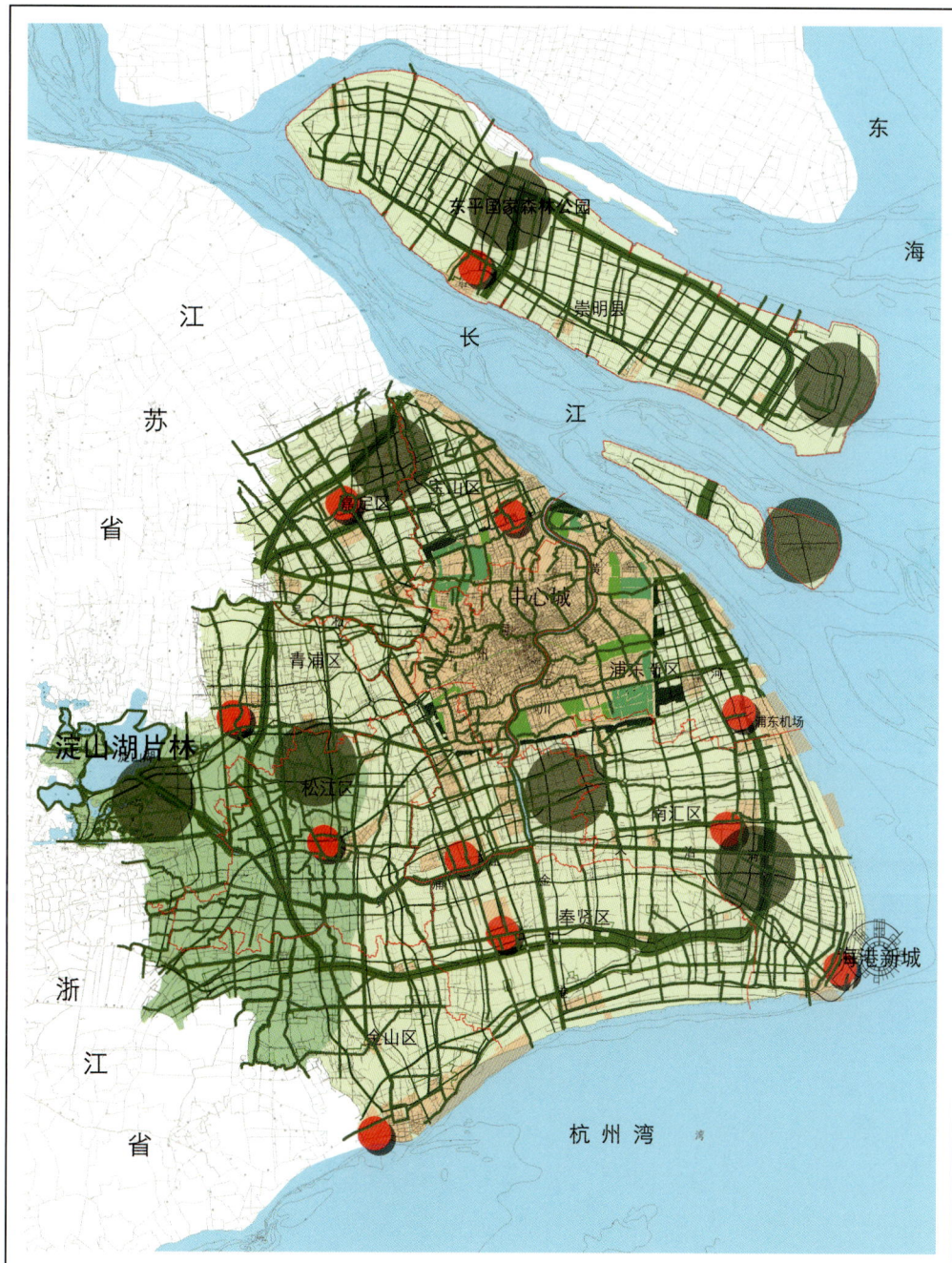

附图2

上海现代城市森林发展研究

——水系林网规划

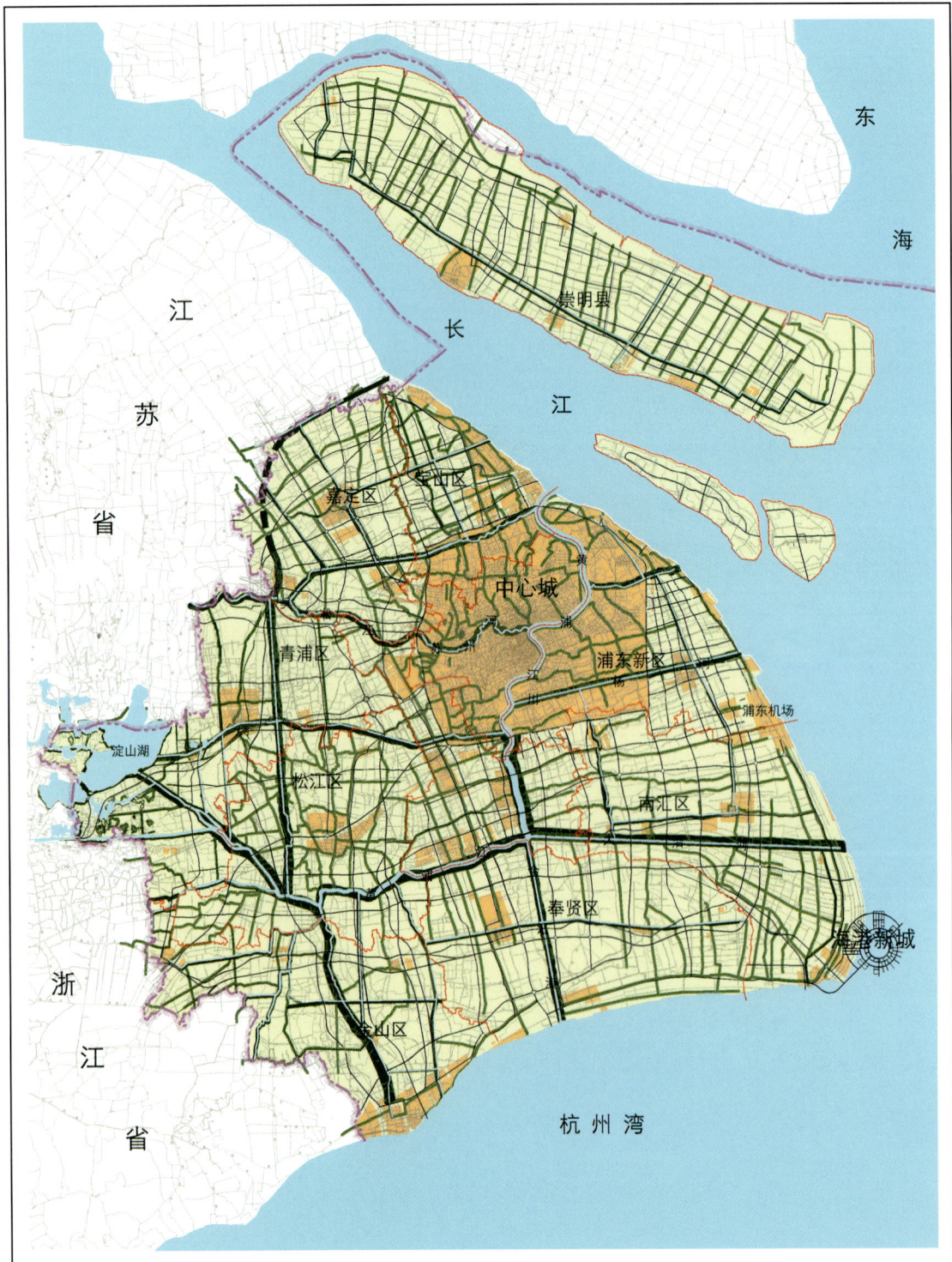

附图3

上海现代城市森林发展研究

——道路林网规划

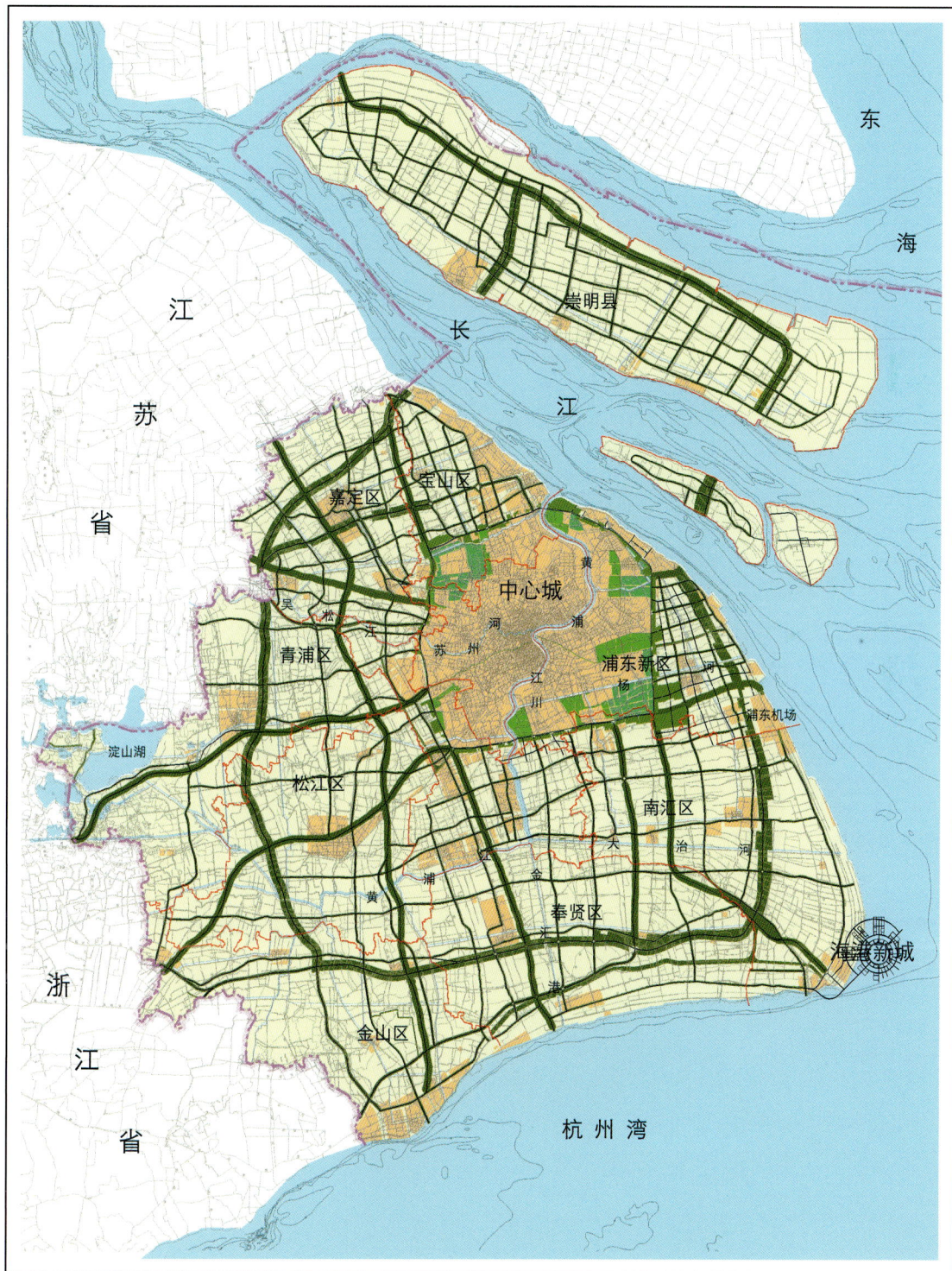

东海

江苏省

长江

崇明县

浙江省

淀山湖

嘉定区

宝山区

吴淞江

青浦区

苏州河

中心城

黄浦江

浦东新区

浦东机场

松江区

黄浦江

金山川

南汇区

大治河

奉贤区

海港新城

金山区

杭州湾

附图4

上海现代城市森林发展研究

——农田林网规划

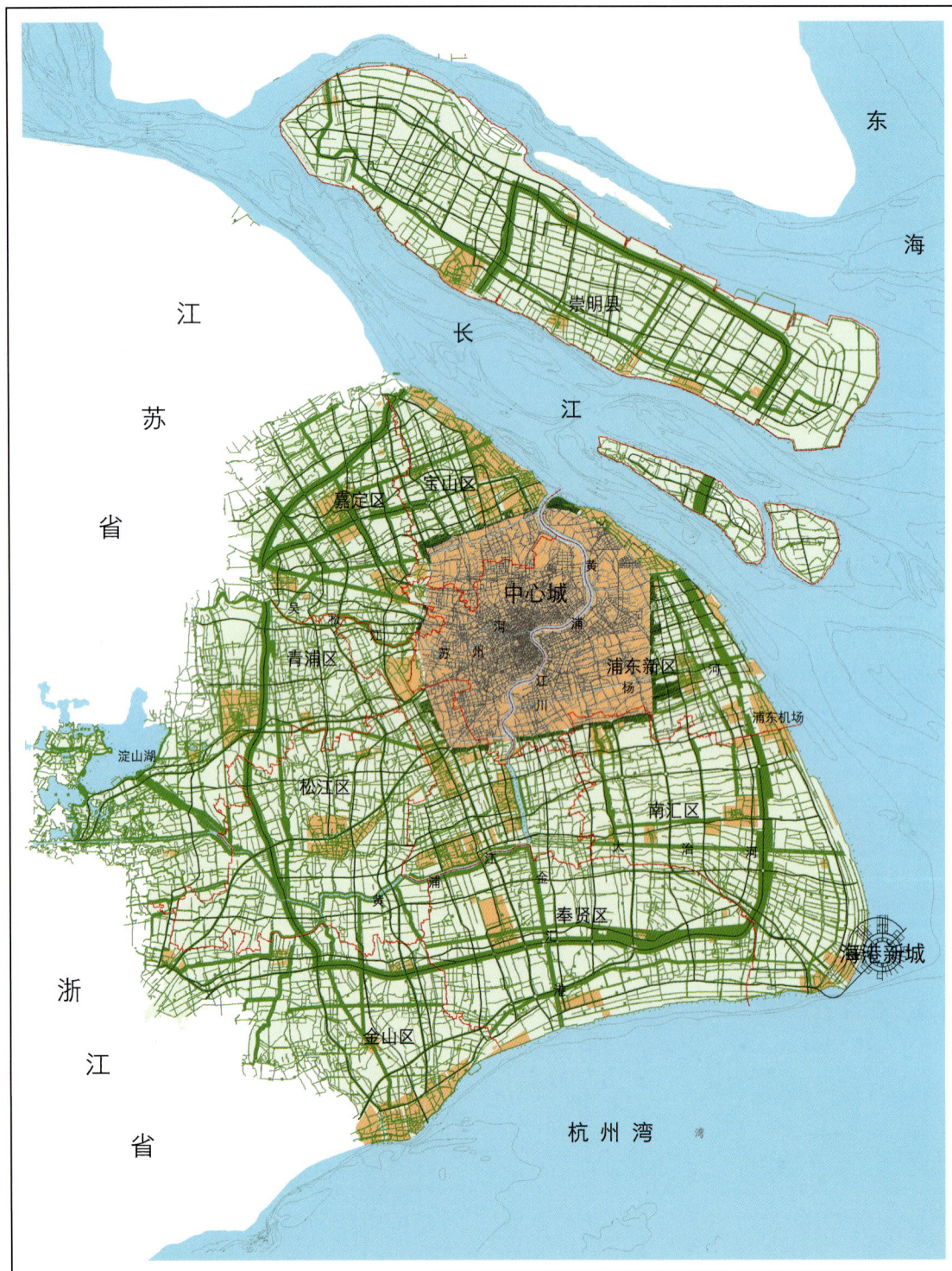

上海现代城市森林发展研究

——一区多核规划

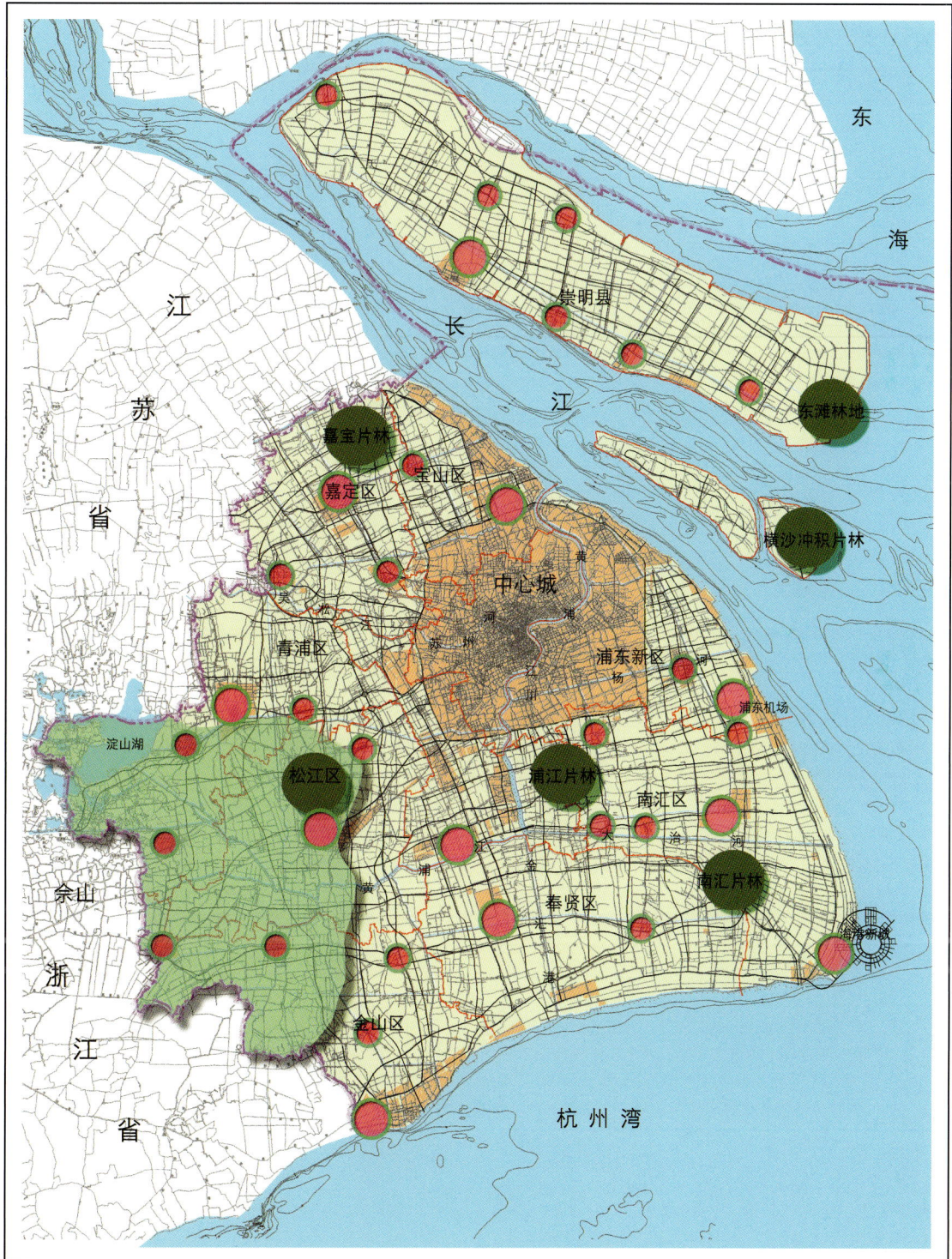

东　海

江　苏　省

长　江

崇明县

东滩林地

横沙冲积片林

嘉宝片林

宝山区

嘉定区

中心城

青浦区

浦东新区

淀山湖

浦东机场

松江区

浦江片林

南汇区

佘山

南汇片林

奉贤区

金山区

浙　江　省

杭　州　湾

▦ 内容简介

　　党的十八大把生态文明建设放在突出地位，将生态文明建设提高到一个前所未有的高度，并提出建设美丽中国的目标，通过大力加强生态建设，实现中华疆域山川秀美，让我们的家园林荫气爽、鸟语花香，清水常流、鱼跃草茂。

　　2002年，在中央和国务院领导亲自指导下，中国林业科学研究院院长江泽慧教授主持《中国可持续发展林业战略研究》，从国家整体的角度和发展要求提出生态安全、生态建设、生态文明的"三生态"指导思想，成为制定国家林业发展战略的重要内容。国家科技部、国家林业局等部委组织以彭镇华教授为首的专家们开展了"中国森林生态网络体系工程建设"研究工作，并先后在全国选择25个省（自治区、直辖市）的46个试验点开展了试验示范研究，按照"点"（北京、上海、广州、成都、南京、扬州、唐山、合肥等）"线"（青藏铁路沿线，长江、黄河中下游沿线，林业血防工程及蝗虫防治等）"面"（江苏、浙江、安徽、湖南、福建、江西等地区）理论大框架，面对整个国土合理布局，针对我国林业发展存在的问题，直接面向与群众生产、生活，乃至生命密切相关的问题；将开发与治理相结合，及科研与生产相结合，摸索出一套科学的技术支撑体系和健全的管理服务体系，为有效解决"林业惠农""既治病又扶贫"等民生问题，优化城乡人居环境，提升国土资源的整治与利用水平，促进我国社会、经济与生态的持续健康协调发展提供了有力的科技支撑和决策支持。

　　"中国森林生态网络体系建设出版工程"是"中国森林生态网络体系工程建设"等系列研究的成果集成。按国家精品图书出版的要求，以打造国家精品图书，为生态文明建设提供科学的理论与实践。其内容包括系列研究中的中国森林生态网络体系理论，我国森林生态网络体系科学布局的框架、建设技术和综合评价体系，新的经验，重要的研究成果等。包含各研究区域森林生态网络体系建设实践，森林生态网络体系建设的理念、环境变迁、林业发展历程、森林生态网络建设的意义、可持续发展的重要思想、森林生态网络建设的目标、森林生态网络分区建设；森林生态网络体系建设的背景、经济社会条件与评价、气候、土壤、植被条件、森林资源评价、生态安全问题；森林生态网络体系建设总体规划、林业主体工程规划等内容。这些内容紧密联系我国实际，是国内首次以全国国土区域为单位，按照点、线、面的框架，从理论探索和实验研究两个方面，对区域森林生态网络体系建设的规划布局、支撑技术、评价标准、保障措施等进行深入的系统研究；同时立足国情林情，从可持续发展的角度，对我国林业生产力布局进行科学规划，是我国森林生态网络体系建设的重要理论和技术支撑，为圆几代林业人"黄河流碧水，赤地变青山"梦想，实现中华民族的大复兴。

作者简介

　　彭镇华教授，1964年7月获苏联列宁格勒林业技术大学生物学副博士学位。现任中国林业科学研究院首席科学家、博士生导师。国家林业血防专家指导组主任，《湿地科学与管理》《中国城市林业》主编，《应用生态学报》《林业科学研究》副主编等。主要研究方向为林业生态工程、林业血防、城市森林、林木遗传育种等。主持完成"长江中下游低丘滩地综合治理与开发研究"、"中国森林生态网络体系建设研究"、"上海现代城市森林发展研究"等国家和地方的重大及各类科研项目30余项，现主持"十二五"国家科技支持项目"林业血防安全屏障体系建设示范"。获国家科技进步一等奖1项，国家科技进步二等奖2项，省部级科技进步奖5项等。出版专著30多部，在《Nature genetics》《BMC Plant Biology》等杂志发表学术论文100余篇。荣获首届梁希科技一等奖，2001年被授予九五国家重点攻关计划突出贡献者，2002年被授予"全国杰出专业人才"称号。2004年被授予"全国十大英才"称号。